1989

O ANO QUE MUDOU O MUNDO

Michael Meyer

1989

O ANO QUE MUDOU O MUNDO

A VERDADEIRA HISTÓRIA DA QUEDA DO MURO DE BERLIM

Tradução:
Pedro Maia Soares

ZAHAR

A M.N.
e àqueles poucos que ousaram

Título original:
The Year That Changed the World
(The untold story behind the fall of the Berlin Wall)

Tradução autorizada da primeira edição norte-americana, publicada em 2009 por Scribner, uma divisão de Simon & Schuster, Inc., de Nova York, EUA

Jorge Zahar Editor Ltda.
rua Marquês de S. Vicente 99 – 1º | 22451-041 Rio de Janeiro, rj
tel (21) 2529-4750 | fax (21) 2529-4787
editora@zahar.com.br | www.zahar.com.br

Grafia atualizada respeitando o novo Acordo Ortográfico da Língua Portuguesa.

Projeto gráfico e composição: Mari Taboada
Foto de abertura dos capítulos: António Pardal
Capa: Sérgio Campante
Fotos da capa: © Regis Bossu/Sygma/LatinStock e António Pardal.

CIP-Brasil. Catalogação na fonte
Sindicato Nacional dos Editores de Livros, RJ

Meyer, Michael, 1952-
M56m 1989: o ano que mudou o mundo: a verdadeira história da queda do Muro de Berlim/Michael Meyer; tradução, Pedro Maia Soares. — Rio de Janeiro: Zahar, 2009.

Tradução de: The year that changed the world: (the untold story behind the Fall of Berlin Wall)
Inclui bibliografia e índice
ISBN 978-85-378-0163-5

1. Meyer, Michael, 1952- – Viagens – Europa, Leste. 2. Meyer, Michael, 1952- – Viagens – Alemanha (Oriental). 3. Comunismo – Europa, Leste – História – Século XX. 4. Comunismo – Alemanha (Oriental) – História. 5. Movimentos sociais – Europa, Leste – História – Século XX. 6. Movimentos sociais – Alemanha – História. 7. Berlim, Muro de (1961-1989). 8. Política internacional – 1989-. 9. Berlim (Alemanha) – História – 1945-1990. I. Título.

CDD: 943.0009048
09-3498 CDU: 94(43)"1980/1989"

Sumário

Prefácio *7*

1. Gênese *13*

2. O Muro *27*

3. Democracia no Danúbio *41*

4. Uma conversão milagrosa *55*

5. Universos paralelos *67*

6. A conexão húngara *76*

7. *Matar ou morrer* *89*

8. *Dejeuner sur l'herbe*, ou o *Inferno* de Hieronymus Bosch *106*

9. A grande fuga *120*

10. O vórtice das mudanças *134*

11. O beijo da morte *152*

12. A queda *166*

13. Repercussões *177*

14. Desenlace *203*

Epílogo *209*

Referências bibliográficas *221*

Índice remissivo *237*

Prefácio

Um belo dia do começo da primavera de 1988, meu telefone tocou.

— Mike, você gostaria de ir à Alemanha? – perguntou nosso chefe dos correspondentes.

Eu ficara sabendo, algumas semanas antes, que outra pessoa fora indicada para aquela missão. O que teria acontecido?

— Ele mudou de ideia. Achou que era arriscado demais.

No mundo do jornalismo, "arriscado demais" significa ruim para sua carreira. O repórter que desistiu achou que a Alemanha e a Europa Oriental estavam longe demais da tela do radar americano. Não havia muita coisa acontecendo. Ele temia que suas matérias não saíssem na revista.

Eu mal pude acreditar na minha sorte. Durante 50 anos a Europa estivera congelada. Agora, um homem novo se encontrava no poder: Mikhail Gorbatchov. Mudanças estavam em marcha. Dava para sentir. Lembro vividamente de pensar que eu talvez tivesse um ou dois anos para ver a velha Europa, uma parte do continente que estivera isolada atrás da Cortina de Ferro, como que guardada sob uma redoma, antes de desaparecer de todo. Em meu entusiasmo juvenil, considerei aquilo quase uma aventura antropológica, a chance da minha vida.

— Quando viajo? – perguntei.

— Logo que você puder – foi a resposta.

E assim, no verão de 1988, tornei-me chefe da sucursal da *Newsweek* para a Alemanha e a Europa Oriental. Era como pisar num tapete mágico, ser levado a um mundo de revoluções – e revelações – para além da imaginação.

Mil novecentos e oitenta e nove foi um ano de magnífica e incomensurável agitação. Revoluções inflamaram toda a Europa Oriental, montando o palco para o colapso da União Soviética. Fui testemunha ocular dessa história. Na Polônia, cobri o renascimento do Solidariedade. Estive com Václav Havel e outros amigos em Praga, quando eles organizavam a Revolução de Veludo. Fui o último jornalista americano a entrevistar Nicolae Ceausescu e a ter livre acesso à sua Romênia tiranizada. Desci de carona com a Luftwaffe alemã em Bucareste durante a luta que o depôs e assisti à sua execução em companhia da polícia secreta que o liquidou.

O momento mais memorável daquele ano inesquecível foi o dia 9 de novembro – quando o Muro de Berlim veio abaixo. Eu observei o acontecimento do lado leste da fronteira, enquanto o povo da Alemanha Oriental se erguia e invadia os portões, acabando com quatro décadas de ditadura comunista. Uni-me a eles enquanto dançavam no alto do Muro e desfilavam pelas ruas, festejando no que era agora uma nova Berlim, a famosa cidade dividida, subitamente indivisa. E, como todos os americanos, regozijei-me. A Guerra Fria havia acabado. Nós ganhamos. A democracia triunfou.

Consideramos aquele o nosso instante de reconhecimento, uma vitória que justificava todas as nossas lutas: quatro décadas de confrontos da Guerra Fria, trilhões de dólares gastos em defesa nacional, vidas demais perdidas nas guerras sombrias em lugares distantes. E, sob vários aspectos, isso era verdade. Mil novecentos e oitenta e nove foi um ano que mudou o mundo. O fim da Guerra Fria nos deslocou de um universo de divisões e chantagem nuclear para outro, de oportunidades novas e prosperidade sem precedentes. Foi quando se montou o palco para nossa era moderna: globalização, triunfo do livre mercado, difusão da democracia. Foi o ano que anunciou o grande boom econômico global, que tirou bilhões de pessoas da pobreza em todo o mundo e fez dos Estados Unidos a única superpotência mundial.

No entanto, este foi um triunfo perigoso, principalmente porque o reivindicamos para nós mesmos, e mal nos preocupamos em compreender como essa grande mudança realmente aconteceu. Já naquela época, eu desconfiava de que não estivéssemos vendo a história toda. Hoje tenho certeza disso. Depois de duas décadas e de muita pesquisa, agora sei que nossa vitória na Guerra Fria não foi o que parecia. Fiquei sabendo que as coisas simplesmente não aconteceram do jeito que pensamos. E, o que é mais doloroso, os mitos que criamos em torno disso prejudicaram o mundo e a nós mesmos.

Quais são esses mitos, que aceitamos como verdades?

Primeiro, o povo. A maioria dos relatos de 1989 resume-se a uma simples trama de mão única: os cidadãos da Europa Oriental, reprimidos havia muito tempo, frustrados pela pobreza e falta de liberdade, e inspirados por nosso exemplo, ergueram-se em massa e derrubaram seus suseranos comunistas. Bom, sim e não. Em alguns países, foi mais ou menos isso o que aconteceu. Mas em outros não houve nada disso. A trama secundária mais interessante (e certamente a mais decisiva) naquele ano de revoluções foi a história de um pequeno grupo de bucaneiros do Leste europeu – um mero punhado de cinco ou seis líderes húngaros, sem qualquer apoio popular – que decidiu derrubar o comunismo não apenas em seu país, mas em todo o bloco oriental. Numa conspiração digna do mais artificioso filme de espionagem da Guerra Fria, eles miraram intencionalmente o Muro de Berlim. Mais do que ninguém, foram eles que o derrubaram. É deles a grande história não contada de 1989.

Um segundo mito diz respeito ao papel da história. Nós, americanos, tendemos a ver o fim do comunismo como alguma coisa predeterminada. Os defeitos inerentes ao comunismo provocaram seu colapso: ele não podia suportar a comparação com o exemplo ocidental. Trata-se de uma visão tectônica, a história como interação de forças gigantescas e quase inevitáveis. Mas, para quem estava em campo, as coisas pareciam bem diferentes. Se estivesse lá na noite em que o Muro de Berlim caiu, você saberia que as coisas aconteceram daquela maneira graças a um acidente inesperado, um pequeno e totalmente humano erro crasso. Na realidade, a imagem icônica de berlinenses orientais festejando no alto do Muro, batendo com marretas, deve-se tanto à casualidade quanto à culminação de uma história.

Um terceiro mito é mais perigoso: a ideia dos Estados Unidos como país emancipador, um libertador de regimes repressivos. Esse tipo de triunfalismo americano com ares de cruzada tornou-se, com o tempo, o evangelho dos neoconservadores, inclusive muitos membros do governo George W. Bush. Para eles, as revoluções de 1989 tornaram-se o fundamento de uma nova *Weltanschauung* pós-Guerra Fria: a ideia de que todos os regimes totalitários são igualmente ocos no seu cerne e se esfacelarão com um empurrão vindo de fora. Se seu símbolo é o Muro de Berlim, derrubado como Ronald Reagan prometera fazer em um discurso famoso, pronunciado em Berlim, em 1987, o modelo operacional foi a Romênia de Ceausescu. "Assim que a bruxa malvada estivesse morta", como disse o eminente economista político Francis Fukuyama, "os *munchkins* se levantariam e começariam a cantar alegremente sobre sua libertação*".

É verdade que, em vez de buscar conter a antiga União Soviética, como governos anteriores haviam feito, os Estados Unidos, sob o comando de Ronald Reagan, preferiram o confronto. Reagan desafiou Mikhail Gorbatchov não só a reformar o sistema soviético por dentro, mas também a "derrubar este Muro". Contudo, outros fatores entraram nessa equação, a começar pela queda do preço do petróleo, de cerca de 40 dólares o barril, em 1980, para menos de dez dólares uma década depois, para não mencionar as medidas adotadas pelo próprio líder soviético. Ainda menos conhecida é a evolução política de Ronald Reagan. O guerreiro endurecido pela Guerra Fria suavizou tanto sua retórica como suas diretrizes políticas, a tal ponto que seu governo se transformou no próprio modelo de relações diplomáticas esclarecidas – a antítese do confronto de extrema direita.

Não há dúvida de que os Estados Unidos contribuíram excepcionalmente para o fim da Guerra Fria, desde o Plano Marshall e a reconstrução da Europa até a política de contenção e nossos esforços para ajudar a criar o que veio a ser a União Europeia. Mas outros "ganharam" a guerra em nome deles (e nosso). Este livro concede mérito atrasado aos verdadeiros vitoriosos e ao grau notável em que as agitações de 1989 foram menos resultado de uma revolução de massa que de um planejamento cuidadoso e de um trabalho sério de alguns poucos indivíduos corajosos e clarividentes – bem como dos erros e da miopia de outros.

O objetivo não é desmascarar a história oficial, mas libertá-la. Vinte anos depois, quando surge uma nova geração com pouca ou nenhuma memória desses eventos épicos, a narrativa merece ser recontada. Narrada com fidelidade, ela se torna ainda mais dramática. E, quem sabe, ao longo do caminho, ela nos ajude a repensar os alicerces da política externa americana no momento em que entramos na segunda década de um novo século.

---

* *Munchkins* são personagens de *O mágico de Oz*, anões que festejam a chegada de Dorothy porque ela matou (acidentalmente) a Bruxa do Leste. (N.T.)

Há uma linha reta que vai direto da fantasia de 1989 a Saddam Hussein e o Iraque – e segue além deles. É possível argumentar sem exageros que o desastre americano no Oriente Médio nasce da arrogância que acompanha "nossa" vitória na Europa Oriental. Por extensão lógica, do passado ao presente, tudo o que temos a fazer é enfrentar o diabo em pessoa, e, com um grande empurrão, o povo se erguerá e romperá seus grilhões. Bêbados de orgulho e poder, entendemos tudo terrivelmente errado. Se os Estados Unidos pudessem ser comparados a um alcoólatra em tratamento, está na hora de voltar ao começo, ver onde e quando nos desviamos, e olhar para o mundo tal como ele é.

Devo muitos agradecimentos a diversas pessoas: à *Newsweek*, principalmente, por me mandar para a Europa, e a seus editores brilhantes. Entre eles: o falecido Kenneth Auchincloss, meu chefe durante aquela época excitante, e, há menos tempo, Fareed Zakaria. Dificilmente alguém esperaria uma associação tão recompensadora. A Academia Americana em Berlim tornou possível este livro, primeiro ao conceder a bolsa que me permitiu escrever uma primeira versão, em 1999; depois, ajudando a dar forma aos temas. Por isso, sou eternamente grato a Richard Holbrooke, Gary Smith e Everette Dennis. Amigos, colegas e pessoas amadas desempenharam um papel não menos importante. Colin Robinson, que acolheu o projeto na editora. Minha maravilhosa esposa Suzanne mais de uma vez salvou-me de abandonar a ideia; ela foi a mais fiel das adeptas, e este livro não poderia existir sem sua ajuda. Outros me inspiraram a empreendê-lo e me ajudaram a ver muitas coisas que talvez eu não tivesse visto. Não sei como começar a retribuir esses presentes.

1. Gênese

Toda grande nação tem seus mitos fundadores. Todo líder verdadeiro tem uma visão definidora. Toda pessoa tem sua história própria, a narrativa que dá forma e sentido à sua vida. O problema começa quando a vida e a narrativa se desconectam. Quanto maior a desconexão, mais fatal o problema.

George W. Bush idolatrava Ronald Reagan. Desde o início tomou sua Presidência como modelo. Seu discurso de posse repetia intencionalmente a mistura, bem típica de Reagan, de retórica comovente, clareza moral e convicção férrea em princípios básicos. Os assessores faziam a comparação em todas as oportunidades. "Filho de Reagan", chamavam-no, e falavam com reverência de como o novo presidente estava impregnado pelo "DNA de Reagan".

Bush colocava o ex-presidente acima até de Winston Churchill e Theodore Roosevelt – o "suprassumo" – em seu panteão pessoal de heróis. Ao fazer seu panegírico, em 2004, evocou um legado que obviamente considerava seu. "Ele agiu para defender a liberdade onde quer que ela estivesse ameaçada. Deu nome ao Mal." O famoso Muro de Berlim era o símbolo concreto do comunismo e seus odiados senhores. Entre aqueles que ergueram o martelo para derrubá-lo, disse Bush, ninguém tinha dúvida: "O golpe mais duro foi dado pelo presidente Ronald Reagan."

Na visão de Bush, o mundo de Reagan era de princípios morais absolutos: certo e errado, preto no branco. Assim como Reagan se erguera para encarar a tirania comunista, ele enfrentaria um desafio mais moderno. O "Império do Mal" de Reagan tornou-se a "Guerra ao Terror", o "Eixo do Mal" do novo presidente. Mas a narrativa essencial de uma luta grandiosa contra um inimigo implacável da liberdade permanecia a mesma.

A bordo do *USS Lincoln*, em maio de 2003, Bush declarou a "missão cumprida" no Iraque um triunfo pela liberdade, na tradição das Quatro Liberdades de Roosevelt, da Doutrina Truman e do "desafio de Ronald Reagan a um Império do Mal". Em discurso pronunciado em 2005, na Fundação Nacional para a Democracia (no Anfiteatro Reagan), ele frisou que a luta contra o radicalismo islâmico "parece com a luta contra o comunismo no século passado", e fez uma série de comparações rápidas: "Tal como a ideologia do comunismo, nosso novo inimigo ensina que indivíduos inocentes podem ser sacrificados. ... Tal como a ideologia do comunismo, nosso novo inimigo tem objetivos totalitários. ... Tal como a ideologia do comunismo, nosso novo inimigo desdenha dos povos livres."

E foi em frente, fazendo evocações da ameaça enfrentada por Ronald Reagan, acrescidas de invocações para que se respondesse ao "chamado da história" a fim de arcar com a atual "campanha de liberdade global". Aos críticos que consideravam a guerra no Iraque um erro, Bush retrucava baseado no antecedente representado por Reagan. Em 1982, quando o 40º presidente disse aos presentes no Palácio de Westminster, em Londres, que os dias do comunismo estavam contados, oponentes de ambos os lados do Atlântico o ridicularizaram, chamando-o de "simplista e ingênuo, até perigoso".

Repetidas vezes, à medida que seus problemas políticos se aprofundavam, Bush voltava a seu antecessor para responder aos que o atacavam e às suas políticas. Menos de um ano antes de deixar o governo, no início de fevereiro de 2008, quando sua taxa de aprovação estava em torno de 30%, ele provocou aplausos da União Conservadora Americana. "Mantivemo-nos firmes", declarou, quando as Torres Gêmeas tombaram. "Mantivemo-nos firmes" no Afeganistão e no Iraque. "Mantivemo-nos firmes" pelos Estados Unidos como uma "luz condutora, uma estrela guia, a maior nação da face da Terra" – linguagem inspirada diretamente em Reagan. E depois concluiu com a justificativa suprema, como se fosse um são Sebastião dos últimos dias: "Ronald Reagan também foi chamado de 'fomentador de guerra', de 'burro afável', de ator desligado da realidade. Mas, poucos anos depois que o presidente Reagan deixou o governo, o Muro de Berlim caiu, o Império do Mal entrou em colapso e a Guerra Fria foi ganha."

Todos ouvem o eco. Todos conhecem a referência. "Senhor Gorbatchov, derrube este Muro!"

Uma geração de redatores de discursos gostaria de ter escrito aquele toque de clarim. Uma geração de estadistas gostaria de tê-lo proferido, entre eles, muitos que o desdenharam na época. Com razão, faz parte de coleções dos grandes discursos presidenciais do século. É possível ver videoclipes do discurso no YouTube. Para uma geração de americanos, tornou-se um momento definidor do século XX, um ponto de inflexão na longa luta para vencer a Guerra Fria.

Essa frase célebre do discurso mais memorável de uma Presidência avultou-se ao longo dos anos para se transformar na pedra de toque do legado de Reagan, o homem e suas ideias resumidos à sua essência: seu otimismo, sua fé, sua disposição para enfrentar a ordem convencional, sua crença básica nos valores americanos, sobretudo a liberdade e a democracia, e o poder que as pessoas têm de mudar suas vidas e o mundo para melhor.

Reagan fez esse discurso numa tarde quente de primavera, na cidade dividida de Berlim: 12 de junho de 1987. Atrás dele erguia-se o famoso Portão de Brandenburgo, com seus arcos e colunas ainda escurecidos e marcados pela fumaça e pelas granadas da última batalha da Segunda Guerra Mundial. Era um cenário dramático para uma pitada de teatro geopolítico. Serpenteando ao fundo, 100 metros atrás do tablado em que estava Reagan, erguia-se o Muro, a tosca e rude barreira de cimento cinza e arame farpado, de três metros e meio de altura, que dividia o Oriente do Ocidente, o mundo da liberdade democrática e o da opressão totalitária, a encarnação material da Guerra Fria.

Uma torre de guarda espiava da faixa de morte que se estendia atrás do Muro. Guardas armados da Alemanha Oriental observavam a cena com binóculos. Grandes vidros à prova de bala protegiam o dorso do presidente. Sem que o lado ocidental pudesse ver, uma multidão de alemães orientais reuniu-se para ouvir Reagan, na esperança de que os alto-falantes projetassem sua voz através do Muro. A polícia oriental empurrou-os para trás, como contaram mais tarde ao presidente. Era uma demonstração de tudo aquilo que Reagan odiava no comunismo, e ele pronunciou suas palavras com força raivosa, numa exortação direta, pessoal, ao líder soviético Mikhail Gorbatchov.

Reagan começou devagar, falando dos outros presidentes americanos que haviam estado em Berlim – John F. Kennedy e Jimmy Carter – e de Gorbatchov, louvando a atitude de discursar contra o que chamou de "a cicatriz" que dividia a cidade. Falou dos esforços americanos para salvar Berlim depois da guerra: a ajuda do Plano Marshall, a ponte aérea para levar comida e medicamentos à cidade quando o Exército Vermelho cortou as linhas de suprimento para o Ocidente. Lembrando a velha canção de Marlene Dietrich, brincou que conservava "uma mala" em Berlim – *Ich hab' noch einen Koffer in Berlin* –, uma metáfora da solidariedade com aquele posto avançado da liberdade tão isolado atrás do território inimigo. E falou dos ventos da mudança que sabia soprarem do Leste, como glasnost e perestroika, abertura e reforma, de autoria de ninguém menos que o próprio Gorbatchov.

E então, um pouco depois das duas da tarde, ele fez seu lance. "Ficamos sabendo, de Moscou, sobre uma nova abertura", começou. "Esses sinais de mudança seriam reais? Deveríamos acreditar ou confiar nessa conversa?" "Se assim for," disse Reagan, carregando a expressão e falando cada vez mais alto, mais rudemente, martelando cada palavra como se fosse um prego, "dê-nos um sinal de que o senhor é sincero – o sinal que seria inconfundível." "Secretário-geral Gorbatchov, se você busca a paz, se busca a prosperidade para a União Soviética e a Europa Oriental, se busca a liberalização, venha até este portão! Senhor Gorbatchov, abra este portão! Senhor Gorbatchov, derrube este Muro!"

A multidão aplaudiu. Alguns sacudiam bandeiras americanas, a maioria delas distribuída pela embaixada dos Estados Unidos. Depois que tudo acabara e que o presidente fora embora, com os cerca de dez mil berlinenses ocidentais que vieram ouvi-lo, a televisão local destacou o evento. Não foram muitos os alemães que o assistiram. Poucos admiravam Reagan, e uma grande parte efetivamente não gostava dele, em especial na Berlim liberal e com frequência antiamericana. A maioria preferia Gorbatchov, visto como um pacificador. Ele chegaria algumas semanas depois à cidade e seria recebido como um astro de rock (uma "gorbimania", como diziam). Os grandes jornais americanos com correspondentes na Europa, como o *New York Times*, publicaram matérias que ocuparam as últimas páginas. E assim foi até que, dois anos, quatro meses, 28 dias e nove horas depois – muito depois que Reagan deixara a Presidência – o Muro de Berlim realmente caiu.

De repente, foi como se as palavras se tornassem fatos. Ronald Reagan tornou-se não somente um profeta que previra o que ninguém mais conseguira supor, mas o principal motor de uma transformação política assombrosa. Da noite para o dia, segundo parecia, o mundo havia mudado. A Guerra Fria terminara. Nós ganhamos!

Ao menos essa é maneira como os americanos veem os eventos. Em anos recentes, em particular entre os conservadores, o discurso do Muro de Berlim assumiu a proporção talismânica de um ícone ideológico, como símbolo e ideia fundadora de uma nova *Weltanschauung* pós-Guerra Fria. Na Presidência, Reagan fez o que ninguém mais havia feito antes dele: enfrentou o inimigo – e triunfou. Ele mudou o modo como os Estados Unidos agiam no mundo, seu sentimento de abertura de uma nova perspectiva. Reagan não tinha paciência com a velha ordem. Não havia mais a antiquada conversa de "*détente*", "contenção" e "dissuasão nuclear mútua". Tudo isso foi para o monte de cinzas da história. Com a corrida armamentista e as palavras ásperas, ele empurrou a União Soviética para o colapso, e, no processo, criou um novo axioma da política externa norte-americana: erguer a cabeça e enfrentar o inimigo – como disse Reagan naquele dia em Berlim.

Desse axioma decorreu um corolário contemporâneo: todos os regimes ditatoriais são igualmente ocos no seu cerne e cairão com um empurrão de fora. Basta ter fé e um pouco da coragem de Reagan, além do apoio do poderio militar americano, e podemos mudar o mundo. Desse modo, George W. Bush pôde dizer, em 2007, ao inaugurar um monumento em memória das estimadas 100 milhões de vítimas do comunismo, que "o mal é verdadeiro e deve ser enfrentado". E pôde dizer aos cadetes que se formavam em West Point, em 2006, que hoje, tal como na Guerra Fria, os Estados Unidos precisam "enfrentar" novos perigos. Na verdade, essa palavra tornou-se um dos verbos mais ativos em seu arsenal retórico: "Vamos enfrentar ameaças, ... enfrentar novos adversários, ... enfrentar novos inimigos ... e jamais recuar, jamais ceder, jamais aceitar menos que a vitória completa." Mais uma vez o eco de Reagan, com um aceno para Winston Churchill. Seja resoluto, e o inimigo vacilará. A bondade e a luz triunfarão. A queda do Muro de Berlim serve de prova e inspiração.

Há somente um problema: o da desconexão, uma confusão entre causa e efeito. E se as coisas não aconteceram exatamente assim? Voltemos àquele momento decisivo.

Noite de 9 de novembro de 1989. O lugar: posto de controle Charlie, a famosa travessia de fronteira no coração da Berlim da Guerra Fria.

O Muro erguia-se soturno e ameaçador. No clarão amarelo das lâmpadas de arco voltaico de alta intensidade da fronteira, cercados por arame farpado e armadilhas para tanques, milhares de alemães orientais encaravam uma linha estreita de Volkspolizei, a ubíqua polícia estatal. As pessoas se reuniam em todos os postos de controle da fronteira ocidental, confusas mas animadas. Elas gritavam umas para as outras e, cada vez mais, para os guardas, que momentos antes temiam: "*Sofort*", "Abram imediatamente!"

Encorajados pela multidão, chegaram a poucos metros das barricadas, discutindo e até zombando dos guardas que seguravam nervosamente suas armas. Ninguém sabia o que fazer. A crise materializara-se do nada. Era perigoso, pois a polícia tinha ordens de atirar para matar a fim de impedir que as pessoas fugissem para o Ocidente. A multidão mantinha o bom humor. Mas, e se isso mudasse, ou se tentassem tomar de assalto os portões? A polícia atiraria?

A multidão começara a se reunir pouco depois das sete da noite, quatro horas antes. Eles vinham hesitantes, amontoavam-se em pequenos grupos, a certa distância da polícia, fazendo perguntas tímidas e segurando suas carteiras de identidade. Mas, à medida que a quantidade de pessoas aumentava – primeiro às dezenas, depois às centenas, finalmente aos milhares –, elas ficavam mais ousadas. Às dez horas já estavam a poucos passos dos guardas formados para enfrentá-las. E continuavam chegando ao posto de controle, vindas de três ruas que convergiam como rios afluentes que se acumulam em uma barragem. A multidão de vozes gritava em uníssono: "Abram! Abram!"

Atrás da polícia e de seus cães de guarda, atrás da torre de vigia e do arame farpado enrolado na infame faixa da morte, do outro lado do Muro, vinha um grito de resposta de uma multidão igualmente turbulenta de alemães ocidentais: "Venham! Venham!"

Fortes luzes da televisão brilharam subitamente vindas do Ocidente e desenharam a silhueta do Muro e dos guardas, intensificando o clima sinistro da cena. Dentro de seu posto de comando iluminado e com paredes de vidro, o capitão da guarda de fronteira da Alemanha Oriental, um sujeito robusto, de rosto quadrado e com os cabelos pretos eriçados de um dobermann, não largava o telefone. Durante horas pediu instruções. Em vão. Estava claramente confuso. Sem dúvida tinha medo: a multidão crescera tão rápido como nunca havia visto, e agora se aglomerava tão perto das barreiras que a respiração dela, no ar gelado da noite, se misturava com a de seus soldados cada vez mais ansiosos.

Inutilmente telefonemas em pânico foram dados dos postos de controle do Muro para o Ministério do Interior. Funcionários tentaram entrar em contato com membros do Politburo, mas os líderes do regime pareciam ter desaparecido. Uma vez mais o guarda da fronteira desligou o telefone. Permaneceu imóvel. Ninguém tinha resposta alguma, os outros comandantes da fronteira estavam tão confusos quanto ele. Talvez tivesse acabado de receber a informação de que a travessia da Bornholmerstrasse, ao norte, havia aberto suas barreiras momentos antes, assediada por cerca de 20 mil pessoas. Talvez a decisão tenha sido somente sua. Talvez estivesse simplesmente farto.

Fosse qual fosse o motivo, o fato é que exatamente às 11h17, deu de ombros, como se dissesse: "Por que não?"

"*Alles auf!*", ordenou. "Abram tudo", e os portões escancararam-se.

A multidão soltou um grande rugido enquanto avançava. De repente não havia mais Muro de Berlim. "*Die Mauer ist weck*", gritavam as pessoas enquanto celebravam no alto do Muro, diante das câmeras, ao longo da noite. "O Muro acabou!"

Naquele momento, a história sofreu uma reviravolta épica. Uma fronteira que durante cinco décadas dividia o Leste do Oeste foi rompida. Era como se, num piscar de olhos, o Muro de Berlim tivesse caído. A Guerra Fria acabara. De repente os alemães eram de novo alemães. Berlinenses eram berlinenses, não havia mais "oriental" nem "ocidental".

No começo daquela noite, pouco depois das seis horas, outro homem havia dado de ombros, de forma semelhante àquele robusto guarda da fronteira. Günter Schabowski, o corpulento porta-voz do novo Politburo da Alemanha Oriental, empossado havia poucas semanas, estava a caminho da reunião diária com a imprensa – uma inovação recente para demonstrar a abertura do regime – quando parou junto ao gabinete de Egon Krenz, o chefe do Partido Comunista. "Alguma coisa para anunciar?", perguntou Schabowski despreocupadamente.

Krenz remexeu nos papéis que estavam sobre sua mesa e depois passou para Schabowski um memorando de duas páginas. "Leve isso", disse com um sorriso forçado. "Vai nos fazer muito bem."

Schabowski examinou o memorando enquanto era levado da sede do partido. Parecia bastante inócuo – apenas um release curto. Na entrevista coletiva, leu-o como o quarto ou quinto de uma lista de vários comunicados. Tinha a ver com passaportes. Pela primeira vez, todos os alemães orientais passariam a ter direito a um passaporte.

Para uma nação trancada havia tanto tempo atrás da Cortina de Ferro, era uma tremenda novidade. Na entrevista coletiva houve um súbito silêncio, seguido por uma onda de sussurros. Schabowski continuava em seu comunicado monótono. Então, do fundo da sala, enquanto as câmeras rodavam, transmitindo ao vivo para o país, um repórter gritou uma pergunta decisiva: "Quando isso entra em vigor?" Schabowski fez uma pausa e ergueu os olhos, subitamente confuso.

"O quê?", perguntou. O repórter repetiu a pergunta, com sua voz quase perdida na cacofonia dos outros que pediam esclarecimentos semelhantes.

Schabowski coçou a cabeça e murmurou algo para os auxiliares de ambos os lados. "Hum, essa é uma questão técnica. Não tenho certeza..." Pendurou os óculos na ponta do nariz, folheou seus papéis, depois ergueu os olhos novamente – e deu de ombros.

"*Ab sofort*", leu em voz alta o que estava escrito no release. "Imediatamente. Sem demora."

Diante disso, a sala entrou em erupção. Schabowski, agora sabemos, não se deu conta do pleno significado de seu anúncio. Ele saíra de férias nos dias precedentes, quando a decisão fora tomada; não sabia de nada. Krenz passara-lhe o memorando sem maiores explicações; Schabowski simplesmente leu o texto para a imprensa.

Para os repórteres presentes, o impacto foi imenso. Naquele exato momento, milhares de alemães orientais fugiam ilegalmente do país, a bordo de seus carros com motor de dois tempos, os famigerados Trabant, pela fronteira da vizinha Tchecoslováquia, e dali para a Alemanha Ocidental. Alguns meses antes, no verão, centenas de milhares de alemães orientais haviam fugido pela Hungria. Para eles, de todos os males do comunismo, o mais opressivo era não poder viajar para além da Cortina de Ferro. Como qualquer pessoa, também queriam ver o mundo. Também queriam conhecer o Ocidente. Um passaporte representava o direito de viver livremente.

Daí a agitação na sala de imprensa. Em meio à algazarra das perguntas gritadas, uma se destacou claramente: "Senhor Schabowski, o que vai acontecer com o Muro de Berlim?" Como se percebesse finalmente o perigo e o chão tremendo sob seus pés, Schabowski esquivou-se: "Chamaram minha atenção de que já são sete horas. Desculpem-me. Temos de terminar por aqui. Obrigado por sua compreensão." E foi embora.

Mas o dano já havia sido feito. *Sofort.* Imediatamente. Na verdade, não era isso que o regime tinha em mente. Sim, os alemães orientais receberiam passaportes. Sim, teriam permissão para viajar. Mas, para usá-los, teriam primeiro de pedir um visto de saída, sujeito às normas e regulamentos costumeiros. E as letras miúdas diziam que só poderiam fazer isso no dia seguinte, 10 de novembro. Com certeza, a última coisa que Krenz pretendia era que seus cidadãos simplesmente se levantassem e partissem. Mas os alemães orientais não sabiam disso. Só sabiam o que haviam ouvido na TV, e que se espalhou rapidamente por toda a cidade. Graças a Schabowski, acharam que estavam livres. *Sofort.* Aos milhares, eles afluíram aos pontos de travessia para o Ocidente.

Estranhamente desatento ao terremoto que suas palavras haviam provocado, Schabowski foi para casa jantar. Outras altas autoridades foram à ópera, ou para o aconchego de suas amantes. Quando a derradeira crise existencial da Alemanha Oriental explodiu, a liderança do país estava praticamente incomunicável. Assombrados com a multidão, sem receberem instruções dos militares ou da elite do partido, os guardas da fronteira junto ao Muro tiveram de agir por conta própria. Tal como Schabowski, o guarda do posto de controle Charlie deu de ombros – literalmente – e abriu os portões.

E assim o Muro de Berlim veio abaixo.

De longe, era como se Ronald Reagan tivesse decretado a queda. Mas foi assim? Visto de perto, por quem estava em campo, as coisas tinham uma aparência muito diferente do que lembramos.

Nenhuma grande crise internacional montou o palco para 9 de novembro de 1989. A queda do Muro não resultou de algum confronto entre grandes potências. Não houve retórica emocionante, qualquer ameaça de guerra, nenhum político encenando ante as câmeras. Para os americanos, em particular, esse momento decisivo da Guerra Fria aconteceu inesperadamente, como se viesse do nada.

Somente um âncora de TV estava presente – Tom Brokaw, da NBC. Nenhum líder ocidental estava por perto para testemunhar o evento ou saudar as vítimas de tantos anos de opressão comunista no momento em que encontraram, de olhos arregalados e perplexos, o caminho aberto para a liberdade e o Ocidente. O chanceler alemão Helmut Kohl estava em visita oficial à Polônia. O presidente George H.W. Bush soube dos acontecimentos por intermédio de seu assessor de segurança nacional Brent

Scowcroft, que ficou sabendo pelo noticiário da televisão. Juntos, os dois foram para o estúdio privado do presidente, ao lado da Sala Oval, e ligaram a TV. "Meu Deus", disse Bush a seus auxiliares, "se os soviéticos vão deixar os comunistas caírem na Alemanha Oriental, eles devem estar realmente falando sério – mais sério do que eu achava."

Comparado aos pontos de inflexão da história, este foi bastante *ad hoc*. A Primeira Guerra Mundial terminou com a assinatura cerimonial de um armistício num vagão de trem, numa floresta perto de Compiègne. Ela foi seguida pela grande divisão dos impérios germânico e austro-húngaro no Tratado de Versalhes, em 1919, um redesenho literal do mapa mundial. A Segunda Guerra terminou com rendições formais no quartel-general aliado na Bélgica e no encouraçado *Missouri*, na baía de Tóquio, em 1945, assinadas por um imperador derrotado, de cartola e casaca, ladeado por fileiras de vencedores. Ao contrário, a Guerra Fria acabou com um brado espontâneo, ou, mais exatamente, com uma festa de rua. Pessoas comuns que exigiam mudanças agiram por conta própria. Foram elas que derrubaram o Muro, não exércitos ou governantes. E dançaram em cima dele.

O acaso desempenhou um papel enorme. O Muro de Berlim teria caído, da forma dramática como aconteceu, sem a confusão criada por Schabowski? Foi o dar de ombros que mudou o mundo. E o que dizer do comandante da guarda da fronteira no posto de controle Charlie? Outro sacudir de ombros, outra daquelas casualidades que através dos tempos moldaram a história e decidiram os destinos dos homens.

No que diz respeito às famosas três palavras de Ronald Reagan – "derrube este Muro!" –, elas quase não foram pronunciadas. Peter Robinson, redator de discursos da Casa Branca, conta como Reagan planejava comparecer à reunião de cúpula anual das nações industrializadas, do G7, em Veneza. Então chegou um pedido do governo alemão para que visitasse Berlim por ocasião do 750º aniversário da cidade. Ali estava uma chance para imitar Kennedy e falar junto ao Muro, sugeriu alguém do staff do presidente. Poderia Robinson fazer o favor de escrever alguma coisa para ele dizer sobre política externa?

Robinson passou um dia e meio em Berlim reunindo material. Primeiro escreveu: "*Herr* Gorbatchov, derrube este Muro." Depois, pensou em agradar o público local fazendo Reagan dizer a frase em alemão: "*Herr Gorbatchov, machen Sie dieses Tor auf.*" (Eis uma citação para a história.) Decidindo-se finalmente pelas palavras que agora sabemos de cor, ele fez circular o discurso pelo Departamento de Estado e pelo Conselho de Segurança Nacional. "Ambos tentaram suprimi-la", escreve Robinson em suas memórias *How Ronald Reagan Changed My Life*. O texto era "ingênuo", disseram. Provocaria "falsas esperanças". Era "desajeitado" e "desnecessariamente provocador". Faria o presidente parecer um "caubói tosco e anticomunista". John Kornblum, o diplomata mais antigo em Berlim e que viria a ser embaixador na Alemanha, foi particularmente desdenhoso e ofereceu o que considerava uma frase substituta muito superior: "Um dia, este Muro feio desaparecerá." E um dia, talvez, os porcos voarão, pensou Robinson com seus botões.

No total, o discurso passou por sete versões. A cada vez, os especialistas apagavam a linha ofensiva. A briga durou até Berlim, quando Reagan resolveu a pendenga com Kenneth Duberstein, seu subchefe de gabinete, a caminho do Muro na limusine presidencial.

"Então, Ken. Sou eu o presidente?"

"Sim senhor."

"Então, Ken", disse Reagan com uma risada, "vamos deixar aquela frase."

O resto, como dizem, é história – até certo ponto. Pois nada nela sustenta o que veio a ser a visão convencional sobre o discurso de Reagan em Berlim: uma contestação desafiadora, uma expressão reverberante de uma política americana de confronto que levaria não somente à vitória na Guerra Fria, mas muito além dela. Ao contrário, Ronald Reagan ficaria estarrecido com os usos que fizeram de suas palavras. A verdade é que, em 1987, ele se defrontava com um fenômeno novo – um desafio para o qual o enfrentamento, concluiu ele depois de algum tempo, não era a resposta. Esse fenômeno era a ascensão de Mikhail Gorbatchov à Secretaria-Geral do Partido Comunista da União Soviética em 11 de março de 1985.

Gorbatchov atingiu a paisagem soviética como se fosse um gigantesco meteoro vindo do espaço sideral, transformando tudo com seu impacto. Ele era aquele tipo de força histórica mais rara e mais potente: a singularidade, o coringa, o que os cientistas chamam de "variável exógena", o elemento sem precedentes que muda todas as teorias e descarta todos os cálculos, e, com eles, transforma o mundo tal como é conhecido.

Afora certa suavidade em torno dos olhos, a aparência de Gorbatchov diferia pouco da de seus predecessores da velha guarda. Atarracado e de terno cinza, filho de camponeses de Stavropol, na remota Rússia meridional, ascendera na hierarquia do Partido graças à sua diligência e capacidade burocrática. Somente o senso de humor agudo, certa franqueza e a marca de nascença na testa pareciam distingui-lo do rebanho comunista. E, no entanto, esse novo homem soviético chegou ao poder cheio de indignação e com grande paixão pela mudança. Aos 54 anos, foi o secretário-geral mais jovem, promovido por seu mentor, o chefe da KGB Iúri Andrópov. Tal como este, via os defeitos do sistema soviético: uma economia estagnada, que absorvia dinheiro para uso militar, mas deixava pouco para gastos civis; uma sociedade que afundava cada vez mais no atraso e na paralisia. Ao contrário de Andrópov, estava decidido a fazer alguma coisa em relação a isso. Ele enxergou no desastre nuclear de Chernobyl, do início de 1986, exatamente o que ele significava: uma acusação ao sistema soviético, viciado e despedaçado, uma ameaça a toda a humanidade. Era preciso mudá-lo, ele sabia. Estava convencido de que seria possível reformá-lo. "Não podemos continuar assim", disse à esposa Raisa, enquanto caminhavam em seu jardim, na noite do desastre, no momento em que a radioatividade avançava lentamente em direção à Europa. "Não podemos continuar assim."

Poucas semanas depois de assumir o poder, o novo líder russo apresentou ao mundo dois conceitos gêmeos revolucionários, pelos quais ficaria famoso e aos quais Ronald Reagan aludiu em seu discurso de Berlim: glasnost e perestroika. Gorbatchov clamava por uma era de "novo pensamento político" em seu país e no exterior. Demitiu aquele que encarnava a imagem tradicional da União Soviética no Ocidente, o ministro do Exterior Andrei Gromyko, um inflexível linha-dura conhecido popularmente como "sr. Nyet", e o substituiu pelo carismático Eduard Chevardnadze. Começou a se aproximar da Europa e dos Estados Unidos, cultivando laços pessoais com líderes ocidentais. Ficou famosa a declaração de Margaret Thatcher de que Gorbatchov era um homem com quem ela "podia fazer negócios". Ficou amigo de Helmut Kohl e começou a falar que a Rússia pertencia ao que chamava de "casa comum da Europa". E, o que era mais importante, começou a dizer aos líderes dos países satélites soviéticos da Europa Oriental que seu futuro dependia deles mesmos. Assim como ele procuraria reformar a Rússia de dentro, eles deveriam trabalhar para reformar suas sociedades. O modo como fariam isso, cabia a eles escolher, sem interferência de Moscou.

O discurso de Reagan em Berlim aconteceu num momento crítico de suas relações com o líder soviético. Ele se encontrou pela primeira vez com Gorbatchov em Genebra, em novembro de 1985, quando discutiram o desarmamento nuclear numa conversa amistosa "ao pé da lareira". Continuaram as conversações na famosa segunda reunião de cúpula em Reikjavik, em outubro de 1986, quando, numa harmonia extraordinária de pensamentos, os dois líderes chegaram perto de um acordo para abolir as armas nucleares. Quando fez seu discurso no Muro de Berlim, havia um bom tempo Reagan já vinha mudando suas ideias sobre Gorbatchov. O presidente americano lera o livro então recentemente publicado pelo líder russo, *Perestroika: novas ideias para o meu país e o mundo*. "Era tão desaprovador quanto qualquer coisa escrita sobre o comunismo no Ocidente", disse Reagan. Enquanto isso, as negociações para uma terceira reunião de cúpula já estavam bem avançadas. Em 8 de dezembro de 1987, Gorbatchov e Reagan encontraram-se em Washington para assinar um tratado conhecido, de forma um tanto desajeitada, como acordo das Forças Nucleares Intermediárias (em inglês, INF). Ele simplesmente acabava com toda uma série de armas nucleares, à medida que bania da Europa os mísseis soviéticos SS20, e os mísseis americanos Pershing.

A linha-dura do establishment da segurança nacional americana ficou horrorizada. O secretário de Defesa Caspar Weinberger, apoiado por seu assessor especial Richard Perle, entre outros, opunha-se visceralmente às conversações de Reagan sobre desarmamento e insistia numa escalada dos gastos militares. Do ponto de vista dos falcões, Reagan corria o risco de amolecer com o comunismo. E eles tinham razão. Tal como Thatcher, o presidente dos Estados Unidos concluíra que Gorbatchov era confiável, que podia "fazer negócio" com o russo. Mas tinha um problema: para a ala da direita de seu partido, tudo isso era heresia.

A fim de mudar o clima das relações soviético-americanas, portanto, ele tinha de encontrar uma maneira de neutralizar a oposição dentro do governo, assim como Gorbatchov precisava abrir um caminho delicado e muitas vezes perigoso entre as facções de sua administração. No fim das contas, o discurso junto ao Muro de Berlim deu cobertura a Reagan, observa James Mann, autor de *Rise of the Vulcans*, um retrato definitivo da equipe de política externa de George W. Bush. Para a linha-dura, aquilo soaria como um discurso anticomunista tradicional, de desafio e confronto da Guerra Fria – motivo pelo qual, é evidente, o Departamento de Estado e o Conselho de Segurança Nacional tentaram tanto tirar aquelas três palavras.

Na verdade, o discurso foi um ato de equilíbrio notavelmente nuançado. Conseguia reconhecer o avanço da União Soviética, ao mesmo tempo que sublinhava o quanto ainda era preciso avançar. Contudo, o que muitos americanos ouviram apenas como um desafio era também um convite – um convite para se empenhar, para continuar na estrada que os dois vinham trilhando, um estender de mão, uma oferta para se encontrar no meio do caminho. Sem dúvida foi assim que entenderam os homens que estavam ao lado de Reagan naquele dia; o prefeito de Berlim, Eberhard Diepgen, disse isso na ocasião. A expressão em moda hoje para esse tipo de diplomacia ainda não havia sido cunhada: "*soft power*", ou poder suave. Mas era isso mesmo: uma convicção, no coração do último baluarte da Guerra Fria, esse consumado idealista, de que cooperação, compromisso e fé na potência do exemplo americano iriam mais longe na construção de um mundo melhor que o confronto militarista. Reagan sabia disso, ainda que seus discípulos não o soubessem.

Em seis meses ele abandonaria a retórica fácil do "Império do Mal". Em maio de 1989, visitou Moscou, conversou com russos comuns na Praça Vermelha e fez uma palestra aos estudantes da Universidade de Moscou. Reagan percebia claramente o alvorecer de uma nova era. E o efeito simbólico da presença de Ronald Reagan em Moscou, recebido por um homem que pedia mudanças no Kremlin, foi sentido pelos povos da Europa, em especial por aqueles que tinham a desventura de viver do lado errado do Muro. Eles ouviram a verdadeira mensagem, vinda de ambos os lados: acomodação, não enfrentamento. E isso lhes deu esperança e coragem para agir.

A história das revoluções na Europa Oriental não foi escrita em Washington. Ela tem pouco a ver com o poderio militar americano. Relaciona-se muito mais com a ascensão de Gorbatchov, o colapso econômico do sistema soviético e o contraste gritante com o dinamismo da Europa Ocidental. A presteza com que os líderes europeus orientais, com exceção da Romênia, aceitaram a mudança pacífica foi crucial. Assim como o papel do puro acaso, como veremos. Sobretudo, ele teve tudo a ver com as pessoas – individual e coletivamente – envolvidas, decidindo por elas mesmas derrubar o Muro.

Esta é a história de como elas fizeram isso – sem mitologia.

2. O Muro

Ao chegar a Berlim, fiz o que sempre fazia: deixei minha bagagem no hotel e peguei um táxi em direção ao Leste. Fui tocar no Muro, pôr minhas mãos nele. Não importava quantas vezes já fizera isso antes, ou quantas vezes viria a fazer de novo. Aquele era meu ímã, meu ponto central, minha história de jornalista que cobria a Alemanha e o bloco oriental.

Jamais alguma coisa foi tão carregada de simbolismo, ideologia e história. O Muro era a Segunda Guerra Mundial, a Guerra Fria, a Cortina de Ferro, o ponto alto do totalitarismo e da ditadura comunista, a fronteira da democracia. Era possível senti-lo, cheirá-lo, passar as mãos nele, olhar através dele. De um lado, nós. Do outro, eles.

Não importava em que direção se olhasse. Berlim era uma ilha, todos os caminhos levavam ao Muro. Eu costumava descer a rua Bismarck, passar pela Seigessaule, a coluna alada que celebrava a vitória da Prússia na guerra de 1871 contra a França, ir até o Reichstag. O Muro passava poucos metros atrás do antigo Parlamento, ainda escurecido e marcado pelos fragmentos voadores da guerra. Uma dúzia de cruzes lembrava pessoas que morreram ali tentando escapar. Um barco de patrulha da Alemanha Oriental, com holofotes e metralhadoras pesadas, estava parado na margem oposta do rio Spree. Poucas semanas antes da minha primeira visita, um jovem foi metralhado perto dali e abandonado no lugar em que caíra, sangrando até a morte.

Normalmente eu caminhava para o sul, ao longo do Muro, depois do Portão de Brandenburgo, pelos terrenos lamacentos e fantasmagoricamente vazios em torno da praça Potsdamer – o coração da velha Berlim, outrora cheia de hotéis e lojas de departamentos, tão movimentada na década de 1920 que ganhou o primeiro semáforo da Europa. O *bunker* de Hitler fica ali, na faixa da morte, um monte de terra facilmente visto a partir de uma plataforma colocada para os espectadores, iluminado por fortes luzes de segurança à noite e cercado por armadilhas antitanque. Mais adiante estava a rua Wilhelm e os restos do quartel-general da SS nazista, cobertos de capim; então, depois de uma série de ziguezagues por ruas abandonadas e muitas vezes interrompidas, vinha o posto de controle Charlie. "Você está deixando o Setor Americano", advertia um grande cartaz em inglês, francês e russo, adiante do qual os "vopos" – Volkspolizei – de uniforme verde da República Democrática Alemã esperavam atrás de suas barreiras e arames farpados. Dali a vista se estendia até Moscou.

Ronald Reagan falou por muita gente. Mas era difícil imaginar o mundo sem o Muro. Talvez fosse uma coisa tátil. O Muro era tão empedernido e de aparência tão sólida... Sua força bruta, sua indelicadeza, tão hostil ao movimento, ao coração e ao espírito, tornara-se um fato da vida – lamentável e trágico, certamente, mas estava ali, como um câncer ou a concretização do mal no mundo.

Em Berlim, sentia-se o Muro em qualquer lugar, mesmo quando ele não estava à vista. Ele assombra a cidade até hoje, 20 anos depois. Restam vestígios fantasmagóricos que nos pegam desprevenidos: um pedaço do Muro aqui, uma torre de vigia acolá, terrenos vazios por onde passava a faixa da morte, uma linha estreita de pedras de pavimentação incrustadas nas ruas do centro da cidade, marcada com placas de bronze, Berlim Mauer: 1961-1989. Nas partes arborizadas da cidade, longe do Mitte – o centro da cidade que agora está na moda –, é possível ver uma fileira constante de pinheiros em meio a jovens bétulas e sabugueiros. A cicatriz do Muro foi replantada. Basta cavar o solo arenoso para encontrar pedaços de seu concreto típico. O Muro subsiste como sensações de um membro amputado, um vazio que não pode ser esquecido.

Há um sentimentalismo deslocado nessas memórias, uma espécie de romantismo da Guerra Fria, uma emoção excitante para certo tipo de turista. Os berlinenses, na maior parte do tempo, simplesmente conviviam com ele, por mais sinistro e incongruente que fosse. Ao conviver com algo, ignoramos a sua presença. Ao longo daquele Muro, as mães empurravam seus carrinhos de bebê. Na metade ocidental da cidade, artistas o pintaram, pelo menos durante algum tempo. Mas, em geral, as pessoas lhe davam as costas, exceto quando buscavam espaços vazios para estacionar seus carros.

O Muro surgiu em 13 de agosto de 1961. Walter Ulbricht, o líder do Partido Comunista na época, considerou-o a solução para seu problema mais constrangedor: a fuga de alemães orientais para o Ocidente, numa média de mil pessoas por dia. Os historiadores sabem que os Aliados poderiam ter evitado sua construção e talvez, por conseguinte, mudado a história. Os soldados que ergueram a barreira – de início não mais que alguns fios de arame farpado – não tinham munição; as tripulações dos tanques russos receberam ordens para se retirar se fossem confrontados. Mas o belicoso premier soviético Nikita S. Khrushchev, o homem que ameaçou "enterrar" o Ocidente e bateu com o sapato no pódio das Nações Unidas, sabia o que estava fazendo. Num pequeno e festivo jantar da noite anterior, ele confidenciou seus planos a um pequeno grupo de altos líderes militares russos, claramente saboreando o momento. "Vamos fechar Berlim", rematou com seu típico sorriso desdentado. "Vamos simplesmente pôr arame farpado, e o Ocidente vai ficar lá, como ovelhinhas estúpidas." E assim fez, provocando uma briga que poderia assumir aspectos nucleares.

Ao longo dos anos, lajes de pedra e alvenaria substituíram o arame farpado. Ergueu-se um segundo muro paralelo, 100 metros mais para dentro. As casas que estavam no meio foram demolidas, criando uma terra de ninguém que ficou conhecida como a "faixa da morte". Boa parte dela foi coberta de cascalho ou terra, tornando fácil a localização de prováveis fugitivos; espalharam-se minas e armadilhas. Os guardas de fronteira patrulhavam ao longo de uma trilha interna, acompanhados frequentemente por cães de ataque; outros vigiavam das 302 torres. Quase até o fim, a ordem era atirar para matar assim que avistassem alguém. Os relatos variam, mas pelo menos 192 pessoas morreram tentando fugir por cima do Muro; cerca de mil foram mortas tentando escapar pela longa fronteira da Alemanha Oriental.

O obstáculo funcionou como Ulbricht esperava: entre 1949 e 1962, 2,5 milhões de alemães orientais fugiram. Entre 1962 e 1989, esse número caiu para cerca de cinco mil. Da noite para o dia, os mais de 180 mil quilômetros quadrados da República Democrática Alemã transformaram-se numa prisão. Cortaram-se as ligações de transporte e comunicações. Ruas fervilhantes e calçadas movimentadas no coração da metropolitana Berlim tornaram-se subitamente becos sem saída. Esgotos, linhas de bondes e de transmissão de energia foram bloqueados ou cortados. Romperam-se famílias, cortaram-se amizades. Crianças perderam pais ou avós. Nos mapas oficiais, o lado ocidental da cidade foi borrado, como se o apagassem figurativamente do mundo dos vivos. A cidade, em particular o lado leste, caiu numa tristeza soturna, um longo sono que seus perturbados cidadãos nem ousavam imaginar que terminaria um dia.

Somente os berlinenses o chamavam de Muro. Fora dali, era a "cerca", ou a "fronteira", um corte de 155 quilômetros no coração da Alemanha e de 1.400 quilômetros do norte ao sul do país. Em 1989, os alemães orientais já haviam removido as minas e as metralhadoras de controle remoto. Ainda assim, era uma barreira colossal: um tapume de 3,60 metros de altura, impossível de escalar sem ganchos; um fosso para evitar que as pessoas tentassem atravessar de carro; patrulhas armadas com cães; torres de vigia de concreto e casamatas com metralhadoras distantes poucas centenas de metros umas das outras; uma zona de segurança de cinco quilômetros dentro da fronteira, onde os alemães orientais só podiam viver e viajar com licenças especiais. Aqui e ali, a barreira se abria – com guarda – para permitir uma ferrovia ou rodovia. Mas, em sua maior parte, avançava imutável e sem traços característicos, cortando florestas, ziguezagueando por montanhas íngremes, cortando campos, rios e cidades.

No início de minha missão, quando o final de outono se transformava em inverno, viajei ao longo da divisa, durante algumas semanas, em intervalos irregulares, do mar Báltico, ao norte – onde canhoneiras cinzentas da Alemanha Oriental flutuavam ao largo de uma praia arenosa, prontas para atirar em quem tentasse nadar para a liberdade –, à fronteira tcheca, perto da Bavária, ao sul. A ideia era encontrar as rachaduras que eu supunha estarem lá, para intuir uma revolução próxima. Mas encontrei poucos indícios. Onde quer que eu fosse, o Muro estava simplesmente ali.

Ao dirigir pelo interior, por estradas ladeadas de carvalhos, por campinas verdejantes e suaves colinas verdes, topava-se inesperadamente com ele, e era preciso parar, como se houvesse uma descarga elétrica. Ao longo da fronteira, perto da cidade de Philipsthal, no centro da Alemanha Ocidental – logo ao norte do famoso passo de Fulda, onde as forças da Otan, travando o que chamavam de "próxima guerra", tentariam deter os exércitos soviéticos invasores que avançariam na direção de Frankfurt e do canal da Mancha –, a estrada serpenteava por um aprazível rio cercado de salgueiros. Meninos pescavam em uma das margens. Na outra, um Muro cinzento surgiu subitamente, adornado com arame farpado e marcado por torres de vigia. Soldados espiavam em binóculos. Depois de uma curva, o Muro atravessava a estrada; a parte maior e mais antiga da cidade estava fora dos limites. A única coisa a fazer era dar meia-volta. Se você se demorasse, surgia um guarda para tirar sua foto. E você passava a figurar nos arquivos da polícia de segurança da Alemanha Oriental.

Mais adiante na estrada, em Rohringhof, cidade famosa por suas casas medievais e pitorescos celeiros de estrutura de madeira e alvenaria, o Muro serpenteava através de uma fábrica de cimento. O que outrora era um complexo único dividia-se agora em dois enormes cones de pó de cimento, dois grandes condutores e duas chaminés idênticas. Uma expelia grossas nuvens de pó (no lado oriental); a outra (do lado alemão ocidental) emitia uma coluna de pó mais modesta e ambientalmente consciente. Mais ao norte, perto da cidade universitária de Göttingen, haviam construído um novo campo de golfe em Bad Sooden, a distância de uma tacada da fronteira. Na vizinha Wanfried, a fronteira dividia a estação ferroviária do lugar. A antiga igreja barroca da cidade, com seu cemitério, ficou no meio da zona de segurança entre Leste e Oeste. "Quando há um funeral ou um casamento, às vezes consigo ver meus parentes", disse-me um agricultor alemão ocidental, sobre uma pequena colina que dá vista para a igreja lá embaixo. "Eu aceno, mas não nos falamos há 20 anos. Talvez não nos falemos mais. Estamos ficando velhos." (Na verdade, ele falaria com os parentes face a face, e contra todas as suas expectativas, dentro de poucos meses.) A estrada que leva à fronteira estava perfeitamente conservada. Parei junto à cerca, perdida entre ervas daninhas e folhas caídas. Mas as linhas elétricas passavam. O dono da usina do lugar tinha amigos e parentes no Leste e fornecia eletricidade para eles, embora perdesse dinheiro com isso.

Eu esperava que as pessoas se sentissem oprimidas por aquela proximidade macabra. Mas não. Elas se adaptaram. Normalmente, eram os forasteiros que julgavam o Muro intrusivo ou maligno. "A fronteira é um fato. Está lá, e convivemos com ela", disse-me Anita Geldbach, costureira de uma pequena loja situada numa rua de paralelepípedos de Göttingen. Perto da fronteira tcheca, mais ao sul, uma estrada para tanques atravessava a floresta do lado alemão oriental da fronteira e terminava a poucos metros do estacionamento de um supermercado do lado ocidental. Ninguém dava importância àquilo. Ao longo de toda a fronteira, crianças jogavam futebol e adultos acampavam à sombra das torres de vigia do leste. Poucos percebiam alguma ameaça.

Olhando minhas anotações da viagem, tantos anos depois, surpreende-me a diferença de reação entre os americanos e os alemães que viviam na sombra imediata da Guerra Fria. "Guerra? Você quer dizer uma invasão?", perguntou-me Gisela Sieland, uma dona de casa da pequena cidade de Altenburschla, surpresa por eu perguntar se ela se preocupava com uma invasão soviética. Ela parecia desconcertada diante de minha sugestão de que a Otan e o Pacto de Varsóvia poderiam entrar em conflito, embora morasse no Ponto Zero. "Não sentimos medo algum", disse-me Ulle Winter, uma estudante da Universidade de Göttingen que trabalhava meio período num bar estudantil, enquanto me servia uma cerveja. "Temos total confiança em Gorbatchov. Os americanos podem empacotar suas coisas e ir embora." Encontrei essa reação praticamente em todos os lugares: o sentimento de que a fronteira se tornara algo quase natural, que o Muro perduraria e talvez devesse perdurar. "Afinal, nós criamos as duas Alemanhas. Nós, alemães, fizemos a guerra", acrescentou Ulle, enquanto passava um pano no balcão.

É quase impossível compreender as plenas dimensões e as consequências da Guerra Fria. Para as gerações futuras, ela definirá o século XX. Ela faz parecer menor qualquer outro acontecimento, das duas grandes guerras à invenção do computador, às modernas telecomunicações e à democratização de Wall Street. A partir de 1945, escreve Martin Walker, "a história da Guerra Fria foi a história do mundo".

Foi o primeiro conflito realmente global, abrangendo lugares e traçando linhas de batalha entre aliados e adversários que nem a Segunda Guerra Mundial conseguiu envolver. Ela opôs dois sistemas políticos e econômicos totalmente diversos, numa luta de vida ou morte, um contra o outro. Havia poucas partes genuinamente neutras, com exceção dos banqueiros suíços e algumas tribos neolíticas da Floresta Amazônica. Quase todos os países e povos foram tragados ou tocados por ela. Os americanos lutaram no Vietnã, na Coreia, no Laos e no Camboja. O mesmo fizeram turcos, argelinos e chineses. Os cubanos lutaram em Angola; os sauditas combateram os russos no Afeganistão. Guerras decorrentes da Guerra Fria travaram-se na América Central e do Sul e na África subsaariana. Os Estados Unidos esforçaram-se para diminuir desvantagens imaginárias em mísseis e superar os russos na corrida para a Lua. Armas manufaturadas na Europa para a Terceira Guerra Mundial foram vendidas em todo o mundo, gerando corridas armamentistas regionais, guerras e sublevações políticas. Conflitos étnicos e nacionalistas assumiram significação geoestratégica: Índia e Paquistão, China e Taiwan, Etiópia e Somália. Geografias tornaram-se blocos pintados de azul ou vermelho, livre ou não. Uma constelação bizarra de nomes de lugares soava amedrontadora para os estudantes mais jovens, russos, americanos, asiáticos ou europeus: Saigon, Hanói, Seul, Pyongyang, Cabul, Katanga, Teerã, Phnom Penh, Budapeste, Praga, Varsóvia, El Salvador, Santiago, Honduras, Guatemala, Berlim.

A Guerra Fria foi um conflito singularmente total, não em movimentos de exércitos, mas em efeitos sociais e econômicos. Dwight Eisenhower advertiu contra um "complexo militar-industrial" com seu vasto exército, aparatos do serviço de informações e indústrias de defesa mobilizados para uma guerra que acabaria com a civilização humana. Durante a maior parte de cinco décadas, ela absorveu algo entre um quarto e a metade de todos os gastos do governo norte-americano e 10% do PIB do país. A Guerra Fria moldou os Estados Unidos em aspectos nem sempre óbvios. O sistema interestadual de rodovias foi construído originalmente para acelerar a logística militar de uma parte do país para outra. A internet de hoje, com todos os seus efeitos transformadores sobre o comércio e a vida cotidiana, começou como uma rede de comunicação militar, projetada para resistir a um ataque nuclear soviético. Os empréstimos federais dos quais gerações de jovens americanos dependeram para frequentar a universidade começaram com a Lei de Educação para a Defesa Nacional, de 1958, programa de emergência lançado depois do Sputnik, com o objetivo de vencer a "corrida dos cérebros" contra os soviéticos.

O sonho californiano surgiu no contexto dos gastos com defesa que inundaram o estado, fazendo sua população aumentar de cinco milhões, antes da Guerra Fria, para mais de 30 milhões quando ela terminou. Toda uma nova ordem econômica se desenvolveu sob sua sombra: Bretton Woods. O Banco Mundial e o Fundo Monetário Internacional. A Organização das Nações Unidas. A Agência Americana para o Desenvolvimento Internacional (Usaid). O Plano Marshall para ajudar a reconstruir a Europa do pós-guerra. Os investimentos do pós-guerra no Japão e a rede de comércio internacional e organizações de segurança que abarcaram o mundo: a Organização do Tratado do Atlântico Norte e a Organização do Tratado do Sudeste Asiático, o Pacto de Varsóvia e o Comintern, o Mercado Comum Europeu e a União Europeia. Todos foram criaturas da Guerra Fria.

Ela usurpou a cultura ocidental, que, por sua vez, se difundiu pelo mundo todo. Nas escolas americanas dos anos 1950 e início dos 1960, as crianças enfiavam-se embaixo das carteiras para se proteger de explosões nucleares. Quando cresceram, discutiram a opção entre "armas e manteiga" no curso de economia 1. Eram fluentes no léxico do confronto: "contenção", "destruição mutuamente assegurada", "teoria do dominó". Todos sabiam do botão nuclear, a "linha direta" entre Washington e Moscou, a maleta, conhecida também como "a bola de futebol", a pasta de códigos nucleares que até hoje acompanha o presidente onde quer que ele vá. A Guerra Fria era o quente: James Bond, *O terceiro homem*, Graham Greene, John Le Carré, Tom Clancy. Era matéria de suspense da cultura popular e de filmes de vanguarda: *Z, Estado de sítio, Dr. Fantástico*. Não era suficiente ser meramente americano: os melhores e mais brilhantes eram *all-American* – patriotas, não vermelhos. A Guerra Fria incluiu também a contracultura. O conflito das gerações. Os militantes contra a guerra do Vietnã. O rock'n' roll cresceu como canção de protesto contra a Guerra Fria.

Dissemos para nós mesmos que ganhamos essa guerra. Mas é igualmente justo falar que também a perdemos, ou, ao menos, que compartilhamos amplamente sua perda. Dito de forma simples e direta, a Guerra Fria foi uma catástrofe. Poucas vezes na história um conflito durou tanto tempo, assolou uma parte tão grande do mundo e custou tanto. Dentro de poucas décadas, quando a lembrança viva se apagar, a Guerra Fria parecerá tão distante quanto a Guerra dos Trinta Anos. Leremos sobre ela como se fosse história antiga, um pouco como lemos sobre as batalhas dos reis e príncipes em 1648. Esqueceremos que este que foi o maior dos conflitos mundiais teve um custo incomensurável – talvez porque nos vejamos como os vitoriosos inflexíveis e jamais tenhamos de computar a magnitude dos gastos: quanto dinheiro gastamos, como as despesas foram desvirtuadas, como nós e nossas sociedades fomos marcados por uma obsessão de meio século. Nossa visão é a de Churchill, não a de Gorbatchov, quando, na verdade, deveria ser a de ambos.

Houve quem tentasse fazer uma contabilidade, uma "conta do açougue" da Guerra Fria. Concentrando-se apenas nos gastos com defesa, a Brookings Institution realizou, em 1998, uma espécie de "auditoria nuclear". Já que as armas atômicas constituíam a espinha dorsal da dissuasão da Guerra Fria e absorviam a parte do leão dos recursos para pesquisa militar, julgou-se que a quantidade de dinheiro destinada a elas serviria de índice revelador do sacrifício da nação. Por esse cálculo, os Estados Unidos, entre 1940 e 1996, gastaram 5,8 trilhões de dólares (em dólares de 1995) em armas e infraestrutura nucleares.

Quanto é isso? De acordo com a Brookings, uma pilha de um milhão de cédulas de um dólar teria quase 1.300 metros de altura. Um bilhão de cédulas chegaria a cerca de 130 quilômetros. Um trilhão alcançaria 127 mil quilômetros. A pilha dos quase seis trilhões gastos chegaria à Lua, daria a volta no satélite e ainda faria 1/4 do trajeto de volta. Dito de outra maneira, a quantidade de papel daria para cobrir todos os estados a leste do Mississipi e ainda sobraria o suficiente para cobrir a metade do Oeste americano, inclusive o Texas. Ou, ainda, é mais que a quantia de todas as hipotecas pendentes de todas as casas e edifícios do país. É mais ou menos metade do PIB dos Estados Unidos, a quantia que os americanos gastam todos os anos em tudo, de goma de mascar e iPODs a casas de férias em Vail, Colorado. Se somarmos todas as despesas militares – é injusto, eu sei, mas somente em parte, pois a Guerra Fria inflou todos os gastos com defesa, estabelecendo uma base que vigora até hoje –, esse total alcançaria 51,6 trilhões de dólares, de acordo com a Brookings.

De que maneira podemos começar a contar o custo humano? A Guerra da Coreia levou a vida de 32.629 soldados americanos e aproximadamente três milhões de civis coreanos. Um em cada dez americanos que serviram no Vietnã teve baixa: 58.148 morreram e 304 mil foram feridos. Estima-se que 1,2 milhão de vietnamitas foi morto durante os sete anos de luta. Meio milhão de pessoas morreu na guerra civil de 27 anos em Angola, travada entre facções apoiadas pelos soviéticos e pelos americanos. A guerra civil de uma década em El Salvador, travada entre personagens secundários da Guerra Fria – guerrilheiros esquerdistas contra uma junta militar apoiada pelos Estados Unidos, com seus infames "esquadrões da morte" –, resultou em 75 mil mortos. Um conflito semelhante na vizinha Guatemala, que durou de 1960 a 1996, custou 200 mil vidas. Esses números empalidecem diante dos 30 milhões de chineses que morreram na Revolução Cultural de Mao, ou o milhão ou mais de pessoas que pereceram no genocídio de Pol Pot no Camboja, ou os 30 milhões que morreram nas guerras e expurgos de Stálin. Esses acontecimentos também decorreram da Guerra Fria e fazem parte de sua herança negra.

O símbolo de tudo isso era o Muro de Berlim, o ícone lúgubre de meio século de miséria, opressão, luta e esperança dos homens.

Para a maioria dos alemães, assim como para quase todo mundo, 1989 veio do nada. Naquele inverno, no vértice do ano que mudaria o mundo, não parecia haver qualquer ímpeto de mudança. Somente os alemães ocidentais mais românticos sonhavam com o dia em que o Muro cairia. Sem dúvida o chanceler Helmut Kohl não estava entre eles, tampouco seus assessores com quem conversei. Nem mesmo o ministro do Exterior Hans-Dietrich Genscher, apesar de toda a sua conversa sobre *Ostpolitik* – e que, numa entrevista concedida à *Newsweek*, na época, acusou os assessores linha-dura de Reagan de "gente que se apega às velhas imagens de inimigos e age como se nada tivesse mudado ou pudesse mudar".

Praticamente ninguém falava (exceto de forma retórica, no futuro mais vago) em *Wiedervereinigung* – reunificação. Os políticos podiam recusar-se com firmeza a reconhecer a divisão da Alemanha, pelo menos oficialmente. Mas a maioria dos alemães estava muito à vontade com ela. Em todos os lugares, havia um sentimento de autossuficiência, um contentamento básico com a ideia de duas Alemanhas e uma resistência à pretensão de que havia apenas uma. Os alemães ocidentais referiam-se a si mesmos exatamente assim – alemães ocidentais, ou "europeus", e dificilmente como simples alemães. As pesquisas documentavam esse sentimento de separação. Em 1983, 43% dos estudantes alemães com menos de 21 anos chamavam seus irmãos da Alemanha Oriental de *Ausländer*, estrangeiros. No verão de 1985, pesquisadores do Instituto Allensbach perguntaram às pessoas quanto tempo achavam que o Muro de Berlim ainda iria durar. A resposta média foi 34 anos. Em meio a dezenas de milhares de documentos liberados pelo Departamento de Assuntos Intragermânicos relativos à *Deutsche Einheit*, ou unidade alemã, 1989-90, quase não havia discussão ou indício de planejamento antecipado para uma eventual reunificação. O tópico não era *verboten* (proibido); simplesmente parecia... irrelevante.

Formulei essa questão numa noite de fevereiro, num bar enfumaçado em Kreuzberg, então o bairro boêmio de Berlim Ocidental. Uma foto emoldurada dos anos 1950 mostrava os frequentadores do estabelecimento, alemães ocidentais e orientais, compartilhando uma cerveja sobre a pequena cerca de madeira que demarcava então a fronteira. Um pouco de nostalgia ilusória, zombou o membro do Parlamento de Berlim que me levara ao lugar. "Podemos falar de reunificação, mas isso não significa que a desejamos", disse ele. Estrangeiros da Rússia e de outros lugares da Europa Oriental, muitos deles de origem alemã, que haviam pago para sair do cativeiro, ou sido trazidos pelo governo da Alemanha Ocidental em troca de cerca de dez mil dólares por cabeça, inundavam o país: 300 mil somente em 1988. Imagine como seria sem o Muro? O legislador tinha arrepios ao pensar nisso.

Entretanto, no lado oriental, a vida prosseguia. Ao atravessar para lá, eu sempre tinha a impressão de entrar num universo paralelo, familiar em seus traços essenciais, com carros, semáforos e gente comum levando suas vidas comuns, mas de algum modo mais opaco, mais sombrio, mais pobre e indefinidamente mais opressivo. No posto de controle Charlie, havia sempre a mesma rotina tediosa, que às vezes durava horas. Entrava-se numa longa fila que avançava devagar. Os guardas alemães orientais esquadrinhavam cada papel, anotavam todos os números de telefone. O que eu ia fazer? Quem eu iria encontrar? Os motoristas que saíam de Berlim Oriental tinham de abrir o capô e o porta-malas de seus carros; os guardas enfiavam uma sonda no tanque de gasolina para ter certeza de que continha apenas combustível, e não pessoas tentando fugir. Antes da guerra, Berlim era famosa por seu *Berliner Luft*, o ar fresco e revigorante. Uma vez no lado oriental, essa sensação de leveza desaparecia instantaneamente. De repente o ar tornava-se mais pesado, opressivo. Os berlinenses orientais diziam que era "pegajoso", uma coisa que grudava na gente, vagamente ameaçadora.

Era o efeito de um Estado policial. A República Democrática Alemã, sob o comando de seu líder perpétuo Erich Honecker – o homem que supervisionou a construção do Muro e que desejava ser chamado por seu povo de "*Papi*", por mais letais que fossem seus instintos –, era o Estado totalitário do bloco oriental mais rigidamente controlado, com a possível exceção da Romênia de Nicolae Ceausescu. A polícia secreta, a famigerada Stasi, era ubíqua. Podiam ser seus vizinhos, seus amigos, até sua família. Os cidadãos eram seduzidos, subornados, chantageados e coagidos a trabalhar para eles. Se você ficasse doente, medicamentos vitais talvez ficassem retidos até que você cooperasse dando informações sobre as pessoas com quem trabalhava ou que conhecia em particular. Se quisesse viajar para o exterior, frequentar a universidade ou ser promovido, tinha de fazer um pacto com o diabo: colaborar ou pagar o preço. "Todos eram alvos da Stasi", escreve Alexandra Richie em seu livro de título muito apropriado, *Faust's Metropolis: A History of Berlin*, de mineiros e garçonetes a guias de turismo, músicos e professoras de jardim de infância. Mantinham-se fichas sobre mais de seis milhões de pessoas. A infame Ordem nº2 do regime, introduzida por Mielke em 1985, depois que Gorbatchov assumiu o poder, orientava a polícia secreta para "prevenir, descobrir e combater" toda atividade política clandestina, usando todos os meios. Os dissidentes, críticos e até simples queixosos, observa Richie, eram "fiscalizados, seguidos e documentados em arquivos periodicamente atualizados", numa campanha de "informação total". Segundo sua própria contagem oficial, o regime, no final, tinha 97 mil funcionários e 173 mil informantes. Numa nação de 17 milhões, isso significa que uma em cada 17 pessoas trabalhava para a segurança do Estado. Não é de surpreender que o ar parecesse pegajoso. Não espanta que a política fosse tabu nas conversas. Não admira que ninguém confiasse em ninguém – pais, filhos, mães ou amantes.

De vez em quando, eu ia a um pequeno restaurante, um dos pouquíssimos em Berlim Oriental onde se podia conversar informalmente com as pessoas do lugar. Uma noite, conheci um trio de músicos jovens, dois rapazes e uma garota. Eles falavam em voz baixa, com as cabeças inclinadas, como se temessem ser ouvidos. "Não temos sentimentos de nacionalismo", disse um deles, repetindo seus compatriotas do ocidente. "Por que não duas nações? Funciona bem." Seu maior pesar não era a suposta impossibilidade de unificação, nem os padrões de vida mais baixos da Alemanha Oriental. Ele se aborrecia com o impedimento de viajar, como se os dirigentes do país acreditassem sinceramente que o mundo desabaria se os cidadãos tivessem permissão para se movimentar livremente. Isso realmente o irritava, levando-o às raias da loucura. Ele voltaria, se pudesse visitar o Ocidente? "Claro. Eu só quero conhecer, não viver lá. Aqui é meu lar." Então dois homens sentaram-se na mesa ao lado e acenderam cigarros. A atmosfera mudou. "O socialismo deve ser preservado", disse o jovem abruptamente, falando mais alto. E, pela primeira vez, a garota abriu a boca. "Honecker tem razão", exclamou, também em voz alta. Os homens da mesa ao lado olharam para nós, ignorando a garçonete que perguntava se poderia servi-los, e meus companheiros de mesa levantaram-se e foram embora.

Os ventos da mudança talvez soprassem de Moscou, mas a República Democrática Alemã não estava disposta a se dobrar. Seus líderes, membros do Politburo do Partido da União Socialista da Alemanha, tornaram-se grisalhos e inflexíveis, convencidos da correção de seu caminho e decididos a se manterem no poder. Popularmente, eram conhecidos como os *Alt-Herren Riege*, a turma dos velhos. Honecker tinha 76 anos quando o ano começou; Erich Mielke, o chefe da Stasi, estava com mais de 80. Eles conheciam a linha do Partido e apegavam-se intransigentemente a ela. A unificação com a República Federal era uma "impossibilidade", repetia sempre Honecker. "Socialismo e capitalismo são como água e azeite."

Contudo, no fundo, Honecker tinha receios. Ele sabia que a economia engessada da Alemanha Oriental era débil e estava ficando mais fraca. O automóvel Trabant de dois tempos, feito de plástico e que soltava nuvens de fumaça enquanto sacudia pela paisagem comunista, era o testemunho da realidade: a RDA não estava no mesmo patamar econômico que a Espanha, um modelo levemente menos eficiente de indústria alemã tradicional que a República Federal, como nós jornalistas escrevíamos com frequência. Era um caso perdido. A escassez de bens básicos era endêmica, e as pessoas viviam na desesperança e na privação reprimidas.

A outra coisa que Honecker temia era Mikhail Gorbatchov. Seus cidadãos deram-lhe vivas quando ele visitou Berlim. "Gorbi, Gorbi", gritaram. "O povo deixou claro", escreve Peter Wyden em seu magistral livro *Wall: The Inside Story of Divided Berlin*. "Eles ansiavam pelo ar fresco que ele instilava no comunismo." Também queriam mudanças. Honecker e seus homens podiam sentir isso. Eles viram quando os berlinenses orientais tentaram se aproximar do Muro para ouvir o discurso de Ronald Reagan em 1987. E de novo, alguns meses depois, quando se aproximaram para escutar um concerto da banda de rock Genesis no lado ocidental. Podiam perceber isso nas piadas que os alemães orientais contavam.

A Volkpolizei era o alvo preferido. Um exemplo: dois agentes da Stasi numa missão de vigilância ficam entediados. Diz o primeiro: "Ei, em que você está pensando?" Responde o outro: "Nada de especial, no mesmo que você." Primeiro agente: "Neste caso, você está preso!"

Faziam graça com a escassez de alimentos básicos e, em especial, de artigos de luxo, como bananas: "Como se usa uma banana como bússola? É só pô-la no alto do Muro de Berlim. O leste fica do lado em que a banana for mordida."

As piadas políticas eram mais afiadas: Honecker encontra-se com Mao e pergunta: "Quantos oponentes políticos você tem na China?" O líder chinês responde: "Calculo que uns 17 milhões." E Honecker replica: "Ah, é mais ou menos o mesmo que aqui", o que correspondia evidentemente à população total da RDA.

Em *A vida dos outros*, vencedor do Oscar de filme estrangeiro em 2007, há uma crítica especialmente aguda a Honecker e ao comunismo em geral. De manhã cedo, Honecker chega ao seu gabinete e abre a janela. Vê o sol e diz: "Bom-dia, querido sol!" "Bom-dia, querido Erich!", responde o sol. Honecker começa a trabalhar e depois, ao meio-dia, olha pela janela e exclama: "Boa-tarde, querido sol!". "Boa-tarde, querido Erich!", responde o sol. No fim da tarde, Honecker encerra seu dia e vai uma vez mais à janela. "Boa-noite, querido sol!" Mas o sol fica em silêncio. Honecker repete: "Boa-noite, querido sol! O que há com você?" E o sol responde: "Vá se foder. Estou no Ocidente agora."

Esse era o humor no bloco oriental quando 1989 começou. Talvez fosse difícil ver do Ocidente, mas no Leste os sinais eram inconfundíveis. O clima estava mudando, um degelo irrompia na paisagem congelada. Gorbatchov estava em Moscou. Na Polônia havia movimento. O famoso sindicato Solidariedade, que tivera importância no passado, dava mostras de vida renovada. Em Praga, com um olhar precavido para o leste, a linha-dura comunista começava a perceber de onde o vento soprava e falava cautelosamente em "reforma", como o líder soviético, ainda que realmente não quisesse isso. Em todo o reino comunista, a Hungria era o lugar a ser observado. Foi lá que a primeira centelha verdadeira da revolução se acendeu – não por seu povo, na forma de um levante popular, mas por um pequeno grupo de piratas, não mais que meia dúzia de pessoas, que decidiu acender o pavio num barril de pólvora que explodiria o mundo comunista.

Entre eles estava um homem de quem os americanos dificilmente ouviram falar. Seu nome: Miklós Németh, o primeiro-ministro húngaro, formado em Harvard. Trabalhando em segredo com alguns aliados ocidentais, principalmente na chancelaria alemã, Németh e seu pequeno grupo de comunistas subversivos planejaram derrubar a Cortina de Ferro que separava a Hungria do Ocidente. Em suas palavras, o objetivo deles era "unir-se à Europa" e fazer seu país voltar às fileiras do mundo moderno. Para tanto, ele sabia que tinha de destruir todo o sistema comunista. O meio que escolheu, a inteligência e coragem com que eles executaram seu complexo plano foram um dos grandes subterfúgios nos anais da história diplomática, da ordem de *O homem que nunca existiu*, operação bem-sucedida do serviço de informações dos ingleses em 1943 para fazer Hitler acreditar que os Aliados atacariam a Grécia e a Córsega, quando o verdadeiro alvo era a Sicília.

Esta é a história não contada de 1989.

3. Democracia no Danúbio

Aquele homem era um problema. Tão imperturbável, simpático e aparentemente autêntico. Era impossível não gostar dele, difícil não confiar nele. Mas devia-se fazer isso? Afinal, tratava-se do ministro da Justiça da República Popular da Hungria. Graças a esse título, era a autoridade judicial máxima do regime comunista húngaro, encarregado de encarcerar dissidentes e perseguir os possíveis democratas, um chefe do enorme aparato de segurança e da polícia secreta do país.

Contudo, ali estava aquele urso amistoso, outrora professor de direito, com bochechas coradas e crespos cabelos grisalhos, falando animadamente sobre James Madison e os documentos federalistas. Parecia um Thomas Jefferson húngaro. Poucas semanas antes, um novo primeiro-ministro o levara para o governo, e ele já estava mergulhado até o pescoço no trabalho de redigir uma nova Constituição nacional. "Devemos garantir os direitos do indivíduo contra o Estado", declarou-me com energia. Liberdade de manifestação, de associação e de propriedade são "direitos inalienáveis". E isso não era tudo para aquele comunista de carteirinha. "Nosso objetivo é criar uma democracia parlamentarista", continuou, idêntica às da Europa Ocidental.

— Você quer dizer eleições livres – perguntei incrédulo.

— Certamente.

— Quanto tempo isso demoraria para chegar à verdadeira democracia?

— Ah, de um a três anos – disse em tom despreocupado.

— E se os comunistas perderem?

Ele nem hesitou:

— Saímos do governo.

Diante disso, ri. Em toda a Europa Oriental, muitos "reformistas" falavam pomposamente em "abertura" e "mudança", fazendo eco ao chefe de Moscou, Mikhail Gorbatchov, recitando sua ladainha de glasnost e perestroika. Mas se Gorbatchov parecia falar a sério, o mesmo não se podia dizer dos líderes das nações satélites do Pacto de Varsóvia. Aqueles húngaros pareciam mais sinceros que a maioria, mas achei que era ir longe demais.

Kalman Kulcsar fechou a cara diante de meu evidente ceticismo. "Não acredita em mim, senhor Meyer?" Ele se inclinou sobre sua cadeira giratória de couro, abriu uma gaveta da escrivaninha de madeira lavrada, tirou um pequeno livreto e o sacudiu sobre a cabeça. "O que o senhor acha que é isto?" Era um exemplar da Constituição e da carta de direitos dos Estados Unidos. "Guarde minhas palavras", disse o ministro, enfatizando cada palavra. "Dentro de nove meses, isto será nosso."

Ele estava enganado. Seriam dez meses. Ainda assim, era um momento dramático. Ali em Budapeste, sem que o mundo exterior percebesse, comunistas haviam se transformado em... anticomunistas. Meu Deus, pensei. Isso é para valer. Foi quando descobri que uma coisa que sempre tomei como figura de retórica era, na verdade, um fenômeno físico. Literalmente, os pelos de minha nuca se eriçaram.

À noite, seria fácil tomar o edifício do Parlamento húngaro pelo símbolo da democracia que ele deveria ser. Com suas luzes brilhantes que se refletem nas águas do Danúbio, é uma imitação deslavada das Câmaras do Parlamento britânico, exceto por um detalhe significativo: é exatamente um metro mais comprido e um metro mais largo que sua fonte de inspiração. A alusão arquitetônica era oportuna no final de 1988. Tínhamos ao mesmo tempo um símbolo irônico das aspirações históricas da Hungria e um lembrete de seus resultados menores.

Mas não por muito tempo.

Eu fora a Budapeste para investigar notícias de que, depois de quatro décadas de comunismo, os primeiros brotos tenros de democracia nasciam ao longo do Danúbio. A cidade estava envolta por uma nevasca de dezembro. Mas, sob o congelamento profundo, germinava de fato uma primavera política.

Apenas um mês antes, em novembro, um pequeno grupo de comunistas reformistas chegara ao poder. Kalman Kulcsar era somente um entre vários líderes húngaros que dizia (e fazia) coisas não comunistas. Haviam aberto um mercado de ações – um templo da fé antípoda capitalista. Aprovaram novas leis que estimulavam os empreendimentos privados, cortaram subsídios das empresas estatais, abandonaram a fixação de preços ao estilo comunista em favor de um mercado livre. A partir de então, o custo dos alimentos, dos combustíveis e da moradia seria determinado por oferta e procura, disseram ao povo, bem conscientes de quão dolorosa poderia ser essa transição. Bom-dia, Keynes. Adeus, Marx?

Logo ficou claro que essa revolução – pois era disso que se tratava – ia muito além do mercado. Pouco antes de sua primeira visita oficial aos Estados Unidos em julho, o brutamontes que chefiava o Partido Socialista dos Trabalhadores da Hungria, um ex-engenheiro gráfico chamado Károly Grosz, recebeu os repórteres da *Newsweek*. Em tom de desdém, descartou qualquer conversa sobre democracia e o que, nos círculos de oposição, estava sendo discutido como a possibilidade de um "governo multipartidário". Tudo que não fosse a clássica ditadura do proletariado – significando ele e seus asseclas – era uma "impossibilidade histórica", declarou. Recusou-se mesmo a discutir, ainda que hipoteticamente, o compartilhamento de poder ou a participação, no governo, dos partidos de oposição. No entanto, era exatamente nesse sentido que trabalhava o novo governo húngaro, nomeado e devidamente investido por Grosz e seus comunistas.

Ansiosos por imprimir uma face mais humana à velha ordem, eles tinham acabado de dar um passo que nenhum outro regime do Leste europeu ousara esboçar: criar uma oposição verdadeira ao governo. Isto surgiu sob a forma de uma nova lei, promulgada logo depois que os reformistas assumiram o governo, que permitia a organização dos primeiros partidos políticos independentes no país. Eles não podiam reconhecer oficialmente esses grupos como autênticos "partidos", pelo menos não por enquanto, porque violaria o princípio férreo do marxismo-leninismo: deveria haver um partido único – o socialista ou comunista – cujo destino era guiar a nação em todas as questões importantes. Então jogaram com os nomes. Chamaram-nos de "clubes", "movimentos" ou "organizações alternativas". Num momento em que os sinais de degelo na Guerra Fria ainda eram débeis, esta foi uma medida notável, até radical.

De repente, o país inteiro estava em efervescência. Nos cafés de Budapeste, ouvia-se o zumbido de uma palavra com "D" maiúsculo: Democracia. Podia-se virtualmente ver o surgimento de uma rachadura interna: os jovens reformistas de um lado, a velha guarda do outro, ambos se equipando para uma luta que se desenrolaria com espantosa velocidade. Em setembro, um grupo populista chamado Fórum Democrático Húngaro (que dentro de um ano formaria o primeiro governo pós-comunista do país) criou um "movimento político-espiritual democrático". Outros grupos se seguiram, entre eles a Liga dos Jovens Democratas (uma associação estudantil mais conhecida como Fidesz) e a Aliança dos Democratas Livres, uma organização sindical. Em anos futuros, todos viriam a dominar o cenário político húngaro. Enquanto isso, diminuía a censura. Uma imprensa livre e robusta começou a surgir. As publicações clandestinas (*samizdat*) vieram à luz do dia. Os poucos dissidentes que mereciam esse nome entraram para um dos partidos ou foram ignorados, tanto pelo povo das ruas como pelas autoridades que antes os perseguiam. Dissidentes contra o quê – era possível perguntar – ou contra quem?

De fato, como se pode divergir de alguém como Miklós Németh, o homem que deflagrou grande parte das reformas? Ele não era nenhum Lech Walesa, o líder carismático arquetípico da Polônia, o herói do Solidariedade que, em 1980, ficou famoso nos Estados Unidos e no mundo por saltar a cerca do estaleiro de Gdansk e erguer o punho cerrado na cara das autoridades soviéticas. Não, Németh era um homem quieto, um tecnocrata, um economista que passou um ano na Harvard Business School e jogava tênis com o embaixador americano. Tinha apenas 40 anos quando o Partido Comunista o nomeou primeiro-ministro, em 24 de novembro de 1988. De ternos sóbrios e aparência de banqueiro, seus modos suaves escondiam uma firmeza interna. Ele estava numa situação de vida ou morte. A economia húngara era um desastre. As finanças do país estavam em crise. Tudo caía aos pedaços. Sua missão era assumir o comando e salvar a situação – e sua carreira. Para tanto, sabia que uma mera "reforma" não seria suficiente. Ele teria de desmantelar todo o sistema comunista.

Németh não chegou a dizer isso quando o encontrei pela primeira vez, menos de um mês depois que ele assumira o cargo. Talvez fosse cauteloso demais em relação aos perigos e a tudo que poderia dar errado. Sentado à longa mesa de conferência de carvalho escuro, em seu gabinete no edifício em estilo gótico do Parlamento, ladeado por meia dúzia de auxiliares, ele não parecia um homem que fosse mudar o mundo. No decorrer do nosso encontro de três horas, ele secava o suor das sobrancelhas com um lenço branco e caía com frequência na linguagem opaca e excessivamente cautelosa de um alto funcionário comunista. Mas nada havia de comunista em sua mensagem. Quando desejava que se ouvisse especialmente algo que dizia, pronunciava as palavras de forma enérgica, com um olhar direto e rápido que significava "ouça com atenção".

Esses clubes, esses grupos políticos novos, perguntei, poderiam se tornar verdadeiros partidos políticos ao estilo norte-americano ou europeu? "Essa é uma das nossas maiores ambições", respondeu Németh.

Durante toda a sua existência, o Partido Comunista insistira em seu chamado "papel de liderança" na sociedade, o que significava poder incontestável. O Partido estaria preparado para desistir disso, como Kalman Kulcsar afirmava?

"Dentro de dois anos, eu poderia imaginar uma situação em que o chefe de governo não seria necessariamente um membro do Politburo", disse Németh, de forma cautelosa, mas inconfundível.

Essa era uma conversa sobre criar o capitalismo no Danúbio. Os economistas dizem que significaria deixar 100 mil pessoas desempregadas, talvez três vezes mais. Isso não seria um grande golpe num "paraíso dos trabalhadores" como a Hungria?

Németh deu um sorriso discreto. "Vamos passar por alguns anos dolorosos, sim. Mas, em cinco anos, eu espero que a Hungria se torne uma economia de mercado, com espaço para empresários, e onde as pessoas possam ter mais esperança no futuro."

Moscou talvez tenha alguma coisa a dizer sobre isso, observei. Um revés de Mikhail Gorbatchov na Rússia derrubaria os planos de reforma na Hungria? Os russos poderiam intervir, como em 1956?

"Gorbatchov levantou a tampa de uma panela em ebulição", retrucou o jovem primeiro-ministro. "Sem dúvida o vapor é doloroso, mas a mudança é irreversível."

Graças à Rádio Europa Livre, essa frase ecoaria por todo o bloco soviético. Ela também valeu a Németh uma dura repreensão de seu chefe oficial, Károly Grosz. Mas se Németh, à sua maneira modesta, provocou a ira de Grosz, imaginem as emoções inspiradas por outro membro de seu novo governo, mais impetuoso e com muito menos papas na língua.

Imre Pozsgay era o alter ego de Németh e seu aliado mais importante, tão expansivo quanto Németh era contido. Conhecido popularmente como o "Gorbatchov da Hungria", havia passado boa parte da década anterior no ostracismo, uma espécie de dissidente interno com dom para andar pelo campo minado entre os que desejavam reformas radicais e aqueles que preferiam ir mais devagar. Quando estava fora do poder, dava aulas de sociologia política na Universidade de Budapeste e comandava um programa de televisão popular sobre assuntos estrangeiros. Quando estava no poder, era o perfeito interlocutor oficial para a *intelligentsia* húngara, capaz de passar impecavelmente de Marx e Engels a Milton Friedman. No final de 1988, Pozsgay estava muito por dentro – era ministro de Estado, membro sênior do todo-poderoso Politburo e um farol para aqueles de dentro do regime que queriam mudanças.

De todos os húngaros que conheci naquele mês de dezembro, ele era o mais ousadamente franco, às vezes de maneira surpreendente. "O comunismo não funciona", disse-me sem rodeios em nosso primeiro encontro, assim que sentamos. "Ele chegou ao fim de seus dias. É um obstáculo ao progresso em todos os campos – político, social e econômico. Devemos começar de novo, do zero." Amarrotado e gorducho, com o ar enganadoramente distraído de um professor universitário, tinha um instinto para ir direto à jugular – no seu caso, a história.

Na Hungria, como em outros lugares, os comunistas haviam reescrito a história. No inverno de 1988 e início de 1989, o país era assombrado pelo fantasma de 1956, quando os húngaros que lutavam por liberdade se ergueram contra seus senhores stalinistas numa revolta que deixou o mundo petrificado. Durante semanas eles lutaram nas ruas de Budapeste contra os tanques soviéticos enviados por Moscou para esmagá-los. Estima-se que 2.500 pessoas morreram e 200 mil fugiram para o exílio. Seguiram-se ondas de prisões, e a discussão pública dos eventos foi proibida nas três décadas seguintes. Então chegou Imre Pozsgay. Usou, nos primeiros meses, a considerável autoridade de seu cargo para promover uma revisão da história oficial. De acordo com a linha do Partido, a revolta havia sido uma conspiração estrangeira, planejada e provocada por traidores contrarrevolucionários ocidentais. O primeiro-ministro da época, Imre Nagy, fora preso e executado em Moscou, com outros de sua espécie.

Com obsessão sincera, Pozsgay pressionou para que esse relato fosse revisado. "Devemos acertar as contas com nossa história", disse-me, contando que montava naquele momento uma comissão para estudar o problema. Segundo ele, todos os húngaros sabiam a verdade. A tensão era entre verdade e poder. A revolta de 1956 havia sido uma contrarrevolução, como o Partido Comunista húngaro dizia, ou seja, algo a ser esmagado? Ou era o que Pozsgay chamava de "levante popular"? A primeira implica justificação. A segunda conota traição contra o povo, uma dívida ainda a ser quitada. *J'accuse*, em outras palavras.

Na visão de Pozsgay, os governantes comunistas do país eram culpados de assassinato em massa. Haviam reprimido ilegalmente uma rebelião nacionalista popular contra a tirania da ocupação estrangeira e da ditadura soviética. Portanto, não tinham direito a continuar governando. Pozsgay dizia tudo isso de forma tão calma, tão desapaixonada, que era possível imaginar que estivesse discutindo algum assunto acadêmico, um caso de interpretação histórica obscura. Na verdade, era uma ameaça, uma virtual declaração de guerra: Pozsgay contra seu partido, a concepção de uma Hungria independente contra o Estado vassalo de Moscou. Sua insistência na verdade histórica contestava diretamente o próprio direito de existir do regime vigente.

Ao se despedir, ele me sugeriu que comprasse um exemplar da nova revista que começara a publicar havia pouco tempo. Trazia uma entrevista com ele a respeito de 1956. É importante, disse, mas acrescentou que esse não era o motivo pelo qual eu provavelmente ia gostar dela. Todas as bancas deviam tê-la... a não ser que tivesse esgotado.

Falou isso com um sorriso enigmático, escondendo seu objetivo louco, e logo descobri por quê. A publicação chamava-se apropriadamente *Reforma*, uma "revista jornalística democrática independente". Em um país onde a maioria das publicações ainda era de homenagens cinzentas e pesadas à doutrina do Partido Comunista e aos feitos de sua elite, *Reforma* chamava a atenção. Aquele número em particular trazia um ensaio fotográfico pudico sobre "Os melhores seios de Budapeste". Lá estavam eles, no esplendor tecnicolor, sem sutiã, uma declaração da liberdade húngara. Com efeito, era socialismo com face humana. Mas adivinhem? "Não são os seios que vendem", insistia o editor da revista. "É a política." Ao lado de matérias quentes sobre cultura pop e viagens de compras a Viena, a revista trazia também, como Pozsgay prometia, um artigo incrivelmente provocador sobre 1956, denunciando a invasão soviética e apontando o dedo diretamente para o Partido Comunista, por ter sido conivente.

Uma coisa notável: na Hungria, naquele momento, a verdade política podia vender mais que sexo.

Em geral, atribui-se à Polônia o mérito de liderar as revoluções na Europa Oriental. O Solidariedade, Lech Walesa, a declaração de lei marcial do regime comunista em 1981: a saga de 1989 não teria acontecido sem as décadas de lutas que os poloneses promoveram clamando por mudanças. Contudo, no inverno do final de 1988, a Hungria surgia como a principal catalisadora da mudança no Leste europeu.

Olhando para trás, duas décadas depois, três fatos se destacam. Primeiro, fora do bloco, pouca gente notou a rapidez e a profundidade com que a Hungria estava mudando, nem perguntou o que aquilo poderia pressagiar tanto para este país como (o que é mais importante) para o futuro do próprio comunismo. Talvez o país fosse simplesmente pequeno e marginal demais para ser levado em conta no grande plano da Guerra Fria. O mais provável é que o mundo estivesse preso ao seu próprio modo de ver as coisas. Para a maioria de nós, a Cortina de Ferro existia havia tanto tempo, era tão inexorável e ameaçadora que se tornara parte da paisagem geopolítica, e constituía uma característica aceita da vida sob a Guerra Fria.

Em segundo lugar, essas mudanças não aconteceram do modo como esperávamos. Os entendidos em política tendiam a pensar em termos do "modelo" polonês, com suas palavras codificadas para resistência e repressão. Supunha-se que a mudança viria de um "empurrão" sustentado de "baixo" – quando ela viesse, ou se é que viria. Seria organizada por uma "oposição" de base popular como o Solidariedade. Isso era familiar para nós no Ocidente. O comunismo dizia respeito à repressão, a manter as massas sob controle. Alguns heróis trágicos resistiam, afirmando seu direito humano de se manifestar e viver em liberdade, contra o poder avassalador do Estado. Chamávamos respeitosamente essas pessoas de "dissidentes": Andrei Sákharov, na Rússia, Václav Havel, na Tchecoslováquia. Mas a realidade, em Budapeste pelo menos, era muito diferente. A Hungria notabilizava-se pela ausência de um grande "empurrão" de baixo. Dava para contar nos dedos seus verdadeiros dissidentes. Em vez disso, seu ímpeto era um forte "puxão" de "cima" e de "dentro". O chefe dos puxadores era Németh, estreitamente aliado a Pozsgay, Kulcsar e alguns outros.

Essas pessoas não emergiram do nada. Durante os anos 1980, um grupo de "socialistas reformistas" abriu caminho aos poucos na burocracia do Partido e do governo. Eram jovens – a maioria entre os trinta e os quarenta e poucos anos – e tendiam a ser profissionais com excelente formação nas áreas do direito, da economia e das ciências sociais. Também compartilhavam um forte compromisso com a mudança. Embora todos fossem prestigiosos membros do Partido Comunista, concordavam que o sistema não funcionava mais. A má administração estatal estava destruindo lentamente a famosa economia do *goulash* que, uma década antes, provocara a inveja do bloco oriental. A vida política atrofiara-se. O progresso parecia paralisado. Não era apenas a velha guarda do Partido que resistia às reformas necessárias: as pessoas comuns também. A questão, para essa nova geração de líderes, era como romper o impasse. Em 1984, antes que Gorbatchov entrasse em cena ou alguém tivesse ouvido falar de glasnost e perestroika, esse grupo de críticos internos já dominava praticamente o debate público sobre o futuro da Hungria.

E que debate! Cercados pela resistência à mudança, eles inclinaram-se cada vez mais para soluções drásticas. Os famosos big bangs da adesão abrupta ao capitalismo – promulgados na Polônia e em outros lugares depois de 1989 – foram martelados pela primeira vez na Hungria por esses reformistas do regime. Eles falavam em criar uma nova política cultural, usavam expressões como "democracia profunda" ou "pluralismo socialista" e propunham questões desafiadoras: como criar um governo autenticamente participativo, de tal modo que as pessoas comuns tivessem oportunidade de se manifestar e (portanto) se interessassem pelas mudanças futuras. Por que o Parlamento deveria se reunir apenas oito dias por ano, perguntavam. Por que a Hungria não deveria ter eleições livres, supervisionadas por observadores internacionais? Falavam em restaurar o estado de direito, em lugar dos decretos do Partido Comunista. Sobretudo especulavam a respeito de como tornar o governo ao mesmo tempo eficaz e responsável. Na concepção deles, a legitimidade de um regime deveria basear-se no desempenho, na forma como exercia bem o seu papel. Um governo incompetente, que não cumprisse suas promessas, que desobedecesse ao contrato social implícito entre o Estado e seu povo, que empobrecesse seus cidadãos, deveria ser deposto. O único problema era como fazer isso.

Németh e seu governo emergiram dessa dinâmica. Na verdade, ele e seus aliados estavam na vanguarda desse movimento. Contudo, é importante reconhecer um traço notável do debate sobre as reformas na Hungria: foi não somente, em larga medida, interno, sem muito envolvimento de dissidentes mais tradicionais, mas também marcado por uma unanimidade extraordinária entre os jovens liberais e a velha guarda mais conservadora. Todos percebiam a necessidade de mudar. Só depois que Németh se tornou primeiro-ministro os dois lados se dividiram de forma irreconciliável, e veremos em breve por que foi assim.

Um terceiro aspecto: na época, era fácil ficar pasmo diante da ousadia húngara, em particular para um jovem correspondente novo na região. Somente anos depois fiquei sabendo como o trabalho foi duro e perigoso. Naquele verão, antes de Németh e sua equipe assumirem o poder, irromperam intensos desacordos no interior do Partido sobre os rumos que o país estava seguindo e como. Se havia, dentro do regime, indivíduos como Németh e Pozsgay, que desejavam mudanças amplas, outros queriam que elas ficassem confinadas à economia, mantendo um controle rígido da política: o modelo chinês, se preferirem. O principal deles era o chefe do Partido, Károly Grosz.

Na época em que me encontrei com Németh, no final de novembro, o secretário-geral fez um discurso para as bases comunistas advertindo sobre a perspectiva do "terror branco". Fazia apenas uma semana que o novo primeiro-ministro assumira o cargo, e os conservadores já estavam alarmados. Do ponto de vista deles, esses jovens "turcos" andavam muito depressa e iam longe demais. Estavam fora de controle. Quebravam todas as regras. Fim da censura, deixar os jornais noticiarem o que quisessem? Aquela conversa de mercado livre e fim da indústria estatal? A própria ideia de realizar eleições e honrar os resultados? O Partido Comunista poderia deixar o poder? Isso era impensável, uma receita para a desordem social. Eles precisavam ser detidos. Devemos resistir aos "inimigos contrarrevolucionários", disse Grosz a seus fiéis. Havia uma ameaça de "anarquia e caos". No dia seguinte, Janos Berecz, outro linha-dura do Politburo, disse numa conferência de mineiros de carvão que a Hungria estava à beira de uma "crise revolucionária".

O que Grosz e a linha-dura pretendiam fazer não está claro nem agora, mas parece que implicava a ameaça do uso da força – talvez dos mineiros violentos, tradicionais aliados do governo, da polícia de choque e das milícias de operários. Németh ao menos entendeu a mensagem: "Daquele momento em diante, nós soubemos que eram eles ou nós", disse-me. No início de janeiro, essas preocupações já haviam crescido a tal ponto que os embaixadores dos Estados Unidos e da União Soviética fizeram visitas, amplamente divulgadas, a Grosz e a altas autoridades da segurança húngara, para adverti-los contra as "prováveis consequências" da violência, de acordo com Rudolf Tokes em seu decisivo livro de história *Hungary's Negotiated Revolution*. O autor acredita que essa trama não deu em nada porque o ministro do Interior na época, István Horváth, ameaçou denunciá-la. No entanto, era um sinal claro dos riscos que Németh e seu jovem governo corriam, e uma medida da cisão que dividia a liderança húngara. Como escreve Tokes, o "núcleo fundamentalista" do Partido era composto por "gente desesperada e perigosa que, se tivesse oportunidade, poderia ter feito o relógio andar para trás".

O que os segurou? Numa palavra, a incerteza. Naquele momento delicado, ninguém tinha resposta para a questão decisiva: o que faria Moscou? No final de dezembro, Gorbatchov fez um discurso na ONU em que anunciava que, até o final do ano seguinte, a União Soviética retiraria unilateralmente da Europa Oriental 250 mil homens e cerca de dez mil tanques, armas de artilharia e aviões. Seu objetivo era romper o impasse das conversações com os Estados Unidos sobre a redução de forças convencionais na Europa, e, ao fazê-lo, soltou esta pérola: "É óbvio que o uso ou a ameaça de uso da força não pode ser um instrumento de política externa."

No Ocidente, em particular, muitos consideraram essa declaração uma renúncia implícita à famigerada doutrina Bréjnev, que justificava a intervenção soviética em casos como a Primavera de Praga, em 1968. O problema é que, à maneira típica soviética, Gorbatchov não disse isso diretamente. Os líderes da Europa Oriental tiveram de interpretar suas observações, compreendê-las cada um por si. De um lado, esses regimes comunistas possuíam amplos poderes para adotar medidas duras, se quisessem. Por outro, esperavam que Gorbatchov mudasse sua disposição e viesse correndo ajudá-los, caso enfrentassem uma revolução anticomunista para valer, como observa Charles Gati em *The Bloc that Failed.* Em meio à confusão e à incerteza, eles esperavam.

Do outro lado do Atlântico, os Estados Unidos também esperavam, quase sem perceber o drama que começava a tomar forma na Europa. Havia sido um ano estonteante, cheio de acontecimentos revolucionários. Em 1988, pela primeira vez na história, os CDs de música venderam mais que os discos de vinil. O antidepressivo Prozac entrou no mercado. Nas Olimpíadas de Seul, o corredor e medalhista Ben Johnson foi apanhado usando esteroides depois de bater o recorde mundial dos 100 metros rasos. Robin Givens pediu divórcio do boxeador Mike Tyson. O reverendo Jimmy Swaggart confessou que gostava de prostitutas. As forças soviéticas começaram a se retirar do Afeganistão. Nos céus da Escócia, uma bomba presumivelmente colocada por terroristas líbios explodiu a bordo do voo 103 da Pan Am, matando 271 pessoas de 21 países diferentes e montando o palco para a retaliação militar dos Estados Unidos.

Sobretudo, um novo presidente acabava de ser eleito. George H.W. Bush, o vice-presidente de Ronald Reagan, derrotou o governador de Massachusetts, Michael Dukakis. A campanha se distinguiu menos pela qualidade do debate sobre política externa e relações com a União Soviética do que pelas tolas fotografias do desconforto do candidato democrata andando de tanque M1 Abrams. E também por uma campanha emocional republicana em torno da licença de fim de semana para sair da prisão concedida, em Massachusetts, a um assassino condenado à prisão perpétua chamado Willie Horton, que não voltou para a cadeia e mais tarde cometeu assalto a mão armada e estupro. Como acontece a cada quatro anos, quase todas as questões urgentes são esquecidas na corrida obsessiva para chegar à Casa Branca.

Enquanto o novo governo planejava sua transição, a atenção voltou-se antes para preencher os cargos públicos, e só secundariamente para as diretrizes políticas. A lógica indicava que se deveria esperar que a nova equipe de governo desse sequência às políticas do antecessor republicano Ronald Reagan, em particular no que dizia respeito a suas relações com Mikhail Gorbatchov e o bloco soviético, mas não foi isso que aconteceu. O recém-nomeado secretário de Estado James Baker não tergiversou: "Houve uma pausa deliberada quando o presidente Bush sucedeu ao presidente Reagan – em toda a política externa, não apenas nas questões que envolviam os Estados Unidos e a União Soviética", contou ele à CNN. "Tínhamos uma nova equipe", acrescentou, da qual faziam parte o novo assessor para Segurança Nacional, Brent Scowcroft, e sua adjunta, Condoleezza Rice. Esses "novos atores" estavam decididos a imprimir seu "próprio selo" na política externa, disse Baker. Na verdade, ele esperava que a "verdadeira ação" acontecesse na Ásia, de acordo com um auxiliar, e não na "antiquada" Europa, onde pouca coisa mudaria.

O presidente eleito nem tentou esconder seu ceticismo em relação a Gorbatchov. Reagan os havia apresentado nos últimos dias de sua Presidência. "Sei o que as pessoas estão lhe dizendo, agora que ganhou a eleição", disse Gorbatchov ao novo líder americano durante um almoço na Governors Island. "Que você tem de ir devagar, tem de ser cauteloso, tem de rever tudo. Que não pode confiar em nós, que o que estamos fazendo é puro jogo." Mas ele não estava jogando, disse o líder russo a Bush, olho no olho. "Você logo verá. Não vou enfraquecê-lo, surpreendê-lo ou ludibriá-lo. Estou fazendo isso porque preciso. Estou fazendo isso porque há uma revolução em andamento no meu país. Eu dei início a ela. E todos me aplaudiram em 1986, quando fiz isso, e agora não estão gostando muito. Apesar de tudo, será uma revolução." No entanto, foi exatamente isso o que Bush fez: ir devagar, rever tudo. Tal como Scowcroft, em particular, ele não confiava no líder soviético como Reagan chegara a confiar. "Todo mundo olhava favoravelmente para a glasnost e a perestroika", disse ele anos depois numa entrevista à CNN, "mas eu achava que seria prudente levar algum tempo para reavaliar a situação."

Por incrível que pareça, essa "pausa" se tornaria um congelamento que durou quase cinco meses, durante os quais ocorreram alguns dos acontecimentos mais dramáticos do século XX.

Desse modo, no início de 1989, Miklós Németh e seus colegas revolucionários continuavam seu trabalho, sem chamar a atenção e sem aliados no que seria uma encarniçada luta potencialmente letal pelo poder. Ele não se iludia a respeito da profundidade da crise húngara, nem quanto ao motivo de ter sido escolhido primeiro-ministro. Estavam montando uma armadilha em que seria o bode expiatório dos comunistas, o sujeito que o povo culparia quando a economia desmoronasse por completo.

Grosz e os outros líderes partidários temiam não poder deter a queda econômica do país: 30% de inflação, a dívida per capita mais alta da Europa, padrões de vida e salários em declínio. Poucas famílias húngaras podiam arcar com seus gastos se cada um de seus membros tivesse dois ou mesmo três empregos. O ressentimento crescia. Assim, naquele mês de maio, numa conferência conturbada do Partido, procurou-se um bode expiatório em potencial para assumir o posto de primeiro-ministro. Németh, que dirigia então o departamento de economia do Partido, foi a escolha. "Eu era o inócuo candidato de conciliação", diria anos depois, relembrando a história de sua surpreendente ascensão e provável queda, um homem que tinham certeza de que não provocaria distúrbios. "Vamos deixar Németh experimentar essas 'reformas', era o que eles pensavam. Se fracassar, podemos pôr a culpa nele. Quanto a mim, eu seria defenestrado e pintado como um especialista jovem e enérgico que fracassou. Politicamente, eu estaria morto."

Németh calculou que teria seis meses. Cada medida que tomou durante esse tempo tinha um único objetivo: afrouxar o controle do Partido sobre seu governo. "Nada era mais importante." Sem se livrar do Partido, ele não poderia promover a reforma econômica. Sem promover a democracia e uma sociedade mais pluralista, não poderia se livrar do Partido. E assim foi. Aquelas conversas estimulantes com Németh e Kulcsar sobre democracia e uma lei dos direitos inspirada por Madison e Jefferson eram perfeitamente autênticas, mas também uma *realpolitik*, um meio para chegar a um fim num brutal cabo de guerra pelo poder. O modo como essa batalha seria travada nos meses subsequentes decidiria o futuro do comunismo na Hungria e montaria o palco, no final do verão, para eventos mais dramáticos: a dissolução da República Democrática Alemã e o colapso do comunismo em toda a Europa Oriental.

Eu não tinha consciência de nada disso quando voei de volta a Bonn, a cidade sonolenta à beira do Reno que era então a capital da Alemanha Ocidental, e onde eu morava com minha jovem família. Porém, de forma mais subliminar, eu estava admirado. Logo antes do Ano-Novo, fiz um programa de rádio em algum lugar dos Estados Unidos, um daqueles programas que vão da meia-noite ao amanhecer, em que o tempo parece parar e a audiência é composta por alguém que está numa longa viagem em meio à escuridão. Falamos por quase duas horas: o que estava acontecendo em Moscou, na Europa Oriental, o que o novo ano poderia trazer. Falei sobre a Hungria, a grandeza do que eu vira, minha sensação de profunda promessa de afloramento, como havia algo no ar, no Leste europeu, e que nós, no Ocidente, ainda não tínhamos percebido. Talvez fosse o entusiasmo do momento. Talvez fosse o fato de viver pela primeira vez num lugar tão sombrio como a Alemanha. O Reno passava por nossa casa na escuridão silenciosa, a história entrava nela. Cheguei a ponto de dizer que o Muro poderia cair em breve, possivelmente até o Natal seguinte!

Foi um momento de lucidez e perspicácia, ou uma fantasia que de algum modo me acometeu? Fosse qual fosse a resposta, de manhã nem eu acreditei no que havia dito.

4. Uma conversão milagrosa

O general Wojciech Jaruzelski ficou famoso pelos óculos escuros e o porte espigado. Foi o famigerado homem forte da Polônia, aquele que declarou a lei marcial em 13 de dezembro de 1981. Foi quem esmagou o sindicato Solidariedade quando este desafiou o poder comunista em 1980, e mandou seus líderes para a prisão. Contudo, no começo do inverno de 1989, pressentiu corretamente a mudança do clima político e soube o que fazer.

Tal como a Hungria, a Polônia estava em crise. E, tal como na Hungria, era uma crise sobretudo econômica, em larga medida invisível, suportada em silêncio pelo povo, mas, não obstante, fissionável, uma explosão que esperava o momento de acontecer. E assim como os comunistas húngaros buscaram jogar a culpa dos problemas do país em outrem – Miklós Németh e seu governo reformista –, os governantes poloneses fizeram o mesmo. *In extremis*, tomaram uma medida ousada e sem precedentes: decidiram conjugar esforços com seu inimigo mortal, o Solidariedade. O homem que idealizou essa solução e os levou a fazer isso foi ninguém menos que o anticristo polonês, o garoto propaganda da opressão comunista (ao menos na visão ocidental), Wojciech Witold Jaruzelski.

Que demônios infernizaram a cabeça daquele pobre homem! Que psicodrama shakespeariano o consumiu! Era como se o passado se repetisse, retornando para assombrá-lo. Ele poderia escolher seu papel: Hamlet ou Lear. Mas, independentemente de sua escolha – ele quase pressentia –, seu destino pessoal não acabaria bem.

Naquela primavera, irromperam greves nos campos de carvão do sul da Polônia. Elas continuaram a espocar esporadicamente, mas com fervor crescente, durante o verão. Para consternação do governo, os trabalhadores que protestavam pediam a volta do Solidariedade (Solidarnosc), proibido desde a imposição da lei marcial, sete anos antes. O partido sempre tirou sua força dos turbulentos mineiros, operários siderúrgicos e mecânicos do país. Uma vez mais, eles marchavam e cantavam um slogan de outrora que causava calafrios no regime: "Não há liberdade sem Solidariedade!" Jaruzelski certamente ouviu o eco dessas palavras. O congelamento dos salários e o aumento dos preços geridos pelo governo haviam provocado as últimas manifestações, mas ele sabia que elas refletiam uma ira mais profunda e generalizada produzida pelo desespero econômico. Sabia também que a situação lhe oferecia uma escolha, quase idêntica àquela que tivera de fazer muitos anos antes: a escolha que o atormentara e o lançara no papel de traidor. Como líder da nação, secretário-geral do Partido Comunista, deveria agir para preservar um *status quo* cada vez mais insustentável, provavelmente com o uso da força? Ou deveria tentar algo novo?

Em 1981, Jaruzelski optara pela força. Ele justificara a decisão como se fosse o mal menor. Ou impunha a lei marcial e restaurava a ordem na fronteira oriental com a Rússia, ou corria o risco de uma invasão e ocupação soviética. A seu ver, ele era um patriota que agira para salvar seu país. Como seus compatriotas e o mundo não compreendiam? Desafiando aqueles que o julgavam a se pôr em seu lugar, descrevia o mundo tal como o via. O Solidariedade via-se prestes a convocar uma greve geral. A economia estava de joelhos. A agitação civil representava uma ameaça. "As emoções eram explosivas e disparavam", explicaria anos depois. "A gasolina fora derramada."

Jaruzelski não parecia um homem reconciliado com sua decisão. Em 1982, quando o secretário de Defesa americano Caspar Weinberger o chamou de "russo em uniforme polonês", ele reagiu com violência irracional. Anunciou que a Polônia imporia "sanções" aos Estados Unidos. Romperam-se os laços culturais, e os pesquisadores americanos foram mandados embora. Não importava que o país, apesar dos dois anos de sanções americanas, só conseguisse se manter economicamente graças a empréstimos e créditos comerciais do Ocidente. Weinberger, contudo, tinha razão. Mais que qualquer outro líder do Leste europeu, Jaruzelski devia sua existência a Moscou. Durante a Segunda Guerra Mundial, quando os soviéticos organizaram unidades polonesas, ele se alistou. Lutou ao lado dos russos em Berlim. Já em 1946, tornou-se espião para o Kremlin dentro das forças militares polonesas, ajudando a reprimir rebeldes anticomunistas no sul da Polônia. Em 1968, após assumir o Ministério da Defesa, envolveu-se fortemente numa "limpeza" antissemita do Exército polonês (talvez não por coincidência, muitos dos militares poloneses mais liberais e reformistas eram judeus). Comandou o contingente polonês que acabou com a Primavera de Praga em 1968. Em 1970, ajudou a organizar a execução de operários em greve durante uma revolta em Gdansk, Gdynia e Szczecin. E, ao ser nomeado secretário do Partido Comunista e primeiro-ministro, no início de 1981, ele essencialmente declarou guerra à sua própria nação.

Em tradução literal, a declaração de lei marcial – *stan wojenny* – significava "estado de guerra". Os críticos zombam da ideia de que Jaruzelski teria agido para evitar uma invasão soviética. Eles dizem que documentos liberados dos arquivos do Kremlin após o colapso da União Soviética indicam que os soviéticos não tinham a menor intenção de invadir a Polônia, e que Jaruzelski atuou pura e simplesmente para preservar o Partido Comunista e seu poder. Mas teria sido assim tão simples? Como Jaruzelski contou depois, ele teve de fazer uma "escolha do diabo". Estava dividido entre a "bigorna" do conflito interno, que vinha do desafio do Solidariedade, e o "martelo" da intervenção russa. "As semanas que passei antes de tomar a decisão favorável à lei marcial foram um pesadelo horrível. Pensei até em suicídio." O que o levou a usar a força, explicou, foram os sinais inconfundíveis de Moscou. Sob o pretexto de realizar manobras, os soviéticos haviam estacionado 20 divisões do Exército Vermelho na fronteira leste da Polônia. Leonid Bréjnev telefonou para Jaruzelski várias vezes, instando-o a "tomar as medidas decisivas que você pretende usar em oposição à contrarrevolução" – quase exatamente o mesmo tom da mensagem que Moscou mandara a Alexander Dubcek em 1968, antes da invasão que acabou com a Primavera de Praga. E, assim, Jaruzelski agiu.

Mas, em 1989, as circunstâncias já eram muito diferentes. Não havia ameaça externa real ou imaginária. Num encontro com Jaruzelski em Moscou, em 1986, Mikhail Gorbatchov lhe dissera que, a partir de então, cabia à Polônia resolver seus próprios problemas. Depois veio o discurso do líder soviético na ONU, em dezembro de 1988, e seu repúdio implícito à Doutrina Bréjnev. Outros poderiam duvidar de sua sinceridade, mas não Jaruzelski. Ele conhecia os russos. Afinal, era o homem deles. O aviso estava pregado na parede. De imediato, percebeu que era hora de dar as cartas.

Com a mesma determinação que demonstrou ao esmagar o Solidariedade em 1981, desta vez ele o cingiu. No final de agosto, no mesmo momento em que a greve dos mineiros se enfraquecia em face da apatia do público, Jaruzelski anunciou uma "virada corajosa". A partir de então, o Solidariedade faria parte do futuro do país. Começariam as conversações a fim de determinar seu papel para ajudar a resolver os problemas da nação, particularmente os econômicos. Uma "Mesa-Redonda", assim Jaruzelski a chamou. Embora sem chegar a propor que o sindicato fosse oficialmente ressuscitado – e legalmente reconhecido –, Jaruzelski sugeriu algo que em breve se revelaria muito mais trágico. Seguindo o exemplo da Hungria, ele lançou no ar a possibilidade de permitir que "grupos de oposição" como o Solidariedade participassem pela primeira vez das eleições parlamentares que se realizariam dentro de poucos meses, na primavera. Talvez, insinuou com generosidade, um líder de oposição pudesse até participar do governo.

A base do Partido Comunista ficou chocada. Mas Jaruzelski não se preocupou. Sua decisão era férrea, estava tão resolvido agora como no passado, nos dias negros de 1981. Numa reunião tensa do Comitê Central, realizada em janeiro, disse aos líderes do Partido: apoiem-me no projeto de um novo caminho para a Polônia, um projeto que aceite o Solidariedade, ou renunciarei. Embora poucos reconheçam isso, dentro ou fora do país, a Polônia, naquele momento, ultrapassou um ponto crítico – a "virada corajosa" involuntariamente radical de Jaruzelski. Ele poderia ter desempenhado o papel de Lear e encharcado suas mãos e o seu país novamente de sangue. Mas, desta vez, como diria mais tarde, escolheu ser Hamlet.

Leal a seu papel, ele era um poço de ambiguidade. Agia de forma decisiva e recuava. Era visionário – e cego. Estava dividido entre seu próprio passado e o futuro de seu país, entre uma moralidade dúbia e a ação justa. É quase certo que não previa aonde seu caminho o iria levar e parecia ao mesmo tempo impelido por intuição (se não esperança) e por cálculo político. Sem confiar em quase ninguém, ele era enigmático. Seria motivado sobretudo por oportunismo, fazendo novamente o que era preciso para preservar o socialismo e as prerrogativas do Partido, como pressupunham seus críticos? Ou se tratava de algo mais profundo e subliminar, uma expulsão de fantasmas pela qual Jaruzelski, envergonhado de sua escolha quase oito anos antes, decidia agora remendar as coisas, agir corretamente e aceitar as consequências – deixar as cartas se distribuírem como quisessem? A resposta podia estar tão enterrada na psique de Jaruzelski que nem ele a conhecia.

De qualquer modo, ele conseguiu o que queria do Comitê Central pela diferença de um voto. E assim começou o lento e solitário caminho para a redenção de Wojciech Jaruzelski – a revolução polonesa de 1989.

Uma garoa fria caía sobre os cinquenta e poucos manifestantes de aparência desanimada reunidos diante de um palácio barroco de Varsóvia. Tudo estava cinzento: o ar poluído, os prédios enfarruscados e a calçada quebrada, as pessoas com suas roupas puídas e sem cor, os sapatos antiquados do bloco oriental.

Aquilo era ainda mais deprimente diante da importância do que acontecia lá dentro. Estávamos em 6 de fevereiro de 1989. Pela primeira vez, desde 1981, as autoridades polonesas reuniam-se com o Solidariedade. Os militantes agrupados sob a chuva sonhavam em legalizar seu movimento e refazer o sistema político polonês. A julgar pelo número dos presentes, parecia uma esperança vã. No entanto, as fotos da abertura dessa famosa Mesa-Redonda, com uma grande corbelha de flores no centro, se tornaram o grande tema da Europa Oriental. Pois ali, face a face, ex-prisioneiros políticos conversavam polidamente com seus ex-carcereiros sobre o futuro comum.

Entre eles, destacava-se Lech Walesa, o eletricista que escalou a cerca do estaleiro de Gdansk em 1980, fundou o Solidariedade e foi preso exatamente pelos homens que estavam à sua frente. Ele ganhou o prêmio Nobel da Paz em 1983, numa saudação ao espírito de liberdade humano, bem como à sua tenacidade. E embora os líderes comunistas sentados ao redor da mesa ainda não soubessem, não demoraria muito para que viessem a chamá-lo de “senhor presidente”.

Lá estava também Tadeusz Mazowiecki, um jornalista, advogado dos direitos humanos e militante do Solidariedade que, durante o regime comunista, passou mais tempo na prisão do que qualquer outra figura da oposição. Dentro de sete meses, para espanto dele mesmo e de seus colegas, comunistas ou de oposição, ele seria o primeiro premier eleito pelo povo da Europa Oriental desde a Segunda Guerra Mundial. Presente também Bronislaw Geremek, um gentil e barbudo professor de literatura medieval, principal estrategista do Solidariedade, futuro ministro do Exterior e presidente da Organização para a Segurança e Cooperação na Europa, que, dentro de uma década, seria responsável, entre outras coisas, por organizar a intervenção da Otan em Kosovo. Com eles estava uma dezena de outros militantes que em breve substituiriam os homens, todos eles líderes comunistas, que se consideravam os poderosos naquela augusta ocasião – muitos dos quais, mesmo então, mal se dignavam a falar com alguém que não pertencesse à panelinha dominante. Entre eles destacava-se o principal representante dos comunistas, Czeslaw Kiszczak, chefe da polícia secreta polonesa e ministro do Interior durante os anos da lei marcial, o flagelo de quase todos os que estavam a seu redor.

Esse momento bizarro, tão rico de ironia, estabeleceria o tom das mudanças no resto da Europa Oriental. Quando chegou a hora da verdade na Alemanha Oriental, na Hungria e na Tchecoslováquia, comunistas e anticomunistas reivindicariam conversações segundo o modelo polonês. Mas somente na Polônia elas foram realmente decisivas, tanto em termos de resultado quanto no aspecto de autêntica e genuína negociação. Esse acordo foi facilitado pelo fato de que ambos, comunistas e opositores, reconheciam que a pura necessidade econômica os obrigava a trabalhar juntos. E ajudou também o fato de que nenhum dos dois lados tivesse a menor ideia da magnitude do que tinham a ganhar ou perder.

Eu fora várias vezes à Polônia desde setembro. Oito anos de lei marcial só trouxeram privação e sofrimento. A nação orgulhosa que há muito tempo se considerava europeia ocidental estava numa situação na qual um terço da população vivia na pobreza. A inflação chegava a 60%, mas se acelerava em direção aos 500%, de acordo com os últimos índices. O país não apenas começava a ficar para trás da Europa Ocidental, mas também, de forma humilhante, de seus vizinhos do bloco oriental. O historiador britânico Timothy Garton Ash, numa viagem à Polônia na época das greves, perguntou aos manifestantes que encaravam a polícia o que esperavam obter. A resposta foi memorável: "Quarenta anos de socialismo, e ainda não temos papel higiênico!"

Ao caminhar pelas ruas de Varsóvia, era impossível não ver os grupos de "vira-latas", como os chamava um jornal clandestino, gente que vasculhava o lixo em busca de restos de comida e roupas. Em contraste gritante, havia o "pessoal da banana", assim chamados porque podia comprar frutas. Esses poucos ricos, em geral filhos e cônjuges da elite comunista, podiam frequentar lojas especiais onde, por uma elevada quantia de dinheiro vivo, podiam comprar qualquer artigo de luxo ou de primeira necessidade: papel higiênico, meias femininas, aparelhos de televisão, chá importado, café.

Todos os outros poloneses levavam essencialmente uma vida de caçadores-coletores. Carregavam sacolas de plástico onde quer que fossem. Se encontravam uma fila, entravam nela esperando pacientemente pelo que estivesse à venda, e faziam a ronda das lojas onde tivessem uma relação pessoal com o dono, o qual separava guloseimas para eles, em troca de algum favor que talvez pudessem oferecer. No próprio dia em que a Mesa-Redonda se reuniu, fiquei na fila de um banco estatal a fim de abrir uma nova conta para o escritório da *Newsweek*. De repente, todos os caixas do lugar pularam e saíram correndo porta afora. Por quê? Lá na rua alguém estava vendendo laranjas. Centenas de pessoas ficaram de pé, na fila do banco, durante uma hora, até que os funcionários retornassem, cada qual carregando suas preciosas laranjas. As pessoas como eu – na verdade, o próprio banco – não tinham escolha senão esperar que eles voltassem de seu negócio particular: não ousaríamos sacrificar nosso lugar na fila.

Bem-vindos à Polônia, 1989. Danuta Zagrodska era a porta-voz do país para a área dos direitos humanos. Ela deu de ombros quando ouviu minha história sobre as laranjas, dias depois. No que lhe dizia respeito, privações como aquela não passavam de inconvenientes triviais. Elas significavam apenas a ponta menor de um iceberg que representava uma violação muito mais geral da liberdade individual – direito a um mínimo de dignidade e conforto. Eu fora falar com ela sobre presos políticos na Polônia, um grande tema nos Estados Unidos. Danuta Zagrodska deu pouca importância a isso também. As condições não eram realmente boas nas prisões polonesas, admitiu com facilidade. Celas projetadas para três pessoas eram ocupadas por nove. Os sanitários não funcionavam. Havia muito banditismo. Então, ela me apresentou uma defesa inédita da situação dos direitos humanos no país. "A verdade é que não há mais presos políticos na Polônia", disse ela, explicando que havia apenas graus de privação para todos os poloneses, na prisão ou fora dela. E puxou uma pasta grossa de uma estante. "O que você quer saber? Tenho todos os fatos." E, num tom neutro, começou a ler.

Inflação e preços dos bens essenciais? Seus últimos números situavam-na entre 60 e 80%, dez vezes mais alta que um ano antes. De acordo com o Departamento Central de Estatística, o custo anual de vida na Polônia havia aumentado 55% a mais que os salários na primeira metade da década de 1980. O polonês médio trabalhava meia hora para comprar um pão, quatro horas para comprar uma barra de chocolate. Fora das grandes cidades, somente 45% da população tinham água corrente, 3/4 não tinham banheiro dentro de casa. Bens de consumo como refrigeradores estavam cada vez mais difíceis de achar. Quem quisesse comprar um deles de uma loja estatal talvez tivesse de esperar até três meses. Para não ter de ficar na fila o dia inteiro, todos os dias, durante semanas ou meses, as pessoas formavam "comitês de fila", com oficiais responsáveis por manter o lugar de cada um e expulsar quem quisesse furar fila. Durante uma pausa dos informativos sobre a Mesa-Redonda, um jornalista polonês contou a história de uma loja de Varsóvia que havia recentemente anunciado que começaria a aceitar o pagamento de prestações por aparelhos de televisão a partir da segunda-feira seguinte. Formou-se uma fila na sexta-feira anterior. Quando as portas da loja se abriram, 15 mil pessoas esperavam pelo privilégio de pagar quase 1.300 dólares – um ano de salário médio – por um aparelho básico que, com sorte, receberiam dentro de poucos meses. "Isso é uma vida de desgaste", disse ela. "Depois de um tempo, você começa a sentir que tudo a sua volta está desmoronando."

Os jovens poloneses estavam especialmente desesperados. A maioria não tinha casa própria; em algumas regiões do país, podia demorar de 20 a 30 anos para se chegar ao topo da lista de espera por um apartamento. O prazo para obter um telefone ou um carro podia ser de dez a 15 anos. "A vida cotidiana foi destruída. As ruas estão quebradas. É tudo sujo. Os prédios caem aos pedaços e nunca são consertados. As pessoas estão cansadas e esgotadas até os ossos", continuou Danuta. "Vejamos", disse ela, consultando suas anotações pela última vez. "Ah, sim, os poloneses gastam, em média, 1/4 de seu dia esperando em filas." Ela fechou a pasta e acrescentou com uma pequena pitada de humor: "Posso dizer essas coisas porque sou a face sorridente do establishment."

Teria sido fácil, nessas circunstâncias, retratar os poloneses e o seu governo em total desavença. Mas isso seria simples demais. Como disse Danuta, ela era a face sorridente do establishment, uma funcionária comunista graduada que não fazia segredo da frustração com o sistema, tampouco se importava em fingir que ele funcionava e sentia uma imensa simpatia pelo "povo" – que era lentamente esmagado. Naquela época, o Solidariedade transformara-se em algo muito maior do que um movimento sindical, uma oposição política. Era cada vez mais um modo de vida, um movimento partilhado não apenas pelos governados, mas, em grau surpreendente, por seus governantes.

A escritora Janine Wedel captou esse fenômeno em suas lembranças da época intituladas *The Private Poland*. Segundo ela, o Solidariedade significava renovação na vida social, econômica e política. Seu nome era uma injunção social, um chamado a "ajudar uns aos outros". Sua manifestação mais comum era a rede complexa de laços pessoais em que todos os poloneses confiavam para obter o que precisavam: alimentos, remédios, os últimos livros e revistas, qualquer coisa que não pudesse ser oferecida pela economia da procura sem oferta da Polônia. De forma mais abstrata, tornou-se o símbolo do sentimento polonês de moralidade e até de honra. Não se ignorava que funcionários comunistas ajudavam os amigos e as famílias dos militantes do Solidariedade presos, muitas vezes correndo perigo considerável.

Contudo, a lei marcial traçou algumas fortes linhas sociais divisórias. Os considerados colaboradores, que foram coniventes com sua imposição, tornaram-se um inaceitável "eles". Wedel conta a história de um ator bem conhecido, chefe do Comitê do Partido Comunista de um importante teatro polonês, que em 1981 foi à televisão para manifestar seu apoio oficial a Jaruzelski e seu governo. Depois disso, sempre que aparecia no palco, a plateia começava a aplaudir e só parava depois que ele se retirava, ainda sem pronunciar uma palavra. Uma carreira famosa foi arruinada. Do mesmo modo, um autor conhecido endossou a lei marcial. Logo depois, as pessoas começaram a empilhar exemplares de seu livro na calçada, diante do edifício em que ele morava. Estavam "devolvendo" a obra. Os membros da oposição política isolavam os "traidores" e se recusavam a apertar a mão, digamos, de um professor universitário que mantivesse relações estreitas com o governo. Quando um rapaz de 19 anos morreu depois de ser espancado pela polícia, dezenas de milhares de poloneses compareceram ao funeral para protestar. Centenas de milhares marcharam no enterro do padre Jerzy Popieluszko, sacerdote pró-Solidariedade assassinado em 1984. E o mesmo aconteceu em 1988, quando outro ativista clerical, o padre Stefan Niedzielak, foi encontrado morto por espancamento dias depois que os líderes comunistas se ofereceram para reconhecer o Solidariedade. Muitos interpretaram o assassinato como uma mensagem para a oposição ressurgente: andem devagar, senão...

Talvez fosse apenas uma questão de tempo antes que alguma coisa ocorresse. Na primavera anterior, eu estava visitando a Polônia pela primeira vez quando irromperam as greves no sul, em torno de Nova Hute e Katowice, e os operários começaram a exigir a restauração do Solidariedade. O porta-voz do Partido, Jerzy Urban, um tipo baixo, gordo, careca e extremamente feio, convidou-me para almoçar. Seu discurso era de puro desdém. "O Solidariedade está morto", assegurou-me. Quanto a Lech Walesa ... fez um aceno com a mão gorda e rosada enquanto bebia seu drinque de almoço. Ele era meramente um "cidadão privado", ninguém a ser levado em conta, um "bêbado", um "desajustado", um "bufão". No entanto, foi com "aquele Walesa" que os comunistas tiveram de contar quando 1989 começou. "Devemos expulsar os idiotas que nos levaram a mendigar", havia dito aos grevistas naquele verão. Os manifestantes de rua logo adotaram um slogan fácil de lembrar: "Enforquem os comunistas." Soava bem e sem dúvida ajudou as cabeças do regime a se concentrarem.

A Mesa-Redonda da Polônia, que começou naquele dia sombrio de fevereiro, se estenderia por quatro meses de negociações tortuosas. Mais ou menos de duas em duas semanas, eu voava até lá para ver o que estava acontecendo. De longe, parecia muito pouco. O progresso tropeçava num ponto crítico: o Solidariedade insistia em ser reconhecido legalmente como um sindicato; sem isso, não haveria Mesa-Redonda. O governo não era menos inflexível. Os trabalhadores que o Solidariedade queria organizar abrangiam a espinha dorsal do Partido dos Operários Comunistas Unidos. No estaleiro Lênin, em Gdansk, terra natal do Solidariedade, de 3.500 a 4.000 operários disseram que se associariam ao sindicato se tivessem escolha. "Estaríamos cometendo suicídio", confidenciou-me um alto funcionário do Partido ao final de uma noitada de drinques. "Reconhecer o Solidariedade significaria o fim do Partido Comunista na Polônia."

Apelidei esse homem de "Kat" (Gato), em parte pelo prazer felino que ele sentia em lançar um manto de mistério sobre o que sabia e como sabia. Era uma das poucas fontes que encontrei que podia descrever com exatidão e honestidade o que estava acontecendo dentro do Partido. "Considere estas as opiniões de um funcionário do Partido que sente que desperdiçou sua vida", disse-me em uma de nossas primeiras conversas, pedindo para não ser identificado. Cuidado, advertiu-me. As conversações entre o Solidariedade e o governo podem parecer pacíficas e encorajadoras, mas só quando vistas de fora. Do seu ponto de vista privilegiado, acima da burocracia que mandava nos meios de comunicação estatais, a situação parecia feia. Um perigoso ato de teatro político era encenado. Jaruzelski preocupava-se com a economia e o aumento das tensões sociais. Ele queria mudar o elenco de atores do governo e enfrentar os problemas. Mas não poderia fazer isso sem alienar o Partido. Mesmo com o apoio do Exército, não ia querer arriscar uma divisão que diminuísse sua autoridade. Em sua opinião, disse-me Kat enquanto mexia seu uísque, legalizar o Solidariedade poderia levar à "guerra civil" dentro do regime.

Mencionei essa conversa a Bronislaw Geremek, o medievalista que durante aqueles meses surgiu como o principal estrategista do renascimento do Solidariedade. De barba e óculos, de modos tão suaves e gentis quanto eram remendados e puídos seus suéteres, Geremek personificava o intelectual do Leste europeu. Naquele dia, estava em seu estúdio atulhado de livros, num bloco de apartamentos cinzento situado numa rua estreita do que restava da Cidade Velha de Varsóvia. Não telefonei antes, mesmo naquela época de mudanças, porque preferia não alertar a polícia secreta. Geremek sacudiu a cabeça ao ouvir falar em "guerra civil". O Solidariedade queria apenas uma coisa nas conversações: reconhecimento legal. O governo estava disposto a oferecer tudo, menos isso, explicou. "Eles falam em 'mudanças profundas' na política e na economia. Dizem que a oposição poderia ser representada no Parlamento ou no governo. Oferecem mudanças na lei tributária para estimular as empresas privadas e falam de uma nova 'lei de associação', seja lá o que isso signifique." E acrescentou: "Mas, sobre a questão do Solidariedade, dizem: 'Não podemos fazer isso agora.' De nossa perspectiva, essa é a prioridade número um. Porque ela atinge o coração da democracia e dos problemas sociais e econômicos da nação." Segundo Geremek, o fracasso em alcançar o que chamava de um "contrato social" novo poderia levar a algo maior do que uma guerra dentro do Partido. Poderia facilmente provocar uma "explosão" social.

O romancista Tom Wolfe, no best-seller dos anos 1980, *A fogueira das vaidades*, ungiu um certo reverendo Bacon como o homem que controlava "a pressão" em Nova York girando uma válvula de segurança social para liberar pressões acumuladas quando as relações raciais se aproximavam do ponto de explosão, ou apertando-a quando queria marcar uma posição política. Na Polônia do início de 1989, esse papel cabia ao general Jaruzelski. Quando as conversações entre o Solidariedade e o governo se arrastavam sem conclusão, cabia a ele romper o impasse. A Mesa-Redonda fora ideia sua. Ele reuniu os dois lados. Encarou os comunistas da linha-dura que ameaçaram dividir o Partido naquela tumultuada reunião do Comitê Central em janeiro. E, em última análise, seria ele quem conduziria as conversações ao sucesso. Os líderes do Solidariedade admitiriam mais tarde que "deviam muito" a Jaruzelski. Jacek Kuron, um organizador sindical que passou sete anos na prisão e viria a ser ministro do Trabalho, disse isso de forma direta: "Jaruzelski foi quem viu que a coisa não estava funcionando mais, não apenas o comunismo, mas todo o sistema. Ele foi grande o suficiente para ver isso."

O fato de Jaruzelski procurar o odiado Solidariedade num momento em que via a Polônia ameaçada, como em 1981, foi um ato de coragem e pragmatismo, ou oportunismo. Nem ele – tampouco a oposição – sabia para onde as conversas levariam. E é notável como cada lado definiu seus objetivos de forma modesta. Naquilo que poderia ser um divisor de águas fatal, o Solidariedade quis pouco mais do que o reconhecimento de seu direito de existir; além disso, aceitaria o que pudesse conseguir. O governo talvez esperasse por um parceiro na culpabilidade. Se não havia glória no socialismo, raciocinavam os líderes partidários, pelo menos poderiam espalhar a culpa do fracasso, dando à oposição uma voz modesta no poder. Mas Jaruzelski era suficientemente sagaz para esperar também que o Solidariedade aplainasse o caminho por meio de alguns apertos econômicos que ele previa serem necessários.

Somente os verdadeiros "fiéis", os mais extremistas da linha-dura, parecem ter visto a verdadeira face da ameaça: o fim do comunismo na Polônia. As mudanças começaram no país do mesmo modo como iniciariam em boa parte da Europa Oriental, com uma combinação de cegueira e oportunismo. A velha guarda conhecia suas fraquezas e tentou remediá-las. No entanto, achavam que poderiam controlar as mudanças, sair na frente e liderar. Raramente reconheceram a força dos eventos que puseram em marcha.

5. Universos paralelos

Por tradição, todo novo chefe de Estado do bloco comunista viajava primeiro a Moscou. Mas não Miklós Németh. Ele foi a Viena, depois a Varsóvia. "Os húngaros entenderam a mensagem", disse ele – um "pequeno sinal" de que o futuro do país estava no oeste, não no leste.

Em março, porém, Németh percebeu que não podia mais adiar uma visita. As reformas da Hungria entravam numa fase crucial – e preocupante. Em breve ele anunciaria a realização de eleições livres, possivelmente antes do fim do ano. Kalman Kulcsar, seu ministro da Justiça, dava os toques finais na nova Constituição, com plenas garantias de manifestação e de propriedade privada. Não era apenas socialismo com uma face humana. Era... uma face humana, ponto.

Németh queria assegurar-se de que não estava indo longe demais, nem depressa demais. Somente uma pessoa poderia responder a essa pergunta. Então, escreveu a Mikhail Gorbatchov, pedindo uma reunião na primeira semana de março. Sua escolha da data foi influenciada por outro fator. O secretário do Partido Comunista, Károly Grosz, também planejava ver Gorbatchov. Sua visita estava marcada para 23-24 de março. Németh disse ao líder russo que, como chefe de Estado da Hungria, também deveria se encontrar com ele, e, conforme o protocolo diplomático, deveria ser o primeiro. Temia, em particular, que Grosz o debilitasse e solapasse as reformas de seu governo, figurando-as como uma ameaça à manutenção do Partido no poder – exatamente o que viria a acontecer.

Németh pedira uma audiência de uma hora. Em vez disso, ofereceram-lhe 20 minutos. "Gorbatchov e eu ficamos sozinhos, cada um com um auxiliar." Ao descrever seus planos para a democracia na Hungria e por que os julgava necessários, Németh disse com franqueza ao líder russo quais poderiam ser as consequências: talvez um voto popular tirasse os comunistas do poder. Como Moscou reagiria, era isso que desejava saber.

Gorbatchov foi tomado de surpresa. Quanto mais os dois falavam, mais agitado ele ficava. "Ele estava muito zangado", relembrou Németh anos depois. "Não concordo com esse 'caminho húngaro'", disse Gorbatchov. "O caminho adequado é voltar às raízes do leninismo." Instou duramente Németh a seguir a orientação correta de seu chefe, o secretário-geral Grosz, que se opunha a qualquer medida que pudesse enfraquecer a autoridade e o papel de liderança do Partido Comunista.

Foi a vez de Németh ficar chocado. Ele esperava encontrar um colega reformista, um ouvido simpático, até um aliado em sua luta contra Grosz e outros que resistiam às mudanças rápidas. Mas não. "Percebi, de maneira muito forte naquele momento, que Gorbatchov era socialista até o âmago. Ele disse para mim que o socialismo poderia encontrar um novo caminho, voltando à época anterior a Stálin. Minha opinião era exatamente a oposta, e lhe disse isso. Quando falei que estávamos pensando em eleições, e não simplesmente em conversar com a oposição, ele ficou especialmente irado." Era um golpe contra o socialismo, argumentou Gorbatchov com veemência, uma violação do direito que o Partido tinha de criar uma sociedade justa. Não se podia deixar isso ao acaso, para o povo decidir.

Németh lembra que se sentiu fisicamente mal. Temia que tudo pelo qual viera trabalhando estivesse prestes a se desfazer. Como ir adiante sem a bênção de Gorbatchov? Imagens das tropas soviéticas em Budapeste cruzaram sua mente. No mínimo, a resistência de Moscou às suas diretrizes políticas significaria o fim de sua carreira. Por um instante, Németh imaginou que poderia ser jogado na prisão. Então, de forma abrupta, Gorbatchov mudou de tom: "Mas claro, camarada, você é o responsável, não eu." Cabia aos húngaros decidir a direção da Hungria, não a Moscou.

De repente, a imensa pressão diminuiu. Németh insistiu, repetindo a questão elementar. "Perguntei-lhe especificamente: 'Se marcarmos uma data para uma eleição e formos derrotados pelo voto, você intervirá, como em 1956?' Sem um sinal de hesitação, Gorbatchov respondeu: '*Nyet.*'" Depois fez uma pausa e, com a sombra de um sorriso, acrescentou uma ressalva reveladora: "Pelo menos, não enquanto eu estiver sentado nesta cadeira."

Esse "não" foi de importância suprema para Németh. "Significava que eu poderia ir em frente. Abriu o caminho para tudo que veio depois", disse ele, da criação de uma Hungria democrática à queda do Muro de Berlim. Esse breve encontro com Gorbatchov, que vinha com o primeiro sopro da primavera depois de um longo inverno, seria um ponto de inflexão oculto, mas decisivo, para o fim da Guerra Fria.

Mas Németh não havia terminado. Depois de cumprir sua principal missão, ele soltou uma segunda bomba, sob certo aspecto maior que a primeira: disse a Gorbatchov que queria tirar a Hungria do Pacto de Varsóvia, a aliança militar soviética criada para contrabalançar a Otan.

No final de dezembro, pouco antes do Natal, Németh fora convocado para uma reunião secreta no Ministério da Defesa húngaro. Károly Grosz informou-lhe que, na qualidade de primeiro-ministro, havia papéis que tinha de examinar e assinar. "Então eu fui. Jamais esquecerei aquele dia terrível." Guardas de segurança militar receberam Németh no portão e o escoltaram até as entranhas do edifício. Um pequeno grupo de altos funcionários o aguardava, entre eles o general que comandava as forças soviéticas na Hungria. Ali recebeu informações sobre a ameaça do Ocidente. "A Otan planeja invadir a partir da Itália", disseram-lhe. Mapas mostravam os prováveis movimentos das forças aliadas e do Pacto de Varsóvia. O bunker pessoal de Németh localizava-se, por coincidência, em sua aldeia natal, no leste do país. "Então veio a parte realmente secreta", segundo Németh. "Informaram-me de que havia ogivas nucleares armazenadas na Hungria", guardadas em bunkers localizados nas florestas em torno do lago Balaton, onde ele adorava velejar. Depois de assinar alguns documentos e uma declaração concordando em não revelar as informações, ele foi embora.

Németh estava atônito. Moscou sempre negara a presença de armas nucleares na Hungria. Como descobriu, elas estavam lá, "em número bastante substancial". Németh quebrou sua promessa de segredo imediatamente e contou para sua esposa e dois auxiliares próximos, um deles, o ministro da Defesa, Ferenc Karpati. Já na época, planejava dizer a Gorbatchov que desejava as tropas soviéticas fora da Hungria. Incluiu então as armas nucleares russas no pedido. Gorbatchov evitou responder. "Darei um retorno a você", disse, sem dar nenhuma pista sobre sua decisão. Ambos sabiam que estavam falando de desdobramentos assombrosos, então inimagináveis, para o Ocidente.

Németh partiu do Kremlin para o aeroporto com sentimentos confusos. Era entusiasmo misturado a alívio, mas experimentava uma profunda apreensão. Ele e seus reformistas haviam percorrido um longo caminho. Tinham acabado de atravessar uma passagem que muitos deles temiam. Mas isso só montava o palco para perigos maiores à frente. No fim, uma reunião que deveria durar 20 minutos estendera-se por quase três horas.

Se a visita de Németh a Moscou rachou o edifício do bloco soviético, outra fissura se abriu duas semanas depois, na Polônia, e desta vez de forma muito mais visível. Para surpresa de quase todos, a Mesa-Redonda polonesa acabou em 7 de abril com um pacto histórico. Numa cerimônia cintilante, realizada no palácio Namiestnikowski, construído no século XVII, os dois lados brindaram com vodca e champanhe. Ambos conseguiram mais do que haviam regateado. Nenhum dos dois sabia disso.

O Solidariedade sonhava em recuperar sua situação legal, sete anos depois de ser proscrito pela lei marcial; saiu da reunião não somente com isso, mas também com o direito de concorrer às eleições parlamentares dentro de apenas dois meses. Para os poloneses, era uma virada surpreendente nos eventos: as primeiras eleições livres do país desde a Segunda Guerra Mundial. Para ser mais exato, "livre" tinha um sentido restrito. Conforme o acordo, o Solidariedade poderia concorrer apenas a 1/3 dos assentos no Sejm, a Câmara baixa no Legislativo nacional; os outros 2/3 estavam reservados aos comunistas. Seria criada uma nova Câmara alta, o Senado, embora seu papel fosse limitado a examinar as leis propostas pela Câmara baixa. Postos-chave como os ministérios da Defesa e do Interior, caberiam aos comunistas, bem como a Presidência – presumivelmente de Jaruzelski, que anunciou, na conclusão das conversações, que a Polônia estava "a caminho de se tornar uma democracia parlamentar socialista".

Evidentemente ele acreditava nisso. Nada sugere que tivesse a menor dúvida de que o Partido manteria o poder – ou seja, ele enfatizava o "socialista" antes do "parlamentar" quando se tratava de democracia. Talvez tivesse sido seduzido pelas pesquisas de seus especialistas em política, que davam a entender que a popularidade do Solidariedade declinava, enquanto a dele subia. O mais provável, no entanto, é que simplesmente não conseguisse imaginar um resultado diferente. Aquelas eleições seriam como qualquer outra votação comunista, presumiu ele, não sem lógica: os resultados preordenados, o povo grato por participar e mostrar seu apoio à liderança de seu governo, que, afinal, somente defendia os melhores interesses dos poloneses. Nem mesmo o humor azedo pós-1981, e tampouco as dificuldades econômicas, pareciam abalar sua confiança.

A base do Partido não compartilhava de seu otimismo. Kat era um deles. À medida que a Mesa-Redonda avançava, seu humor se deteriorava paulatinamente. "O socialismo na Polônia está sendo desmantelado", queixou-se com amargura uma noite, fumando cigarro após cigarro. Estava cheio de pressentimentos negros. O Partido era cúmplice de seu próprio fim, disse ele. Jaruzelski e seus homens se iludiam se julgavam que poderiam controlar os eventos que estavam prestes a desencadear. Ele acabara de saber com espanto que o próprio governo propusera que o Solidariedade apresentasse candidatos à eleição de junho. A oposição nem pedira tanto. Isso é que era instinto de autodestruição! "Que espetáculo!", declarou, sacudindo a cabeça com perplexidade e desdém.

Ele imaginava que, numa eleição genuinamente livre, o Partido teria sorte se ficasse com a maioria no Parlamento. Numa reunião então recente para passar informações aos altos funcionários comunistas, o negociador do governo, Czeslaw Kiszczak, fora vaiado. "As atitudes dentro do Partido eram hostis", relatou ele. "A velha guarda, em especial, perguntou: 'Para que fazer isso? Arriscamos sacrificar todos os nossos privilégios, sem qualquer ganho.'" Até os liberais do Partido achavam que estavam sendo arrastados contra sua vontade e seus interesses. A linha-dura estava tão irada, acreditava Kat, que poderia tentar derrubar Jaruzelski, agora chamado de "traidor" da sua causa.

Quando a Mesa-Redonda se aproximava da conclusão, convidei Bronislaw Geremek, o principal estrategista do Solidariedade nas conversações, para jantar no hotel Vitória, no centro de Varsóvia, defronte da imensa praça onde a elite comunista polonesa encenava seus desfiles anuais do Dia do Trabalho. Sempre com aquele ar de professor universitário, o casaco de tweed comido pelas traças e suéter gasto, ele não podia pagar um jantar naquele tipo de estabelecimento. Contudo, lá estava ele, tendo acabado de urdir um dos golpes diplomáticos mais extraordinários da história europeia moderna.

Tal como Jaruzelski, estava cheio de confiança. Não importava que o Partido Comunista gostasse do acordo ou não. "O Exército é o verdadeiro poder na Polônia", disse. "Jaruzelski vai cumprir. A sabedoria convencional de que o Partido vai agir para evitar uma erosão de seu poder está errada." Evidentemente, acrescentou, o general seria nomeado presidente. Embora entusiasmado com tudo o que o Solidariedade havia conquistado, Geremek não previa uma mudança muito grande na paisagem política polonesa, muito menos uma transição rápida para a democracia. As eleições de junho seriam um mero prelúdio para eleições totalmente livres, quatro anos depois. Em sua opinião, demoraria uma década até que a Polônia pudesse ter efetivamente um governo não comunista.

Jamais poderia imaginar que bastariam quatro meses.

Em 20 de janeiro de 1989, George H.W. Bush fez o juramento e tornou-se o 41º presidente dos Estados Unidos. Pouco antes de assumir o cargo, havia ordenado uma revisão estratégica das relações com a União Soviética. Ela chegou à escrivaninha do presidente em meados de março, mais ou menos na mesma época em que Miklós Németh preparava sua reunião secreta em Moscou.

Brent Scowcroft, o novo assessor de Segurança Nacional, não gostou. "Desapontador", qualificou o relatório – uma visão geral branda de várias agências, mal amarrada a partir de informes superficiais da CIA e memorandos apressados do Departamento de Estado. Mas, aos seus olhos, o defeito fatal era que representava "continuidade", como um de seus auxiliares definiria. Havia coisas demais do governo anterior e muito pouco do novo. Scowcroft e o secretário de Estado James Baker queriam um rompimento total, não um híbrido Reagan-Bush. Scowcroft deixou o relatório de lado e começou a trabalhar com um "texto de reflexão" sobre as intenções e as políticas de Gorbatchov, traçado por uma jovem protegida sua, muito enérgica e inteligente, chamada Condoleezza Rice.

Foi um documento revelador. O memorando de Condoleezza Rice, tal como Scowcroft o descreveu, estabelecia uma estratégia para "lidar com Gorbatchov" baseada na "necessidade de reforçar a credibilidade da dissuasão nuclear da Otan" e numa profunda cautela em relação às intenções soviéticas. A nova equipe de segurança nacional via o líder soviético como um "propagandista" que buscava atrair os Estados Unidos para um falso sentimento de segurança. Ronald Reagan era popular demais para ser repudiado publicamente, mas o novo governo acreditava que o ex-presidente fora muito longe em sua reaproximação com Moscou. Reagan confiava demais em Gorbatchov. Estava na hora de recuar. Suas iniciativas mais ambiciosas de desarmamento foram bloqueadas. Dick Cheney, o novo secretário de Defesa, defendia políticas mais duras de enfrentamento para "testar" o líder russo, e o aumento dos gastos militares para contrabalançar o que ele apresentava como um aumento, e não uma diminuição, da ameaça soviética. Baixou um súbito gelo nas relações Ocidente-Oriente.

Achei aquilo perturbador, mesmo de longe. Era como se o filme *De volta para o futuro*, cuja sequência estava em filmagem, entrasse na geopolítica. Na Europa, eu via Németh desmantelando o comunismo na Hungria. Ali estava a Polônia, à beira de eleições democráticas. Gorbatchov estava por toda parte, era o herói de uma Europa renovada e vigorosa. No entanto, em Washington, o novo governo assumia com um quadro de referência que poderia ser resumido como Guerra Fria Light. Isso parecia especialmente irônico, tendo em vista que o lema da transição, como o próprio Bush definiu, era "sonhar grandes sonhos" e ver o mundo com um novo olhar. O aturdido secretário de Estado George Shultz, que deixava o governo, escreveu em suas memórias: "Era como se a administração Bush não compreendesse ou aceitasse que a Guerra Fria acabara."

Esse ceticismo era profundo. Scowcroft e sua equipe estavam a par dos eventos na Hungria e na Polônia. Eles notaram, por exemplo, a publicação, em Moscou, de um longo artigo de jornal com elogios a Lech Walesa, um sinal claro de que o Kremlin aprovava o caminho que Jaruzelski adotava. O sucesso da Mesa-Redonda, com sua promessa de eleições, era reconhecido como um grande avanço. Mas Scowcroft, em particular, defendia cautela. Ele era um homem das forças militares e um ferrenho conservador. Vira outras épocas de *détente* azedarem e achava que a estratégia de Gorbatchov era induzir os Estados Unidos a baixar sua guarda militar na Europa, com um objetivo qualquer imprevisível. "Eu suspeitava dos motivos de Gorbatchov e via com ceticismo suas perspectivas", escreveu em suas memórias com George Bush, publicadas com o título de *A World Transformed*. O objetivo de Gorbatchov era revitalizar a União Soviética para "competir melhor" com o Ocidente. "Para mim", disse Scowcroft, "isso tornava Gorbatchov potencialmente mais perigoso que seus antecessores, que, cada qual com seus próprios devaneios, haviam lançado mão de medidas agressivas para salvar o Ocidente dos perigos."

Outros membros do governo não estavam menos desconfiados. Não importava que, em abril, George Kennan, o decano dos sovietólogos americanos e autor da estratégia básica de contenção dos Estados Unidos, dissesse à Comissão de Relações Exteriores do Senado que a União Soviética não representava mais uma ameaça. Não importava que Margaret Thatcher declarasse que a Guerra Fria acabara. James Baker sugeriria que "a estratégia de Gorbatchov tinha por premissa dividir a aliança e nos debilitar na Europa Ocidental". A linha-dura do Departamento de Defesa, liderada por Richard Cheney e uma falange de auxiliares que se tornariam famosos no governo de Bush filho – entre eles Paul Wolfowitz,

Richard Perle e I. Lewis "Scooter" Libby – argumentaram contra funcionários mais moderados que viam o fato de as mudanças ganharem força no bloco oriental como uma oportunidade para uma aproximação maior. Cheney era especialmente virulento em suas suspeitas, só faltando chamar Gorbatchov de impostor e "fraude". No final de abril, ele declarou à CNN que dar muito crédito ao "novo pensamento" de Gorbatchov expunha os Estados Unidos ao risco – na verdade, à probabilidade – de que ele viesse a ser substituído por alguém "muito mais hostil" aos americanos.

As análises dos setores do serviço de informações dos EUA pouco fizeram para reorientar a discussão. Uma previsão da Estimativa do Serviço de Informações (em inglês, EIN) da CIA, datada de 23 de novembro de 1988, centrava-se na deterioração da situação econômica da União Soviética e sugeria com precisão que as reformas internas ofereciam escassas perspectivas de resolver os problemas crescentes do país. Mas, em referência aos acontecimentos em outros lugares do bloco socialista, o documento projetava de modo um tanto suave que "as tentativas de reforma política na URSS provavelmente gerarão pressões por reformas semelhantes nos países do Leste europeu" – esquecendo de observar que certas mudanças já estavam ocorrendo em ritmo mais acelerado que qualquer coisa que estivesse em andamento em Moscou. Um mês depois, uma segunda estimativa do serviço de informações, centrada especificamente na política soviética em relação à Europa Oriental, concluía que a "agenda" de Gorbatchov para a região havia "aumentado o potencial de instabilidade". Qualquer mudança, porém, seria provavelmente "evolutiva", levando a uma "diversidade maior", e não a uma transformação radical. Segundo a CIA, "*in extremis*, não há motivo para duvidar da disposição [de Gorbatchov] para intervir no sentido de preservar o domínio do Partido e a decisiva influência soviética na região".

A agência se manteria fiel a essa perspectiva em uma previsão datada de 18 de novembro de 1989, mesmo quando a Europa Oriental escapava cada vez mais do controle comunista, e depois que o próprio Muro já fora derrubado. Na verdade, o mais próximo que ela chegou de chamar pelo nome certo o que estava acontecendo veio de uma discordância com relação ao documento, redigido pelo diretor adjunto do serviço de informações, John Helgerson. Presciente, ele afirmava que Gorbatchov evitaria a repressão no Leste europeu, mas "perderia progressivamente o controle dos eventos" e seria forçado a abandonar sua "concepção ainda autoritária em favor de uma noção verdadeiramente democrática".

Tanto na comunidade do serviço de informações como na Casa Branca, o pressuposto dominante, durante boa parte de 1989, era de que Moscou ainda mandava na Europa Oriental, apesar de tudo que Gorbatchov dizia e fazia. Mais de uma vez, o líder soviético renunciou implicitamente – e, com o passar do tempo, de forma cada vez mais explícita – à doutrina intervencionista de Bréjnev. Seus principais assessores, Alexander Yákovlev e Oleg Bogomólov, diziam isso de modo inequívoco em reuniões com altas autoridades americanas e europeias. Havia a garantia dada a Miklós Németh, que prontamente a repassou para seu parceiro de tênis, o embaixador Mark Palmer, que mandou a informação para Washington. Na Polônia, Czeslaw Kiszczak, que presidia o lado governamental nas conversações da Mesa-Redonda, repassou a essência da mensagem de Gorbatchov a Jaruzelski aos negociadores do Solidariedade, que logo contaram aos americanos. Enquanto isso, a Casa Branca e o Departamento de Estado eram inundados por telegramas confidenciais enviados por gente como Jack Matlock, o embaixador americano em Moscou, afirmando categoricamente que a Doutrina Bréjnev estava "morta". Argumentavam também que Gorbatchov era um "revolucionário" autêntico, que representava uma oportunidade histórica para os Estados Unidos transformarem suas relações com a União Soviética.

Anos depois, Condoleezza Rice admitiu que o novo governo, centrado na retirada de tropas de Gorbatchov e nas implicações para a doutrina nuclear americana, não percebera o quadro geral: "De fato, não dei a menor atenção à revogação da Doutrina Bréjnev." Enquanto isso, o comunismo continuava a desmoronar de forma cada vez mais visível à medida que a primavera avançava. Contudo, nada disso parecia penetrar Washington. Como diria com sarcasmo o militante do Solidariedade Adam Michnik, naquele momento decisivo, os Estados Unidos "andavam como sonâmbulos pela história".

6. A conexão húngara

Primeiro de maio de 1989. Berlim Oriental. O idoso Erich Honecker, de 77 anos, estava de pé no centro do palanque do desfile anual do Dia do Trabalho, ladeado por seus colegas do Politburo. À sua esquerda estava um dos homens mais temidos do bloco socialista, o cruel Erich Mielke, ministro da Segurança do Estado, chefe da onipresente polícia secreta da Alemanha Oriental. À direita, o dentuço Egon Krenz, secretário-geral do Comitê Central; não muito longe, Günter Schabowski, primeiro-secretário do Partido Comunista de Berlim.

Em breve esses homens estariam tramando contra Honecker, embora isso viesse a ter pouca importância. A verdadeira ameaça, ainda invisível, tomava forma muito longe, centenas de quilômetros ao sul. Mas, naquele dia, não havia sinal de intriga. O sol brilhava. Uma brisa cálida de início de primavera desalinhava os cabelos brancos e macios de Honecker. Sua imagem externa era a de um líder reverenciado, um "Primeiro Camarada" bondoso, apaixonado por crianças e amado por seu povo, os cidadãos da República Democrática Alemã.

Toda religião tem seus símbolos. Eles dão voz e forma à fé. Quando violados, em especial deliberadamente, não se trata de uma mera dessacralização: é um desafio à ortodoxia, uma heresia, até uma traição. Entre os fiéis da Europa comunista, poucos símbolos eram mais estimados que o Dia do Trabalho. Aqueles que não cresceram durante a Guerra Fria não lembrarão dos tanques, lançadores de mísseis e exércitos de soldados que desfilavam todas as primaveras na Praça Vermelha. Sobre o túmulo de Lênin, gerações de líderes soviéticos prestaram homenagem a esses emblemas do poderio socialista. Os sátrapas das colônias de Moscou não celebravam com menos fervor. No bloco oriental, não se tratava apenas de um pretexto para comemorar a vitória da Revolução de 1917. Era a legitimação de seu domínio. O que o vinho e a hóstia são para os cristãos, o Primeiro de Maio era para o mundo oficial comunista.

Aquele Primeiro de Maio em particular era especial em Berlim. Era um ano de jubileu que marcava o 40º aniversário do regime alemão oriental no poder. Assim, o desfile anual foi mais grandioso que de hábito. Bandeiras tremularam, bandas tocaram. A Juventude Comunista Alemã (*Freie Deutsche Jugend*) saudava com diligência enquanto passava marchando orgulhosamente, aplaudida por milhares de pessoas convocadas para a ocasião. Honecker e seus homens acenavam de volta, sob o sol quente, seguros em seu casulo de poder. Era possível que já se tivessem passado dois anos do retorno triunfal de sua primeira visita oficial à República Federal Alemã, que significou o reconhecimento *de facto*, por parte dele e de sua nação, pelo qual ansiava havia décadas? Para ele, parecia que havia sido ontem.

Erich Honecker ergueu o Muro atrás do qual mandava como um senhor feudal. Seu antecessor, Walter Ulbricht, mandara construir. Mas ele supervisionou pessoalmente a obra e era seu fiador. Todos os anos, a polícia de fronteira alemã oriental matava a tiros um punhado de cidadãos que ousava tentar fugir – os chamados "saltadores de muro", os descontentes. "*Die Mauer bleibt noch hundert Jahre*", Honecker havia declarado em janeiro, marcando o início daquele ano auspicioso. "O Muro durará mais 100 anos." Nada em seu horizonte político nublava essa perspectiva. Na URSS, Mikhail Gorbatchov podia defender mudanças. A Polônia e a Hungria seguiam seu caminho aberrante para o socialismo. Mas a RDA jamais parecera tão sólida exteriormente. Não havia indício de que aquele dia, exatamente aquele, seria seu ponto mais alto. Nada no céu sem nuvens indicava a tempestade que logo envolveria Honecker. Na verdade, ele mal percebeu o primeiro golpe mortal, que veio do nada como um raio.

Corte para Budapeste, a quase 700 quilômetros de distância. Enquanto Erich Honecker se regalava ao sol primaveril, Károly Grosz arrastava-se sob uma chuva soturna. Tampouco havia desfile. A mudança estava em marcha, e as autoridades do Partido Comunista decidiram que era melhor mostrar uma cara nova.

Em vez da cerimônia tradicional do Primeiro de Maio, como em Berlim Oriental, optaram por um "Piquenique do Povo". Num parque próximo, uma imensa festa, com comida, bebida, balões e barracas, esperava receber dezenas de milhares de convidados. Não se deve culpar a chuva pelo fato de só aparecerem cerca de mil pessoas, em sua maioria velhos e incondicionais adeptos do Partido e suas esposas encharcadas e carrancudas. Do outro lado da cidade, um comício dos novos partidos de oposição na Hungria atraiu mais de 100 mil pessoas. Seus estandartes proclamavam: "Abaixo o comunismo!"

Havia grupos estudantis, ecológicos, artísticos, novos grupos políticos de todo tipo, cada qual com sua barraca ao longo das trilhas de um parque municipal, todos ocupados em receber a adesão de novos membros e discutindo programas de mudanças. Bandas de jazz tocaram e as pessoas dançaram na lama. "Os comunistas estão acabados", gritou um organizador político que viria a ser líder em seu país. Até há pouco tempo ele seria preso. Agora, era a face jovem do futuro da Hungria.

A humilhação do Partido era clara. Tratava-se de uma dessacralização muito pública, uma contestação frontal da ortodoxia e do próprio comunismo. E foi deliberada. Nenhum alto funcionário do governo de Németh se preocupou em comparecer, exceto o próprio primeiro-ministro, que se sentiu coagido. "Aquele foi o dia da minha humilhação", lembra ele. Teve de ouvir Grosz falar para os fiéis do Partido, atacando-o furiosamente e às políticas de seu governo; só faltou acusá-lo de traidor da causa socialista.

"Este pode ser o seu dia", disse Németh gelidamente a Grosz, quando se despediram, "mas meu dia não está muito distante."

Não se tratava de uma ameaça vã, pois Németh tinha um plano: não reformar o comunismo apenas, mas derrubá-lo, e não somente na Hungria, mas em todo o bloco socialista. Grosz não tinha a menor suspeita disso, óbvio. Mas teria, e muito em breve. Na verdade, Németh iria desferir seu primeiro e muito bem calculado golpe no dia seguinte.

Na manhã de 2 de maio de 1989, o governo húngaro anunciou que, por motivos de economia fiscal, "não manteria mais" a barreira eletrificada de segurança que se estendia por toda a fronteira com a Áustria. Tratava-se de um "anacronismo" caro, informou Németh a seu gabinete. Sua escolha de linguagem foi deliberadamente burocrática, projetada para esconder a verdadeira intenção. Mas era óbvio que suas ações falavam mais que suas palavras. Dentro de poucas horas, uma fotografia que ficaria famosa se espalhou pelas agências de notícias internacionais: soldados húngaros cortavam um trecho da cerca de arame farpado que separava a fronteira austro-húngara.

Façamos uma pausa e pensemos nisso: um buraco na Cortina de Ferro. Para o mundo comunista, aquilo equivalia ao gesto de Martinho Lutero pregando o protestantismo às portas da Igreja católica. Era como o Sputnik, acordando os Estados Unidos para a realidade da corrida espacial, ou os tumultos urbanos dos anos 1960, que despertaram a nação americana para a dimensão de sua divisão racial. A imagem da Hungria abrindo buracos na barreira que separava Oriente de Ocidente provocou um profundo tremor em Berlim Oriental. "O que estão tramando esses húngaros?", gritou Honecker para seus ministros na reunião semanal do Politburo, realizada na manhã seguinte, 3 de maio. Mas ele sabia muito bem o que "tramavam". E reconhecia o perigo.

Muito em breve, ele constatava, os turistas da Alemanha Oriental começariam suas viagens de verão. A Hungria era um dos destinos preferidos. Fechadas atrás do Muro, Budapeste e a região em torno do lago Balaton eram o mais próximo que o europeu oriental comum podia chegar do paraíso. Com seu tipo peculiar de "economia do *gulash*", que misturava a política industrial marxista com uma dose de livre empresa, a Hungria oferecia os adornos da prosperidade que faltavam em quase todo o resto do mundo comunista – bons restaurantes, cafés, alimentos e produtos de mercearia abundantes, bom vinho, campings agradáveis e uma capital (comparativamente) animada.

Honecker e os outros dirigentes não precisavam ser informados sobre o que provavelmente iria acontecer. Era um pesadelo idêntico ao de 1961, o motivo da construção do Muro de Berlim: impedir que os cidadãos descontentes com o comunismo votassem com seus pés. Se a fronteira da Hungria com o Ocidente estivesse aberta, centenas de milhares de turistas alemães orientais talvez não voltassem para casa. Iriam alegremente para o sul, em "férias", depois virariam à direita, atravessariam a fronteira e acabariam na Áustria ou na Alemanha Ocidental. Para Honecker, isso representaria uma crise existencial, um golpe fatal em sua legitimidade e, por conseguinte, em seu governo. Poderia até derrubar todo o castelo de cartas que era a RDA.

Furioso, Honecker entrou no Politburo sem sequer cumprimentar e exigiu um relatório completo imediatamente. "Telefone para seu equivalente na Hungria", ordenou ao ministro da Defesa, Heinz Kessler. "Essa fronteira é responsabilidade deles."

Kessler saiu da reunião. Meia hora depois voltou. Acabara de falar com Ferenc Karpati. "Isso é coisa daqueles radicais", contou-lhe o ministro da Defesa húngaro. Disse que também não concordava com a decisão, mas que não havia motivo para alarme. "A fronteira continuará a ser patrulhada. Não há chance de os cidadãos alemães orientais passarem por um furo na cerca."

Németh também lembrava do telefonema de Kessler. Ele e Karpati discutiram como responder. "Diga-lhe que é um ato simbólico", sugeriu Németh. "Diga-lhe que é uma questão de dinheiro, como eu falei a Gorbi. E, por sinal, diga-lhe que considero a cerca uma barbárie. Diga-lhe que pretendo derrubá-la!"

Karpati ficou horrorizado, até perceber que Németh estava brincando. Nem ele, tampouco o ministro da Defesa, diria uma coisa dessas. "Fomos muito mais diplomáticos", relembrou Németh rindo. "Garantimos que não deixaríamos os alemães orientais fugirem pela fronteira e que ela continuaria a ser patrulhada. Mas como digo, foi uma resposta diplomática."

Os dirigentes alemães orientais nem por um instante acreditaram nessa explicação. Günter Schabowski estava entre os presentes na reunião. A nota dissonante, o fato que saltou aos olhos, lembrou ele, não foi simplesmente o que a Hungria havia feito, mas o modo como fizera. Tratava-se claramente de uma sabotagem quase insolente. "Não houve aviso, essa é que foi a coisa", disse-me ele. "Lá estava a Hungria, um membro do Pacto de Varsóvia, um membro minúsculo, agindo sozinha e fazendo algo que desafiava a própria existência do bloco, que era tão oposto a sua ideologia. Era uma situação muito perigosa, obviamente, o primeiro sinal concreto do rompimento do bloco. E se não houvesse bloco, onde iríamos parar?"

Em torno da mesa do gabinete houve um longo silêncio, segundo Schabowski. A questão que se impunha a todos não foi respondida, sequer foi discutida. Só podemos imaginar o que se passou pela cabeça deles. Teria sido o momento fatal, quando instintivamente souberam que estava tudo acabado – talvez como Hitler, ao saber, naquela manhã de junho de 1944, que os Aliados haviam invadido a Normandia, e não Calais, como esperava?

A reunião terminou. Embora fervendo por dentro, Honecker declarou-se satisfeito com as explicações da Hungria. Quem poderia discordar? "Afinal, foi ele que construiu o Muro", observou Schabowski. Parecia irreal que o Primeiro de Maio tivesse sido somente dois dias antes. Com que rapidez o casulo ensolarado e seguro de Honecker havia sido furado.

Tudo isso era exatamente o que os húngaros pretendiam. Németh e seus homens vinham tramando essas medidas havia dois anos, primeiro entre eles, e depois, secretamente, com a Alemanha Ocidental. E assim começou uma coreografia interna. Naquele dia 2 de maio, eles deram o primeiro de uma série de golpes estratégicos que jogariam a Cortina de Ferro na lata de lixo da história.

O roteiro – e podemos chamá-lo assim – foi escrito para ter publicidade máxima. Começou com uma entrevista coletiva, à qual compareceram várias centenas de jornalistas estrangeiros avisados com antecedência e transportados de Budapeste para a travessia da fronteira em Hegyeshalom, o portão situado na principal rodovia para Viena. Ali, as autoridades húngaras anunciaram diante das câmeras de televisão internacionais que, a partir de então, o alarme eletrônico e o sistema de vigilância ao longo da fronteira seriam desligados. Um oficial puxou ostensivamente uma alavanca de uma caixa de circuito, e pronto. Depois, alguns guardas passaram a trabalhar com enormes alicates de cortar arame. A foto circulou imediatamente pelo mundo: soldados húngaros tirando grandes pedaços de arame farpado e levando-os embora.

O simbolismo tinha muitas camadas. A mais óbvia era que, no que dizia respeito à Hungria, a Guerra Fria acabara. O futuro estava a oeste. Chegara a hora de os húngaros levarem uma vida normal, sem divisões geopolíticas artificiais. Além disso, segundo Németh, "era um teste da tolerância de Moscou, especialmente de Gorbatchov". O que ele faria? Quão zangado ficaria? Ele despertaria, olharia com atenção o que estava acontecendo na Hungria e se daria conta, para sua consternação, que os eventos estavam fora de controle? Com um pouco de estímulo de Moscou, a linha-dura húngara acabaria com a experiência democrática de Budapeste. Mas, para sua surpresa, não recebeu queixas. "Encontrei-me com o embaixador russo dez vezes depois do acontecido, e ele não mencionou o assunto nenhuma vez."

Németh viu nisso também um sinal.

Sob a superfície, o que temos aqui é uma consumada história de intriga da Guerra Fria. Németh não havia enganado Gorbatchov: em sua visita a Moscou, a 24 de março, contara que planejava desmontar a fronteira. Mas não dissera toda a verdade.

Durante a reunião, Gorbatchov passou muitíssimo tempo falando de dinheiro: de como não havia nenhum. Os preços do petróleo haviam despencado, de cerca de 40 dólares o barril, na primavera de 1980, para menos de nove dólares em 1988, tendo caído 50% somente em 1986, primeiro ano de Gorbatchov no poder. A produção russa caiu também, em parte porque Moscou não tinha condições de investir em inovações tecnológicas e em novas jazidas. As receitas das exportações eram ainda menores, engolidas pelos juros sobre pesados empréstimos no exterior. O rejuvenescimento da economia soviética – sua querida perestroika – revelava-se muito mais difícil que o esperado. Os soviéticos precisavam de investimentos maciços em nova tecnologia industrial, e tudo tinha de ser importado do Ocidente e pago com moeda forte, cada vez mais escassa. A taxa de crescimento caiu para 1/3 do que era em meados da década de 1970, durante o governo de Bréjnev. Bens de consumo de grande demanda tornaram-se mais caros e mais inacessíveis que nunca; a renda per capita encolheu em 2/3 ou mais, enquanto o preço dos alimentos dobrava. A Estimativa do Serviço de Informações Nacional da CIA, de novembro de 1988, acertava em um aspecto: Gorbatchov estava diante de graves desafios econômicos, muito possivelmente acima de sua capacidade de resolvê-los.

Ninguém tinha mais consciência disso que Németh. Afinal, estava à frente da equipe de reforma econômica do governo antes de assumir o posto de primeiro-ministro. Então, tratou de tirar vantagem do dilema de Gorbatchov. A Hungria defrontava-se com restrições financeiras igualmente sérias, disse ao líder soviético em sua visita a Moscou. "Camarada secretário-geral, não temos mais condições de manter a barreira de fronteira", falou Németh, descrevendo-a como antiquada e caindo aos pedaços. "Coelhos disparam sempre os alarmes." Apresentou um número – astronômico, pelos padrões do bloco socialista – para os custos de renovação. Grande parte dessa despesa seria em moeda estrangeira, acrescentou, porque a Rússia não fabricava mais a cerca de aço inoxidável necessária, o que significava que seria preciso importá-la do Ocidente. "Eu disse a Gorbatchov que não gastaria um forinte para consertar aquela cerca. É uma cerca do Pacto de Varsóvia. Eles deveriam pagar por isso. Gorbatchov respondeu: 'Nem pensar. Não há recursos.'"

Ao contar tudo isso, Németh fez uma pausa por um instante, como se estivesse confuso. Depois continuou, com um sorriso malicioso: "Claro, foi só isso que dissemos a Gorbatchov. Nós, húngaros, tínhamos razões muito diferentes para abrir a fronteira." Sutilmente, Németh havia batido à porta do castelo do Kremlin e oferecera um cavalo-de-troia.

Nos meses anteriores, Németh e seu ministro do Exterior, Gyula Horn, vinham secretamente conversando com os austríacos e alemães ocidentais. No final de abril, quando os húngaros preparavam a surpresa do Dia do Trabalho, Németh telefonou para Horst Teltschik, principal assessor para política externa do chanceler Helmut Kohl. "Ele me chamou em casa e perguntou se podia vir a Bonn imediatamente. Disse que era muito urgente", contou-me Teltschik uma década depois, falando em seu escritório de diretor da BMW em Munique. Tomando muito cuidado para não ser detectado, Teltschik dirigiu seu carro até um aeroporto particular perto de Colônia para apanhar os conspiradores húngaros e levá-los ao encontro do chanceler Kohl, não na chancelaria, mas em sua residência. Németh contou aos alemães que pretendia cortar a cerca da fronteira dentro de poucos dias. Disse-lhes então por que fazia aquilo. Queria bastante tempo para que a notícia se espalhasse antes que a invasão anual de alemães orientais em férias chegasse à Hungria. Temia que o Pacto de Varsóvia retaliasse, talvez cortando suprimentos de energia ou impondo sanções econômicas.

"Vocês nos darão apoio?", Németh perguntou a Kohl. De acordo com Teltschik, o chanceler alemão não hesitou ao responder. "Oferecemos a ele qualquer apoio de que precisasse. A quantidade de dinheiro não era importante. Queríamos que ele tivesse certeza de que estava do lado certo, economicamente." É significativo que isso tenha acontecido por iniciativa isolada de Kohl. O ministro do Exterior alemão, Hans-Dietrich Genscher, não foi informado.

Não era o primeiro desses contatos, nem seria o último. Para entender a revolução na Hungria e como o Muro de Berlim veio abaixo, é fundamental entender o papel da Alemanha Ocidental. Teltschik foi a pessoa-chave. Diminuto, de cabelos crespos, tranquilo e de riso fácil, jovial, apesar dos 49 anos, podia ser facilmente confundido com "mais um auxiliar" entre as legiões que trabalhavam para Kohl. Na verdade, ele era uma raridade, um pensador sério, de longo alcance, um realizador, como o próprio Kohl, e um crente no poder de poucos para realizar o trabalho de muitos. E, o que era mais importante: tendo trabalhado com Kohl desde 1972, gozava da total confiança do chanceler.

Teltschik estava em contato com os reformistas reunidos em torno de Németh desde meados dos anos 1980, quando um deles, István Horváth, embaixador na Alemanha, foi a seu gabinete em Bonn. "Ele era tão franco, tão radical, que de início não confiei nele", disse Teltschik sobre aquele primeiro encontro. "O que ele quer? Para um comunista, ele era tão... diferente. Percebi depois que podia confiar nele, assim como nos outros."

Teltschik visitou discretamente Budapeste no final de 1987, quando conheceu Németh, e manteve seus contatos enquanto o húngaro subia na hierarquia para se tornar o principal economista do Partido. Oficialmente, contou-me Teltschik, suas reuniões eram sobre negócios – reforma econômica e negociação dos termos de um crédito de um bilhão de marcos que o governo queria do Deutsche Bank. Não oficialmente, as conversas eram sobre como provocar mudanças decisivas na RDA.

Naquele verão de 1988, Teltschik abordou Gorbatchov para conseguir que Németh fosse designado primeiro-ministro. Ele era exatamente o tipo de "novo homem" que era necessário, disse ao líder soviético. Németh podia ajudar a realizar as reformas econômicas que iriam revitalizar as economias do bloco oriental. Disse o mesmo a Károly Grosz. Németh estava "limpo", acrescentou Teltschik, sem marcas da luta política interna que comprometia outros candidatos ao posto. Coincidência ou não, o fato é que Németh foi nomeado primeiro-ministro em 24 de novembro.

Àquela altura, os reformistas húngaros mais ousados já diziam a Teltschik que Grosz "não estava funcionando". O chefe do Partido Comunista compartilhava o desejo de Németh de reaparelhar a economia do país, mas somente isso. Reforma econômica, sim; reforma social, não. Na sua frustração, Németh e seus aliados abordaram novamente Kohl por intermédio de Teltschik. "Eles achavam que tinham de assumir eles mesmos", relembrou Teltschik. Uma vez mais, a resposta alemã foi a mesma. "Nós os apoiamos firmemente", contou-me Teltschik. "Era um trato: nós ajudamos vocês, vocês nos ajudam", sempre que surgir a necessidade.

Durante todo o verão e o outono, e até a primavera de 1989, Teltschik e os húngaros foram e voltaram entre Budapeste e Bonn. Tudo era feito no mais total sigilo. Durante uma das viagens, o assessor de Kohl encontrou uma delegação de altos membros do Politburo soviético que passeava num parque do centro de Budapeste. "Foi uma situação muito engraçada. Eles estavam lá para ver o que acontecia, tentando entender o que podiam ver. E lá estava eu, reunindo-me com as mesmas pessoas, falando sobre como enfraquecer o sistema!"

"Felizmente, eles não me reconheceram", disse Teltschik com uma risada. Tão escondida ela estava que só reconheceriam sua mão na derrocada quando era tarde demais.

Três meses depois de assumir a presidência, George H.W. Bush enfrentou sua primeira crise europeia, que tinha pouco a ver com os eventos então recentes na Hungria ou na Polônia. Na verdade, parece que esses acontecimentos não foram plenamente registrados pelos radares do novo governo. A crise centrava-se na Alemanha e numa das vacas sagradas da Guerra Fria: a dissuasão nuclear.

Duas das autoridades mais graduadas da Alemanha Ocidental suportaram o impacto da insatisfação de Washington quando chegaram ao

Departamento de Estado na manhã de 24 de abril. Era um belo dia de primavera: os narcisos floriam nos jardins. Mas, lá dentro, a recepção foi glacial. Tiveram de esperar 15 gritantes minutos, ruptura não pequena da pontualidade diplomática, considerando-se que os visitantes eram o ministro do Exterior Hans-Dietrich Genscher e o ministro da Defesa Gerhard Stoltenberg. Também não houve a sessão usual de sorrisos e apertos de mão para a imprensa. Com um cumprimento superficial, o secretário de Estado James A. Baker III foi direto ao assunto: "Estamos profundamente desapontados com sua atitude", disse aos visitantes.

Com tudo o que estava acontecendo no bloco soviético, da Polônia à Hungria e à própria Rússia, a questão em disputa poderia parecer obscura, para não dizer totalmente anacrônica. Tinha a ver com as armas nucleares americanas de curto alcance na Europa. Washington queria atualizar seu arsenal – os mísseis, bombas e obuses que constituíam os principais meios de dissuasão da Otan contra uma agressão soviética. Especificamente, os Estados Unidos queriam modernizar e instalar uma nova geração de mísseis Lance, com um alcance de 450 quilômetros, em vez de 110. Haveria uma reunião de cúpula da Otan muito importante, no final de maio. Era preciso tomar uma decisão, e os alemães estavam resistindo.

Genscher não queria ir a Washington. Fora pressionado a fazê-lo, contra sua vontade, pelo chanceler Kohl. Em sua opinião, a conversação em que se via agora envolvido era despropositada. Até este que era o mais diplomata dos diplomatas teve dificuldades para esconder a impaciência. Genscher acreditava que todo o debate sobre modernização era discutível, fora de sintonia com o momento – "sinistramente irreal", relembrou ele em suas memórias, tendo em vista as mudanças que estavam em andamento na Europa e na União Soviética.

Na Alemanha, a enérgica esquerda que se pronunciava contra a guerra suscitava a questão nuclear para atacar Kohl e seu governo. As pesquisas de opinião diziam tudo. Uma delas, realizada pelo Instituto Allensbach, mostrava que 79% dos alemães queriam que todas as armas nucleares fossem retiradas da Europa; 44% eram a favor da retirada do país da Otan. A aliança era vista cada vez mais como um retrocesso, vestígio de uma época que estava ficando para trás na história. Os alemães estavam cansados de abrigar 300 mil soldados estrangeiros. Estavam cansados do voo rasante de jatos sobre suas casas, cansados dos soldados americanos que rastejavam em "manobras" sobre seus canteiros de flores, cansados da Guerra Fria. Ela acabou, diziam. Por que tudo isso é necessário? As únicas pessoas que pareciam não entender isso eram exatamente aquelas que tomavam as decisões: políticos em seus ternos cinzentos falando sobre armas nucleares.

Quando visitei um dos altos assessores de política externa de Kohl, ele me lembrou da frustração de Gorbatchov ao tentar passar pelos assessores linha-dura do presidente Reagan e buscar convencê-los de que os tempos haviam mudado. Com exceção do secretário de Estado George Shultz, que era capaz de separar realidade e ideologia – e, ironicamente, do próprio presidente Reagan –, Gorbatchov queixara-se da "mentalidade de homens da caverna" do governo norte-americano. Apegados demais ao seu ponto de vista marcado pela Guerra Fria, os Estados Unidos demoravam ou eram incapazes de captar o significado do que ele representava, uma chance para a paz e uma abertura de novos horizontes. O próprio assessor de Kohl confessou que compartilhava em larga medida a visão de Gorbatchov. Propor novas armas nucleares na Europa num momento em que "Gorbi" empolgava a Alemanha? "Acordem, rapazes", disse ele. "Sintam o cheiro do café sendo feito." No que dizia respeito aos alemães, Gorbatchov era o pacificador, o homem do futuro. Os americanos, com suas ogivas nucleares, eram vistos como dinossauros, retrógrados, pregadores da guerra.

Nada disso impressionou muito os homens do presidente. Baker escutou polidamente, mas com frieza. O secretário da Defesa Dick Cheney levantou-se abruptamente e saiu no meio da reunião – de forma rude, achou Genscher – para fazer um discurso exatamente sobre aquele tema na Universidade de Defesa Nacional. "Não devemos cair nessa armadilha perigosa", disse à sua plateia. "Um dos principais objetivos do Kremlin continua sendo a desnuclearização da Europa."

Os alemães foram embora se perguntando se os americanos viviam num universo diferente. Às suas costas, a equipe de Bush disse que eram traidores. Genscher era "sinuoso", suspeito de tramar a saída da Alemanha do campo ocidental e negociar uma "paz em separado" com os soviéticos. Kohl, segundo eles, estava em "pânico", fazendo jogo político e tentando atrair a esquerda numa disputa apertada pela reeleição. Condoleezza Rice vituperava contra a "propaganda" de Gorbatchov e procurava maneiras de "demonstrar a liderança americana". Pouca consideração real era dada à principal preocupação alemã: que o clima político europeu estava mudando tão depressa que qualquer acordo ficaria obsoleto assim que a tinta secasse.

Em retrospecto, aquela reunião de 24 de abril em Washington revelava um problema mais profundo, com implicações que iam muito além das armas nucleares. Era uma questão de mentalidade: a incapacidade de se livrar da visão de mundo marcada pela Guerra Fria, mesmo quando o sistema estava prestes a se desfazer.

Lembro de ter pensado isso na época, como se nós, que estávamos na Europa, morássemos em um mundo, e Washington em outro. Perto do fim do inverno, visitei o 11º Regimento de Cavalaria Blindada dos Estados Unidos, em Fulda, centro da linha defensiva mais avançada da Otan. A estrada em que eu dirigia descia das montanhas Thuringwald, depois dobrava para o norte através de uma planície ondulada e arborizada. Um turista veria belos campos, riachos e casas de fazenda rústicas. Um soldado via os campos da matança do famoso passo de Fulda. Aníbal passara por ali. O mesmo fizeram Napoleão e Patton. Em teoria, o mesmo poderiam fazer os russos quando seus batalhões blindados "apunhalassem" (essa ainda era a palavra usualmente utilizada para descrever a ameaça russa ao Ocidente) a fronteira a caminho de Frankfurt, o centro financeiro da Europa, que ficava apenas a 100 quilômetros de distância, e dali para o canal da Mancha. "Isso aqui é como um jogo de futebol americano", rosnou o coronel John Abrams, que comandava o setor, "ou os detemos aqui, ou não detemos."

Era tudo muito teatral. Abrams era filho do famoso general do Vietnã; seus tanques eram Abrams. Embarcamos num helicóptero para um *tour* pela fronteira entre as Alemanhas, voando perto do solo e logo acima da copa das árvores, como se estivéssemos em combate. "O passo de Fulda é o caminho mais curto para o Reno", gritou Abrams acima do barulho dos rotores do helicóptero. "É o mais perfeito campo de batalha para tanques do mundo." Era também um dos mais duros, se seus 4.600 homens ficassem numa desvantagem de três ou quatro canhões para um. Abrams esquadrinhou o terreno aberto e ondulado. Em sua cabeça, ele via centenas de tanques soviéticos avançando pelos campos caprichosamente arados. Apontou para as linhas, vales e florestas onde suas unidades, operando em pequenos pelotões, ficariam à espera. Ali, logo depois do rebordo daquela crista, seus tanques poderiam se entrincheirar. Lá, da beira daqueles bosques, canhões antitanque poderiam atacar ferozmente o flanco soviético. Logo antes do front imediato, atrás daqueles morros, helicópteros de ataque como aquele em que estávamos poderiam partir, lançar seus mísseis e depois voltar, antes que os atiradores inimigos conseguissem localizá-los.

Diante da confiança de Abrams de que a Otan poderia repelir uma invasão soviética, mencionei uma conversa com um militar alemão ocidental, um comandante do Bundeswehr estacionado nas proximidades. "Todas essas armas, todo esse treinamento... Claro que vão matar principalmente alemães", ele me dissera. A Otan poderia deter os russos? "Sim, mas nós perderíamos 1/3 do território da República Federal", respondeu ele, para não mencionar a maior parte do Exército alemão. Abrams hesitou quando ouviu essa opinião. "Ele disse isso? Não admira que estejam conversando com Gorbatchov."

Parecia uma coisa surrealista, aqueles preparativos para o que Abrams e seus homens chamavam rotineiramente de "a próxima guerra". Mas era um testemunho da força do status quo, da Guerra Fria como um sistema que tinha seu ímpeto próprio. A inércia era um estado de espírito, um modo de ver. Os psicólogos gostam de dizer que subestimamos a força do hábito. Durante 45 anos convivemos com o hábito do Oriente *versus* Ocidente, eles e nós, comunismo e democracia. Passados tantos anos, não é tão difícil entender como muitos de nós não vimos o que estava acontecendo, todos os pequenos detalhes pelos quais o mundo mudava. Tudo – economia, atitudes públicas, estratégia militar, nosso próprio modo de viver e ser – clamava por ficar inalterado, e parecia que ia ser sempre assim. Quase nada clamava por mudança.

Enquanto a Hungria fazia um furo na Cortina de Ferro e a Polônia estava a uma semana de suas primeiras eleições livres e democráticas desde a Segunda Guerra Mundial, os aliados esboçavam no último minuto um acordo para salvar as aparências e resolver a "crise europeia" dos Estados Unidos. Os europeus concordaram em "considerar" a instalação eventual e progressiva de novos mísseis, *se as circunstâncias ditassem* – uma formulação suficientemente vaga para satisfazer a todos. A Casa Branca podia afirmar que não se havia curvado à pressão pública e defendera com sucesso o futuro da Otan e da liderança norte-americana. Bush pôde ir em frente e comparecer ao que seus auxiliares chamaram de reunião de cúpula "triunfante" em 26 de maio, em Bruxelas, onde fez um apelo por uma "Europa unificada e livre", e declarou, à maneira de Reagan: "Que o Muro seja o próximo!"

E quanto àqueles mísseis Lance? É desnecessário dizer que nada aconteceu. Eles estavam mortos, relíquias de uma história que já havia avançado para um novo tempo.

7. *Matar ou morrer*

Pfft! Pfft! Pfft! Que som é este? É a democracia em ação.

A campanha eleitoral do Solidariedade trazia um cartaz de Gary Cooper, de arma na cintura, no papel de xerife do clássico faroeste *Matar ou morrer*. Estávamos em 4 de junho de 1989 – dia do ajuste de contas em Dodge City do Leste. A votação começara havia uma hora e pouco, porém, para os jornalistas que cobriam o evento, já era óbvio que o Solidariedade obteria uma vitória esmagadora. Mas oposição e comunistas não sabiam disso. Na noite anterior, ao chegar de Praga, encontrei os organizadores da campanha do Solidariedade no deprimente hotel Europieski. "Somos como estudantes antes de um exame", disse um deles, perguntando-se nervosamente se seriam aprovados. Quanto aos comunistas, ainda falavam em obter um resultado pelo menos respeitável.

Cordeiros ao matadouro. Visitemos o local.

Naquela clara manhã de domingo, o projeto de primavera se transformara em verão. A relva crescia alta e desordenada nos parques. Nuvens pairavam despreocupadas no vasto céu azul. As pessoas estavam vestidas para a missa e, no caminho, paravam nos locais de votação. Pacientemente entravam em fila para se registrar e receber as cédulas. Pacientemente entravam nas cabines de votação e fechavam com cuidado as cortinas.

Outros sentavam diante de mesas longas, lado a lado com amigos ou vizinhos. Os mais jovens sentavam-se de pernas cruzadas no chão. À parte murmúrios e arrastar de pés, a sala estava em silêncio, mas havia aquele som insistente: *pfft, pfft, pfft*. Eram as canetas e lápis riscando o papel, com rapidez e decisão.

Em seu dia de morte, praticamente acabados e sem alento, os comunistas poloneses reuniram forças para uma última perversidade, um ato final de auto-humilhação involuntária, mas total. Eles inventaram um sistema eleitoral em que os poloneses não votariam em seus candidatos preferidos. Ao contrário, fariam uma cruz naqueles de quem não gostavam. Em outras palavras, todos os comunistas.

Para onde quer que se olhasse, as pessoas os extirpavam de suas vidas. Ali estava, afinal, o tão esperado levante popular da Polônia. Revolução por eliminação! A pena, finalmente mais poderosa que a espada, tornou-se a arma de desforra gloriosa, empunhada com estilo. Alguns eleitores riscaram suas cédulas com um gesto atrevido e forte, decapitando o velho regime com golpes viçosos, como uma carga da cavalaria polonesa, sabres em punho rebrilhando ao sol. *Pfft! Pfft!* Páginas inteiras de comunistas foram marcadas com um "x" que equivalia a uma estripação. Outros saborearam o momento, riscando devagar, talvez fumando um cigarro enquanto faziam uma pausa diante deste ou daquele nome, não tanto pensando na escolha, mas no prazer desta ou daquela eliminação especial. Ah, ele mandou meu primo para a prisão. *Pfft*. Ah, aquele *apparatchik* parasita, vivendo à custa de nossa penúria. *Pfft*. Que ironia deliciosa. Que doce vingança. *Pfft! Pfft! Pfft!*

Aqui e ali, alguns poucos imparciais ponderavam que comunistas como o general Czeslaw Kiszczak e outros haviam tornado possível aquele dia. Eles estavam trabalhando para reformar o sistema. "Votei em alguns deles", disse uma mulher vestida com um casaco de pele chique e um chapéu elegante (em minha opinião, era comunista com certeza). Disse outra: "Votei em um comunista para cada três candidatos do Solidariedade. Parece justo." Outros podem ter sentido a mesma coisa, mas não importa. Esqueçam as recompensas. Esqueçam a imparcialidade. "Os poloneses odiavam esse regime. Eles estão mortos!", disse-me, um ou dois dias antes, um diplomata americano invulgarmente sagaz – e ele tinha razão.

No dia seguinte, chegaram os resultados. Kiszczak estava fora. Todos estavam fora. O Solidariedade ganhou todos os assentos no recém-criado Senado, exceto um, que foi para um candidato independente. E ganhou todas as disputas de que participou no Sejm, a Câmara baixa. (Pelo acordo da Mesa-Redonda, 2/3 desses assentos estavam reservados para os comunistas e partidos afiliados.) Pior, humilhou uma "lista nacional" de 35 candidatos do alto governo. Esses VIPs apoiados pelo Partido concorreram sem oposição, mas precisavam de 50% dos votos para permanecer no Parlamento. Entre eles, estavam os ministros da Defesa, do Interior, das Relações Exteriores e o chefe do Partido. Com exceção de dois, todos ficaram de fora. Posteriormente, com algum fundamento, candidatos comunistas queixaram-se de que teriam perdido até para um macaco, caso o animal fizesse parte da oposição. Até gente do Partido apoiou o Solidariedade. Distritos onde se esperava que os comunistas se saíssem bem bandearam para a oposição: bases do Exército, enclaves do governo, até na sede da segurança. Da embaixada polonesa na Mongólia, os diplomatas mandaram 30 votos, todos para o Solidariedade. A vitória foi tão completa, tão avassaladora, que os comunistas ficaram somente com uma mirrada maioria no Parlamento – e isso apenas graças ao modo como o acordo se inclinava a favor do Partido. O primeiro-ministro Mieczyslaw Rakowski e todo o seu gabinete tinham pela frente a extraordinária perspectiva de ir... para a rua! O Partido tampouco tinha os votos necessários para eleger presidente o general Jaruzelski.

Minha fonte dos escalões mais altos do Partido, o homem que apelidei de Kat, estava chocado. "Nunca, em nossos pesadelos mais negros, alguém previu uma derrota tão vergonhosa", desabafou, dando goles em seu uísque e sacudindo a cabeça, atônito. Estávamos na segunda-feira à noite, um dia depois da eleição. Naquela tarde, às três horas, Jaruzelski convocou altas autoridades do governo e líderes do Partido ao seu gabinete. Havia falado com Mikhail Gorbatchov. "Nossa derrota é total", contou-lhes. "Teremos de achar uma solução política." Com isso queria dizer sem violência. Os comunistas teriam de conviver com o resultado.

Quem estava de fora pôde ver a coisa vindo, ainda que a maioria dos de dentro não percebesse. Nas semanas precedentes à eleição, viajei pelo interior da Polônia, seguindo a campanha. Um domingo, na aldeia rural de Bodzanow, distante algumas horas de carro de Varsóvia, em direção à fronteira russa, ouvi o pároco concluir sua missa dominical com um aviso incomum: "Os candidatos do Solidariedade estão esperando lá fora para falar com vocês, e agora vocês vão ouvi-los." A congregação, composta sobretudo por camponeses de calça escura larga, colete e boné desengonçado, enfileirou-se devidamente para ouvir quatro candidatos do Solidariedade atacarem com violência o sistema comunista. Eles assentiam com a cabeça e aceitavam folhetos de campanha e amostras de cédulas com uma inclinação dos bonés. "Não é preciso muito para convencê-los", disse um organizador, militante do Solidariedade da capital. Quase como um comentário paralelo, ele observou que comunidades conservadoras como Bodzanow constituíam o apoio central do Partido Comunista. De volta a Varsóvia, os outdoors ao lado da igreja de Santa Ana estavam cobertos por cartazes do Solidariedade. "Vote no candidato com os valores cristãos mais profundos", o padre instruía seu rebanho. Poderia ter dito: "Rejeitem os comunas ateus."

A campanha do Solidariedade estava cheia de entusiasmo. Em Varsóvia, jingles ágeis apresentavam os candidatos no rádio e na TV. Ônibus, outdoors e vitrines de lojas estavam cobertos de cartazes e vistosas bandeiras vermelho e branco do Solidariedade. Todos os candidatos tinham fotos tiradas ao lado de Lech Walesa e sorriam em cada quiosque, outdoor, muro e superfície plana da cidade. Organizadores sindicais distribuíam alfinetes de lapela do Solidariedade, organizavam concertos para levantar recursos e faziam campanha do lado de fora das igrejas e nas esquinas. Walesa era onipresente e exortava os eleitores a "montar no tanque do Solidariedade rumo à liberdade".

Ao contrário, o Partido Comunista era invisível. Em toda Varsóvia, parecia que apenas alguns poucos candidatos do governo tinham se preocupado em colar cartazes de campanha. Em Cracóvia, a segunda maior cidade do país, não fizeram muito mais que publicar o currículo dos candidatos nos jornais. Alguns nem fizeram campanha. A maioria contava com o monopólio partidário da mídia para transmitir sua mensagem – um grave erro de cálculo, uma vez que as mensagens tendiam a ser inúteis: "Vote em Lezek: um bom comunista." A mídia jornalística controlada pelo Estado não era muito melhor, a julgar por este típico telegrama noticioso: o ministro do Interior Czeslaw Kiszczak, principal negociador do governo na recente Mesa-Redonda e candidato ao Sejm, atraiu um "grupo de várias dezenas de pessoas" para um comício festivo na região leste do país. Ao visitar a fábrica de pneus Stomil, em Cracóvia, descobri quão excitante podia ser um comício de "várias dezenas" de pessoas. Ao ver o pequeno grupo, composto em sua maioria de idosos, um velho levantou-se e falou: "Estamos cansados de ver cartazes do Solidariedade em toda a cidade", queixou-se, apoiando-se em sua bengala. "Onde está nossa campanha? O Partido parece estar se encolhendo de medo." No departamento de imprensa do governo, uma porta-voz deu sua opinião: "Bem, decidiram que não precisam fazer nada especial." Sem dúvida nunca precisaram – no passado.

A campanha logo se transformou em mais que uma campanha. Parecia antes um movimento tectônico, uma mudança climática que penetrava profundamente a sociedade. A repressão cautelosa que tanto dominava a vida polonesa foi subitamente suspensa, fato que chamou minha atenção certa tarde em Cracóvia. Dois meses antes da Mesa-Redonda, a retórica inflamada contra o governo podia levar um indivíduo à prisão. Mas agora, ali no centro da praça do mercado da Cidade Velha, um orador da Confederação de uma Polônia Independente, partido radical, estava no meio de uma multidão de várias centenas de pessoas e soltava fogo político pelas ventas. "Queremos tirar os comunistas do poder", gritava. "Eles desperdiçam tudo. Se o Ocidente lhes emprestar dinheiro, eles o usarão para comprar aguilhões para o gado." Fez uma pausa para olhar os três policiais sentados num banco do outro lado da praça – e aumentou o volume de seu megafone.

A festa da eleição polonesa deveria ser um espetáculo para chamar a atenção mundial, em particular dos Estados Unidos. Ali estava a democracia explodindo com enorme vitalidade numa nação comunista que era uma parte fundamental do bloco soviético. Os Estados Unidos haviam defendido o Solidariedade por mais de uma década. Lech Walesa era um nome conhecido de todos. Como, então, esses eventos extraordinários não deram a perceber que as mudanças estavam em marcha na Europa Oriental, que o mundo da Guerra Fria mudava profunda e rapidamente?

A resposta estava na Praça da Paz Celestial (Tiananmen). O massacre dos estudantes numa passeata na China, com sua dramática filmagem, pela TV, de estrondosos tanques, a polícia atirando gás lacrimogêneo, tiros e corpos nas ruas, ocorreu no mesmo dia da eleição polonesa. O dia 4 de junho trouxe também a notícia da morte do aiatolá Ruhollah Khomeini, o pai da revolução iraniana. As imagens da China e o tumulto fanático do funeral de Khomeini jogaram a transformação política da Polônia para segundo plano nos noticiários. Mais tarde, um auxiliar de Bush me contou: "Depois daquilo, era quase impossível se concentrar em qualquer outra coisa. Era Tiananmen, Tiananmen, Tiananmen. E depois o Irã. Europa Oriental? Sim, estava no radar. Mas não de fato."

Em retrospecto, isso tornou a eleição polonesa ainda mais notável. Em primeiro lugar, os comunistas respeitaram os resultados. Se a linha-dura procurasse um pretexto para tomar medidas enérgicas e preservar seu poder, teria toda a cobertura de que precisava em Tiananmen. Naquela noite, na sede do Solidariedade, houve champanhe e comemoração, mas também medo. "Isso é a pior coisa que poderia ter acontecido", disse-me um editor da *Gazeta da Eleição*, o semanário do sindicato, quando a escala da derrota do governo ficou clara. Sua preocupação era que o regime pudesse ainda atacar violentamente, como os chineses acabavam de fazer.

Em segundo lugar, os comunistas não só acataram o resultado, mas as eleições foram limpas. Não houve indícios de fraude, trapaça ou manipulação, em geral associados às eleições comunistas em que os candidatos oficiais eram eleitos com maiorias de 98%. Isso, mais que tudo, era um testemunho da determinação da liderança polonesa de mudar. E assim, naquela noite negra de segunda-feira, o porta-voz oficial do Partido Comunista foi à TV e sentou-se ao lado de um alto representante do Solidariedade, não só para admitir a derrota, mas para pedir calma e boa vontade a uma base relutante. Czeslaw Kiszczak, o homem que prendera pessoalmente Walesa, até chamou seu amigo "Lech" para lhe transmitir "calorosas congratulações". A partir de então, eles trabalharam em parceria para completar a transição, no final do verão, para um governo do Solidariedade – o primeiro governo não comunista da história do pós-guerra na Europa Oriental.

É possível que somente os poloneses pudessem apreciar plenamente a ironia dos fatos. As transições políticas precedentes quase sempre foram marcadas por disputas encarniçadas: ciclos de liberalização eram seguidos por repressões sangrentas, protestos de trabalhadores eram recebidos por ataques violentos das forças de segurança. No entanto, o momento de glória do Solidariedade foi o que o próprio Walesa chamou de triunfo da "evolução sobre a revolução". A corajosa história dos poloneses de desafios à ditadura acabou numa negociação com o inimigo, a assinatura de um acordo e depois a eleição. Era exatamente o inverso do que as pessoas de fora lembravam. Primeiro vinha a negociação, depois a democracia – e só depois a revolução.

Em terceiro lugar, a vitória pacífica do Solidariedade tornou-se uma lição para o resto da Europa Oriental. Para os anticomunistas de todos os lugares, era como tomar um grande gole de coragem. Graças à Polônia, o que dias antes era considerado impossível passava de repente a ser viável.

A febre da primavera também chegou a Budapeste. Em 16 de junho de 1989, a Hungria enterrou um homem e, com esse gesto, realizou o funeral do comunismo. A verdade conquistava o poder.

Trinta e um anos antes, Imre Nagy, o herói da famosa revolução húngara de 1956, fora enforcado como traidor de seu país. Um ano antes, ativistas que lembravam o aniversário foram espancados pela polícia. Em 1989, ele ganhou um enterro oficial. Os sinos das igrejas soaram em todo o país.

Essa história vergonhosa é lendária. Imre Nagy procurou dar ao socialismo uma face humana. Tanques soviéticos entraram em ação e dez mil húngaros morreram. Induzidos a sair de seu refúgio na embaixada da Iugoslávia, com uma promessa escrita de salvo-conduto assinada por János Kádar, o homem que os depôs, Nagy e outros líderes do levante foram sequestrados pela polícia secreta russa, interrogados, torturados, mantidos em confinamento solitário e, depois de uma farsa de julgamento, enforcados por serem "contrarrevolucionários". Nagy foi enterrado num túmulo sem identificação. Durante 30 anos sua localização foi um segredo oficial. Mas os húngaros sabiam: sepultura 301, escondida num canto remoto e cheio de ervas daninhas de um cemitério da periferia da cidade. Sabiam também que Kádar e seus comunistas haviam mentido – sobre seu papel na morte de Nagy, sobre o conluio com os soviéticos para reprimir a rebelião, para reescrever a história a fim de esconder sua infâmia.

Para os húngaros, era uma lembrança intensa, ainda mais porque reprimida. E disso os reformistas do país também saberiam tirar vantagem. Eles não organizaram o novo enterro de Nagy: isso foi trabalho de um pequeno grupo de parentes e militantes corajosos conhecidos como Comitê para a Justiça Histórica. Mas deram sua permissão. Miklós Németh e Imre Pozsgay, em especial, ofereceram proteção e ajuda. Na visão deles, a reabilitação de Nagy, culminando com o sepultamento que ele merecia, era um meio de desacreditar o regime vigente, exatamente o sistema que queriam derrubar.

Na verdade, Pozsgay trabalhara durante boa parte do ano para reescrever a história oficial e finalmente revelar 1956 como aquilo que havia sido de fato: uma revolta nacionalista contra a opressão comunista, um apelo para participar da Europa democrática mais ampla, à qual, por cultura e tradição, a Hungria pertencia. Em fevereiro, seu comitê especial oficializou a nova história: 1956 não seria mais considerado uma "contrarrevolução", como os ideólogos de Moscou insistiam em classificar. Tratava-se de uma "insurreição popular". Nagy e seus auxiliares foram vítimas de um "julgamento-espetáculo". Pozsgay chegou a ponto de chamar a Revolução bolchevique de 1917 de "erro". Os verdadeiros patriotas de 1956, disse ele, eram Nagy e seus reformistas – e, por associação, em 1989, eles mesmos. Os vilões eram Kádar e seus comparsas – e, de novo, por associação, o secretário-geral do Partido Comunista Károly Grosz e sua velha guarda. Tratava-se, com efeito, de um repúdio do comunismo e de toda a história húngara do pós-guerra.

Esse dia histórico tornou-se assim uma batalha de símbolos, um choque de crenças opostas tão encarniçado e letal quanto qualquer guerra religiosa. Em meio à multidão presente à cerimônia, lembro de ter feito uma lista mental de tudo o que estava acontecendo por trás daquela cena triunfal. O proscênio, a *mise-en-scène*, eram os degraus da Galeria Nacional de Arte, na Praça dos Heróis, com suas grandes colunas envoltas em pano preto. Bandeiras nacionais em verde, vermelho e branco pendiam entre as colunas, cada qual delas com um buraco no centro: adeus foice e martelo. Seria uma homenagem aos revolucionários de 1956, que cortaram suas bandeiras daquela maneira? Ou era um reconhecimento de que os reformistas de hoje assumiam a luta, desta vez para vencer? Reunidas como testemunhas – uma espécie de coro grego –, lá estavam cerca de 200 mil pessoas. Na esplanada ascendente de degraus até a galeria estavam seis caixões, também envoltos em preto. Cinco deles continham os restos exumados de Nagy e quatro outros homens executados com ele. Um estava eloquentemente vazio. A versão oficial é que se destinava aos anônimos lutadores pela liberdade que também pereceram no levante. Extraoficialmente, era para o próprio comunismo.

Grosz convocara seu Politburo vários dias antes. "Nada há de que tenhamos de nos envergonhar", disse aos ministros e altos funcionários do Partido reunidos. Grosz estava irado porque Németh autorizara a cerimônia. Ele resistira fortemente aos esforços de Pozsgay para mudar a versão sobre a morte de Nagy como algo além do merecido fim de um contrarrevolucionário. Já em novembro, advertira que haveria um "terror branco" se as reformas fossem longe demais. Aludiu à perfídia de Nagy, desconhecida da maioria dos presentes, e depois distribuiria ao Comitê Central cópias de documentos secretos dos arquivos soviéticos mostrando que Nagy fora espião da KGB, incriminando amigos e aliados, bem como inimigos pessoais dentro das Forças Armadas e dos círculos políticos húngaros, que depois desapareceram na prisão, ou coisa pior. Esse é o herói nacional de vocês, ele diria, esse traidor, acusado com justiça. Quanto a essa democracia que vocês dizem que ele representava? Ora, seria um suicídio político para o Partido, como os eventos na Polônia haviam acabado de provar. Aquela encenação de funeral era outro passo para dentro de um pântano perigoso. Deu-lhes ordens para não comparecer.

Esse foi um fato decisivo, coisa que o funeral em si mesmo não era. O cisma que dividia a alta liderança húngara se tornou, naquele momento, definitivo. Uma linha foi traçada, e todos que estavam na sala teriam de escolher um lado. Imre Pozsgay foi o primeiro a falar. "Eu vou", disse a Grosz, mas explicou que ia como "cidadão particular". Németh não estava presente: suas relações com Grosz, segundo me contou depois, tinham chegado ao "limite". Mas quando Pozsgay informou ao chefe do Partido que Németh também compareceria ao funeral – na qualidade de primeiro-ministro –, Grosz quase ficou apoplético. Németh podia ser o primeiro-ministro, mas ele era o secretário-geral do Partido dos Trabalhadores Húngaros! Ele era o poder!

Houve um instante de tenso silêncio. Ninguém falou. Pozsgay pensou momentaneamente que Grosz havia perdido a capacidade de falar. Então, de forma abrupta, o chefe do Partido só faltou cuspir: "Vão, então, e sejam amaldiçoados!" Com isso, retirou-se indignado.

E assim foi que, em 16 de junho, Németh e Pozsgay ficaram ao lado dos esquifes, perto das famílias das vítimas e líderes da oposição política que ajudaram a criar. Mais tarde, Németh contaria a um entrevistador que estava profundamente preocupado com a segurança deles: "Recebi telefonemas muito esquisitos, alguns com ameaças à minha vida. 'Se você for lá, vamos matá-lo.'" Nenhum dos dois falou. Isso cabia aos organizadores, que, um a um, pediram tolerância e democracia. A multidão aplaudiu polidamente. Então, o último orador, um jovem de apenas 26 anos, se apresentou. Era Viktor Orban, o líder carismático, descabelado e sem papas na língua da Fidesz, a Liga dos Jovens Democratas, o novo partido político da juventude húngara. Deixando para trás o simbolismo alusivo, ele apenas pronunciou diretamente o que todos estavam pensando. "No sexto caixão enterramos o comunismo!", gritou. "Se aprendemos alguma coisa nas últimas quatro décadas, foi que comunismo e democracia não se misturam!" Ele prosseguiu condenando a traição dos comunistas à nação e a seu povo. Em 1956, disse ele, eles prometeram perdão. Dentro de poucas semanas estavam atirando em civis desarmados. Milhares desapareceram na prisão. "Não estamos satisfeitos com as promessas dos políticos comunistas. Devemos cuidar para que o Partido dominante nunca mais use a força contra nós. Podemos forçar o Partido a se submeter a eleições livres! Se não perdermos os ideais de 1956, podemos eleger um governo que exigirá a retirada das tropas soviéticas!"

Ao ouvir essas palavras, a multidão vibrou de entusiasmo. A música cresceu e chegou a um final triunfante. O funeral de Imre Nagy transformara-se num comício político, televisionado para todo o país. Perdido na algazarra estava o fato de que Németh, Pozsgay e outros viam-se prestes a cumprir tudo o que Orban prometia e muito mais, embora de forma menos ruidosa. Eles haviam montado o palco para eleições totalmente livres, sem qualquer proteção para eles mesmos, ao contrário dos comunistas poloneses. Em breve anunciariam uma data. Já tinham obtido a concordância de Moscou para a retirada de suas tropas da Hungria. De fato, as primeiras retiradas haviam começado em abril. Orban viria a ser primeiro-ministro em 1998. Mas ali estava a nova geração de líderes húngaros deixando sua marca ao reivindicar as vitórias de outros. O momento também era emblemático sob outro aspecto, pois Orban dava voz a um sentimento compartilhado por muitos: não se devia confiar em nenhum comunista, mesmo naqueles que estavam estabelecendo a pauta da mudança e que, em última análise, conquistariam a liberdade para os húngaros.

Quanto a Grosz, o impasse no Politburo foi seu Waterloo. "Ele estará acabado em poucas semanas", disse-me Pozsgay no dia seguinte à cerimônia. Na verdade, demorou uma semana. Nos meses anteriores, a posição do secretário-geral vinha se debilitando. Cerca de 100 mil integrantes haviam devolvido suas carteirinhas do Partido e abandonado o campo comunista. Os agrupamentos políticos nascentes de Németh e Pozsgay, criados no final do ano anterior, desenvolveram-se rapidamente como autênticos partidos, exercendo um verdadeiro poder popular. Em 24 de junho, o Comitê Central comunista reuniu-se numa sessão marcada pela rebeldia, que quase significou seu fim. Concluindo que não tinha futuro sob a liderança atual, o Partido se reorganizou e criou quatro novos "presidentes". Grosz foi formalmente rebaixado, sem deixar de invectivar contra seus inimigos até o fim. Duas semanas depois, János Kádar, a própria encarnação do comunismo húngaro, morria enquanto dormia. Naquele mesmo dia, a Suprema Corte húngara "reabilitaria" os rebeldes de 1956 e concederia formalmente a Imre Pozsgay sua vitória sobre a história.

Se Erich Honecker estava perturbado pelos eventos ao longo das fronteiras, sua expressão nada revelava.

Fui de Varsóvia a Berlim para uma entrevista, alguns dias depois das eleições polonesas. O avião atrasou e tentei passar rapidamente pelo posto de controle Charlie invocando um encontro com o "camarada Honecker". O policial, que a essa altura já estava familiarizado com minhas idas e vindas e que costumava me tratar com polidez, lançou-me um olhar pétreo. "*Dokumenten, bitte*", pediu lacônico. "Documentos, por favor."

Ele esquadrinhou minha bolsa a tiracolo, examinando todas as cadernetas, página por página. Olhou também o livro de Tom Clancy, *Red Storm Rising*, que eu lera durante o voo, bem como minha carteira. "*Was ist das?*" Uma receita de café e um doce que chamei de *donut*, respondi. "*Was ist 'donut', bitte?*"

A entrevista aconteceu na sede do Partido Comunista, um edifício cinzento de pedra, na praça principal da velha Berlim, onde ficava o Palácio Real, antes de ser dinamitado para dar lugar a uma monstruosidade de vidro e bronze reluzente conhecida como Volkskammer, o Parlamento do Povo. Acima da entrada estavam esculpidos a foice e o martelo, símbolos do socialismo; dentro, os inevitáveis quadros do realismo socialista retratando trabalhadores heroicos. No gabinete, de um lado da longa mesa de madeira envernizada, onde o Politburo costumava se reunir, sentaram-se os repórteres da *Newsweek* e sua publicação irmã, o jornal *Washington Post*. Do outro lado ficaram Honecker e uma falange de auxiliares.

Era uma coreografia curiosa, um ritual que regulava todas as reuniões com altos líderes comunistas desde o fim da Segunda Guerra Mundial. Nós, do Ocidente, fazíamos perguntas que sabíamos que os do Leste não responderiam. Honecker dava respostas que sabia que rejeitaríamos e em que não acreditaríamos. Suas opiniões poderiam ser resumidas como: nada de glasnost, nada de perestroika, nada de mexer com o sistema ao estilo polonês ou húngaro. O socialismo podia ter suas falhas, mas olhem para os Estados Unidos, impiedosos e pregadores da guerra, com seus índices de criminalidade e o abismo entre ricos e pobres. O remédio era avançar na direção do comunismo, e não recuar, como seus confrades estavam fazendo em outros países.

Por que preservar o Muro, perguntamos, esse anacronismo da Guerra Fria? Para proteger o povo da Alemanha Oriental das devastações do capitalismo burguês. A política de atirar para matar na fronteira ainda estava vigente? Não fazemos isso, exceto se as pessoas estão "desertando", o que, por definição, inclui qualquer um que tente ir embora. Os massacres da Praça da Paz Celestial? "O dever dos estudantes é estudar. O dever de qualquer governo é garantir a lei e a ordem." Beijing demonstrara grande contenção, declarou Honecker, apesar das atividades de agentes provocadores que buscavam criar um incidente internacional. E assim continuou. Estocada, defesa. Estocada, defesa. No calor sufocante, um ventilador girava no teto. Moscas zuniam contra as janelas, como se elas também quisessem escapar.

Depois, fomos ao jardim para tirar uma fotografia. Honecker exagerou para as câmeras, cheirando as rosas que cresciam vigorosas ao sol brilhante e deixando seus cabelos esvoaçarem na brisa. Parecia calmo, com tudo sob controle. Era difícil imaginá-lo um assassino. Entrara para o Partido Comunista na juventude. Foi um dos poucos corajosos a resistir abertamente a Hitler, caçado pela polícia secreta nazista, espancado e encarcerado de 1935 a 1945. Tinha todas as chances de morrer num campo de concentração. No entanto, ressurgiu depois da guerra, chegou ao posto mais alto da hierarquia comunista e tratou de fazer aos seus compatriotas o que havia sofrido com os fascistas alemães.

Esse homem que parecia ter aprendido tão pouco com a história e a vida... O que faria se o povo se voltasse contra ele, como na Polônia e na Hungria? Ao observá-lo, eu não duvidava de sua capacidade para provocar uma Tiananmen alemã. Não se tratava do clichê da banalidade do mal, embora isso também estivesse claro. Nem da impiedade da crença verdadeira. Honecker parecia ter passado da paixão para o hábito. O que me impressionava era sua aparente cegueira, uma incapacidade de ver o mundo, a não ser como ele queria. Perguntei-me se havia realmente cheirado aquelas rosas. A fragrância delas não estava mais ao alcance dele, seria uma irrelevância abstrata? Ou sentia prazer nelas, do mesmo modo como gostava de seus cães, seres que não eram humanos nem dados à desordem?

Como ficou claro depois, a calma de Honecker era enganadora. Ele nada dissera ao seu gabinete no dia 3 de maio, depois da explosão sobre a traição húngara. Mas, nas semanas seguintes, observou os acontecimentos com preocupação crescente. A televisão alemã ocidental exibia as imagens do arame cortado na fronteira húngara. Cenas de tratores arrancando os postes de concreto que seguravam a cerca e derrubando torres de vigia chegaram ao interior da RDA. Aquilo era exatamente o que os húngaros lhe haviam assegurado que não aconteceria. Pedaços da Cortina de Ferro já eram vendidos como suvenires em Viena e Nova York.

Nada daquilo, ele sabia, escaparia aos alemães orientais enquanto se preparavam para as férias de verão. Na reunião de cúpula comunista realizada em Havana, no início de junho, Honecker relatou que o ministro do Exterior soviético, Eduard Chevardnadze, lhe dissera que achava a situação polonesa "inquietante", e ele respondera que, em sua opinião, a Hungria estava quase "perdida" para o socialismo. Alguma coisa tinha de ser feita, dissera a Chevardnadze, e ele estava preparado para fazê-la.

O que isso significava exatamente, ninguém sabia, exceto Honecker. "Estava claro para toda a liderança que tínhamos um problema", Günter Schabowski me diria mais tarde. "Mas houve alguma discussão? Nenhuma." Em vez disso, o líder da Alemanha Oriental tomou suas próprias medidas, olhando tipicamente para o que funcionara no passado. Em 26 de novembro de 1980, quando as greves do Solidariedade ameaçaram paralisar a Polônia, Honecker escrevera uma carta urgente e pessoal a Leonid Bréjnev, pedindo uma reunião formal do Pacto de Varsóvia para avaliar uma "ajuda fraternal" ao governo polonês assediado. "Forças contrarrevolucionárias na República Popular da Polônia estão em constante ofensiva", contou ao líder soviético. "Qualquer demora em agir contra elas significaria a morte – a morte da Polônia socialista. Ontem, nossos esforços coletivos talvez tenham sido prematuros; hoje, são essenciais, e amanhã será tarde demais."

Na visão de Honecker, a Hungria representava agora uma ameaça semelhante. Ele não podia imaginar que Moscou tivesse uma visão diferente. Assim, no final de maio, mandou a Moscou o ministro das Relações Exteriores, Oskar Fischer, com uma carta pessoal dirigida ao "querido camarada Gorbatchov", insistindo que o "problema húngaro" fosse acrescentado à pauta de discussão da reunião de cúpula anual do Pacto de Varsóvia, que se realizaria em Bucareste, em 7-8 de julho. "Evidentemente, ele não pretendia apenas 'discutir' os húngaros", disse Schabowski, descrevendo o fato. "Ele queria detê-los. Em sua opinião, estava na hora de o bloco inteiro se conservar unido."

É óbvio que Honecker avaliava mal Gorbatchov. Ele não podia ignorar seus repetidos repúdios da doutrina Bréjnev, nem a insistência em que os regimes comunistas da Europa Oriental tinham de mudar com os novos tempos. Mas parece que Honecker simplesmente não aceitava essa orientação. Talvez acreditasse que a retórica de Gorbatchov fosse, em última análise, pura propaganda, e que, diante de uma ameaça verdadeira à sobrevivência do socialismo, ele voltaria atrás rapidamente nas mudanças. Se Miklós Németh nutria preocupações similares, tendo ido previamente a Moscou para julgar por si mesmo, não é ilógico concluir que um homem tão fechado e convencionalmente comunista como Honecker tivesse os mesmos pensamentos, só que ainda mais radicais.

Os senhores do império oriental convergiram para Bucareste, a cidadela daquele que talvez fosse o mais repressivo de todos os regimes do bloco. Eles falaram de muitas coisas, mas apenas um tópico concentrou a atenção de todos: evidentemente Németh e o que suas políticas "reformistas" pressagiavam para os demais. Ele era a presa, o caçado. Seu anfitrião, o ditador romeno Nicolae Ceausescu, deixou isso claro, relembraria Németh: "Ele não me chamou de 'camarada', me orgulho em dizê-lo."

Quando a reunião começou, os líderes dos países mais reacionários do bloco comunista alinharam-se contra ele: Romênia, Tchecoslováquia, Bulgária e República Democrática Alemã. Tal como Honecker, eles queriam deter a "contrarrevolução", como a aliança havia feito em Berlim em 1953, em Budapeste em 1956, em Praga em 1968 e em Varsóvia em

1981. "Ceausescu liderou o ataque", de acordo com Németh. Sentado ao lado de Gorbatchov, levantou-se, gesticulando e gritando sua apaixonada acusação. A Hungria iria "destruir o socialismo". Se aqueles "experimentos perigosos" tivessem permissão para prosseguir, poderiam derrubar a União Soviética inteira. Honecker e Milos Jakes, da Tchecoslováquia, uniram-se ao coro. O general Jaruzelski da Polônia permanecia em silêncio, como uma esfinge, sem trair qualquer emoção.

Németh estava no cargo havia apenas sete meses. Era sua primeira reunião de cúpula do Pacto de Varsóvia. Estava nervoso, mas sabia que seus inimigos só agiriam com o apoio soviético. O homem que poderia dá-lo, Mikhail Gorbatchov, estava mais ou menos à sua frente, distante cerca de nove metros, do outro lado das grandes mesas de conferência ornadas com bandeiras. Enquanto Ceausescu vituperava, pedindo intervenção militar na Hungria, Németh olhava para o líder soviético. Seus olhos se encontraram, e Gorbatchov... deu uma piscadela.

"Isso aconteceu pelo menos quatro ou cinco vezes", contou-me Németh. Falando rigorosamente, não era uma piscadela. Parecia mais um piscar de olhos perplexo. "A cada vez ele sorriu para mim com os olhos. Não sei muito bem como descrever. Mas percebi claramente que tentava me dizer que não compartilhava aquela opinião."

Para Németh, foi outro sinal importante, tão decisivo quanto a conversa que tiveram em março, quando Gorbatchov abriu mão de qualquer intervenção nos assuntos da Hungria, e tão significativo quanto o silêncio de Moscou em maio, quando os húngaros abriram o buraco na Cortina de Ferro. Era um sinal, num momento importantíssimo, de que era seguro ir adiante. Nas palavras de Németh, era como se Gorbatchov dissesse: "Não se preocupe, esses caras são uns idiotas, não dê atenção." Assim, Németh não deu. Enquanto os cães do Pacto de Varsóvia ladravam, ele saiu para fumar um cigarro.

A derrota de Honecker em Bucareste teve uma consequência mais profunda em Berlim. Ao não conseguir deter seus inimigos na Hungria, ele chamou atenção para sua própria fraqueza. Não só não conseguia influenciar Gorbatchov, como parecia não entender as implicações disso. Schabowski explicou-me: "Nosso dilema era o do próprio Estado da Alemanha Oriental. Precisávamos do apoio de Gorbatchov e da União Soviética para sobreviver. Sem ele, como sempre temeu nossa liderança, cairíamos como uma ameixa madura nas mãos dos alemães ocidentais." No entanto, lá estava Honecker, falando de sua amizade íntima com Ceausescu e Jakes, e ridicularizando Gorbatchov, zombando de sua campanha contra as bebidas alcoólicas na Rússia e da corrupção dos chamados "reformistas" soviéticos. Enquanto isso, Gorbatchov causava sensação em toda a Europa. De Bucareste fora direto para a França, onde propôs uma "Câmara baixa Europeia". Em Bonn, algumas semanas antes disso, fora recebido por dezenas de milhares de alemães que gritavam "Gorbi! Gorbi! Gorbi!" Tudo isso plantava uma semente de dúvida no Politburo alemão oriental, de acordo com Schabowski. "Aliar-se a Ceausescu, resistir a Gorbatchov e vangloriar-se disso? Alguns de nós achamos aquilo esquisito. Fez-nos pensar em mudar a liderança. Para que a República Democrática Alemã continuasse a existir, precisávamos acertar o passo com Gorbatchov. Se Honecker não conseguia cooperar com ele..." Schabowski completou a frase com um sacudir de ombros.

A partir daquele momento, Honecker passou a ser um homem marcado. Assim como Károly Grosz, encontrou efetivamente seu fim na ponta aguda de um símbolo, seu destino foi selado com uma piscadela de Gorbatchov. Doravante, o César da Alemanha Oriental estaria cercado por conspiradores esperando com punhais. *Et tu, Brutus?*

Evidentemente Schabowski, e tampouco qualquer outro membro do Politburo, disse algo que pudesse denunciá-los. Não discutiram sua inquietação uns com os outros. O silêncio dominava, como sempre. "Você precisa entender que a autoridade de Honecker era absoluta. E se você fosse denunciado?" A traição, disse Schabowski, tem início no coração, depois vai para o cérebro: "Você começa a ter ideias próprias. Uma heresia, como se perguntar se Honecker deveria sair. Então, você observa as reações das pessoas sentadas ao seu redor, para sentir se elas estão pensando como você. Talvez faça uma observação para testá-las e julgar se deve ir adiante." Em maio, Schabowski vira poucos sinais de que os outros compartilhassem suas dúvidas. Após Bucareste, teve certeza de que sim.

Miklós Németh também voltou de Bucareste para um mundo muito diferente daquele anterior à viagem. De repente os Estados Unidos acordaram.

No começo de julho, o presidente Bush iniciou sua primeira viagem oficial à Europa Oriental. Numa recepção em Varsóvia, regalou os convidados com uma lista de grandes jogadores de beisebol poloneses: Stan Musial, Tony Kubek, Phil Niekro. Falou durante meia hora sobre a conexão americano-polonesa. No dia seguinte, em Gdansk, terra natal do Solidariedade, fez várias vezes o "V" de vitória e deleitou-se com a multidão e os cartazes que diziam "Abaixo o comunismo" e "Fora soviéticos". Gostamos da democracia, disse a todos que lhe davam ouvidos. Experimentem. Vocês vão gostar também.

Em suas memórias, *A World Transformed*, Bush, escrevendo sobre a viagem, observou que "a mudança estava no ar" na Polônia e na Hungria, e que o Ocidente tinha obrigação de agir como "catalisador responsável" para moldar os eventos na Europa Oriental. Enquanto acompanhavam o presidente em Varsóvia e Gdansk, muitos repórteres se perguntavam se ele tinha contato com a realidade. Grandes do beisebol? Mudança no ar? Não havia mais segredo. As coisas estavam em andamento. Durante a visita de Bush, o comunismo já morrera quase oficialmente na Polônia e na Hungria. Falar de "catalisar" eventos que estavam se acelerando mais rápido que nós poderíamos compreender parecia arrogante ou, pior ainda, fora da realidade. Naturalmente, qualquer governo gostaria de reivindicar seu papel numa história tão dramática. Mas os fatos eram diferentes.

Ao menos foi o que achei na época. Sabemos agora que durante aquela viagem Bush passou por certa transformação. Uma vez em campo, ele captou com rapidez a plena dimensão do que estava acontecendo no Leste. Em Varsóvia, encontrou-se com o general Jaruzelski para o que deveria ser um chá de dez minutos. Acabou sendo uma conversa franca de duas horas. A vitória avassaladora do Solidariedade significava que o general talvez não tivesse os votos para se eleger à Presidência. Ele não poderia suportar a humilhação da derrota e pensava em renunciar. Isso deixaria a Polônia potencialmente em sérias dificuldades, pois, por mais estranho que fosse, Jaruzelski era o homem em quem o Solidariedade e também os comunistas confiavam o bastante para guiá-los durante um período perigoso. "Eu lhe disse que sua recusa em concorrer poderia inadvertidamente levar a uma grave instabilidade e instei-o a reconsiderar", escreveu Bush em suas memórias, consciente da ironia: "Lá estava um presidente americano tentando persuadir um velho líder comunista a concorrer à Presidência." Ele também discutiu o problema com o líder do Solidariedade, Lech Walesa, no dia seguinte em Gdansk, onde atraiu uma multidão de 250 mil pessoas. Seus esforços ajudaram. Quando Bush partiu para a Hungria, contaria James Baker, Jaruzelski estava positivamente "radiante".

Em Budapeste, no dia 13 de julho, a situação política não era menos delicada. A pressentida enchente de turistas alemães orientais já se iniciava. Os campings ao redor do lago Balaton começavam a encher. Publicamente, Bush foi à Hungria para oferecer um pacote modesto de ajuda econômica e concessões comerciais. Em particular, agradeceu a Németh por tudo que havia feito até então para desmantelar a Cortina de Ferro e promover mudanças em seu país e na região. Depois, o presidente americano sugeriu que talvez não estivesse muito longe o momento de ir mais além. "Nós dois sabíamos ao que ele se referia", disse Németh numa entrevista posterior à televisão. "Era muito simples. Podíamos sentir no ar. Nossos 'turistas'alemães orientais não voltariam para casa." Quando se despediram, Németh deu a Bush uma lembrança: um pedaço de arame farpado tirado da Cortina de Ferro.

O oceanógrafo Jacques Cousteau, quando lhe perguntavam por que fazia o que fazia, costumava responder: "*Il faut aller voir*" – é preciso ver com os próprios olhos. A partir do momento em que George Bush pôs os pés na Europa Oriental e viu por si mesmo, a política externa americana mudou de forma perceptível. De temor cauteloso com relação a Gorbatchov e suas intenções, transformou-se na percepção de que os eventos haviam ido muito além de sua capacidade para detê-los, mesmo que quisesse. A atenção voltou-se rapidamente para as maneiras de ajudar e até de acompanhar os acontecimentos. Os intransigentes defensores da Guerra Fria, aliados a Cheney e outros, foram empurrados para a margem. A partir de então, "esses caras foram excluídos do círculo interno", "era gente em quem não se podia confiar totalmente", disse-me um assessor da Casa Branca, mais tarde. A viagem também ajudou Scowcroft a mudar suas convicções arraigadas, o modo conservador de ver o mundo, segundo o mesmo assessor. Uma política de aproximação, comunicação constante e parceria com os aliados europeus – e até, em grau surpreendente, com a União Soviética – tornou-se a ordem dia. A política externa americana deixou de estar fora de contato e mesmo de ser obstrucionista, para se tornar um modelo de competência contida, sóbria e hábil, ajudando a moldar o clima internacional para as mudanças e culminando com a gestão brilhante de algo que, naquele momento, ainda era quase impensável: a queda do Muro e, em seguida, a unificação alemã.

8. *Dejeuner sur l'herbe*, ou o *Inferno* de Hieronymus Bosch

Otto von Habsburg, herdeiro da monarquia austríaca, viajava de carro de Viena para Budapeste, e daí para Debrecen, na Hungria oriental, onde faria uma conferência na universidade fundada por seu pai depois da Primeira Guerra Mundial. No jantar daquela noite, após a palestra, ele mencionou como era linda a região da fronteira. A conversa encaminhou-se para as mudanças políticas em andamento. A Cortina de Ferro ainda dividia o Leste do Ocidente, exceto na Hungria. Por que não comemorar esse fato, sugeriu um ativista local, chamado Ferenc Mészáros.

Disse isso como uma brincadeira, uma espécie de graça para animar a conversa. As pessoas reunidas em torno da mesa, diante de um belo prato de caça, taças de vinho na mão, passaram a competir para ver quem fazia a proposta mais inventiva. Entre as mais bizarras estava realizar um piquenique na fronteira austro-húngara. Fariam uma fogueira e assariam um porco no espeto. Os húngaros poderiam sentar em um lado da fronteira, enquanto os austríacos ficariam do outro lado. Jogariam petiscos uns para os outros, acima da barreira da Guerra Fria. Que melhor maneira de chamar a atenção do mundo para a iniquidade daquela triste divisão geopolítica?

Todos riram muito. Mas, dez dias depois, Mészáros apresentou novamente a ideia, desta vez de forma mais séria, numa reunião de um dos novos partidos políticos do país, o Fórum Democrático. Como antes, foi tratada como piada pela maioria, mas não por uma jovem chamada Maria Filep, que casualmente planejava fazer um retiro político chamado Acampamento do Destino Comum, para estudantes do bloco soviético. Pensando que um piquenique seria uma bela maneira de fechar seu programa, ela e Mészáros decidiram organizá-lo.

Escolheram nome, lugar e data – Piquenique Pan-Europeu, a ser realizado em Sopron, Hungria, às 15 horas do dia 19 de agosto de 1989 –, e convidaram Habsburg e Imre Pozsgay, um membro do Politburo conhecido popularmente como “o Gorbatchov da Hungria”, para patrocinar o evento. Para o apaixonado Pozsgay, o convite caiu dos céus. Feliz com seu triunfo recente da revisão da história oficial de 1956, estava em busca de formas de divulgar o fato de que a Hungria estava tranquilamente abrindo suas fronteiras e saltando fora do bloco comunista. Foi imediatamente ver Németh. No ato, os dois tomaram a decisão. “Foi quando começamos a transformar o piquenique em outra coisa, muito maior”, contou-me Németh. “Seria a solução para nosso problema com os alemães orientais.”

Como previsto, os turistas da RDA começaram suas viagens de verão. Dezenas de milhares já haviam chegado, lotando os albergues de Budapeste e invadindo os campings em torno do lago Balaton; outros tantos ainda estavam por vir. Com certeza, também haviam captado a mensagem do desmantelamento da cerca fronteiriça. Desde maio e início de junho, centenas largaram seus carros nos campos e bosques ao longo do Muro, caminhando na direção da fronteira com a Áustria. Quando apanhados, eram educadamente mandados de volta por guardas húngaros, muitas vezes com um sorriso sugestivo que parecia dizer: “Tentem de novo depois que a patrulha passar.” Muitos deles foram para o Ocidente. Mas, até então, eram uns poucos intrépidos. A vasta maioria de alemães orientais parecia temerosa demais para tentar fugir. Para Németh e Pozsgay, o desafio era encontrar um modo de estimulá-los.

Foi assim que esses pobres alemães do leste se tornaram peões de uma trama complexa, um dos jogos duplos geopolíticos mais criativos da história. Conforme um tratado de 1969, Alemanha Oriental e Hungria eram obrigadas a honrar as leis de viagem que vigoravam em um e no outro país. Os húngaros gozavam de notável liberdade: iam e voltavam da Áustria e outros países europeus sem grandes restrições. Os alemães orientais, ao contrário, estavam confinados ao bloco comunista. Os húngaros não podiam simplesmente ignorar o tratado, abrir seus postos de controle e, tal como o faraó, deixar seu povo partir.

Além disso, o que estavam fazendo era perigoso. No ano anterior, por duas vezes, a linha-dura comunista tomara medidas para expulsar os reformistas, uma delas lançando mão da força. Havia poucos meses, tropas russas tinham debelado com brutalidade movimentos a favor da democracia na Geórgia e no Uzbequistão. O massacre da Praça da Paz Celestial em Beijing era um lembrete mais recente. Portanto, era preciso uma imensa sutileza, e o Piquenique Pan-Europeu parecia o instrumento perfeito. "Esse convite deu-me a chance de fazer uma coisa bem distinta do que os organizadores do piquenique tinham em mente", disse Pozsgay numa entrevista. "Decidimos fazer do piquenique um precedente: usaríamos ele para mostrar que os alemães do leste podiam sair livremente do território húngaro."

Oficialmente, os organizadores ocuparam-se do planejamento do piquenique. Com apoio dos patrocinadores, reuniram um grupo de parceiros: estudantes, militantes de partidos políticos em Sopron, como o Fórum Democrático, ambientalistas locais e sociedades de ação cívica. Escolheram um logotipo – uma pomba branca atravessando o arame farpado (em algumas peças usaram uma rosa branca) – e providenciaram alimentos, barracas e ônibus para levar os convidados ao lugar. Fizeram camisetas, traçaram mapas, mandaram convites por fax para a mídia nacional e internacional. A Rádio Europa Livre estaria lá, transmitindo notícias do evento em seus programas em língua alemã. Redes de televisão ocidentais chegaram, inclusive muitas da Alemanha Ocidental que eram assistidas diariamente na República Democrática Alemã e na Hungria. É óbvio que os organizadores solicitaram as devidas licenças das autoridades locais, em especial do comandante da guarda fronteiriça de Sopron. Supunham que a polícia húngara ficaria vigilante. Afinal, era a fronteira. Mas solicitaram uma dispensa especial: que o portão da fronteira que estivera fechado nos últimos 40 anos fosse simbolicamente aberto para que o pequeno número de austríacos que desejava comparecer ao piquenique pudesse fazê-lo, e fosse recebido, ao chegar, por um grupo ainda menor de delegados húngaros oficiais.

Nos bastidores, Pozsgay tratava de pôr em ação seu plano paralelo. Telefonou para um aliado seu no governo, o ministro do Interior István Horváth, e lhe falou do convite. Eles se reuniram então com Németh. Horváth faria o favor de tomar medidas para abrir a fronteira, como os organizadores haviam solicitado? "O envolvimento dele era vital", Németh contou-me mais tarde. "Ele supervisionava a polícia e a milícia. Sem suas instruções, a coisa toda poderia ter acabado em tragédia." Eles contataram também o chefe da polícia de fronteira, Gyula Kovács, que transmitiu as instruções ao comandante em Sopron: não somente a fronteira deveria ser aberta, mas os guardas não deveriam ficar estacionados na vizinhança imediata. A única barreira separando a Hungria da Áustria seria uma pequena rede de malha destinada a manter os animais selvagens à distância. "Tudo isso tinha de ser feito com absoluto sigilo", relembrou Németh. "Não contei para ninguém do governo."

Então veio o golpe de mestre. À medida que o dia do piquenique se aproximava, folhetos semelhantes aos distribuídos pelos organizadores oficiais – mas vindos de uma fonte diferente – apareceram nos acampamentos ocupados pelos veranistas alemães. Foram colados em muros e hotéis, onde quer que os alemães orientais pudessem vê-los. Os padres que realizavam serviços religiosos nos acampamentos ajudaram a divulgar a notícia; os administradores dos campos distribuíam folhetos. Venham todos ao Piquenique Pan-Europeu. Comam, bebam e divirtam-se. Cortem um pedaço da Cortina de Ferro e levem de suvenir. Mas tomem cuidado para não se perder. A fronteira está desguarnecida. Ora, você pode entrar por acaso na Áustria, e ninguém vai notar! Divulgaram-se mapas convenientes que ofereciam instruções sobre como se orientar no lado austríaco da fronteira. Para não "se perder", claro!

Németh, Pozsgay e seus aliados vinham tentando induzir os alemães do Leste a atravessar a fronteira húngara havia meses, desde 2 de maio. Chegaram a encenar um replay daquele momento telegênico de 27 de junho, quando os ministros do Exterior da Áustria e da Hungria, Alois Moch e Gyula Horn, se encontraram na fronteira e, com alicates de tamanho exagerado, começaram a cortar a cerca. Não importava que boa parte dela já tivesse sido removida. Com risos e apertos de mão, deram pedaços de arame como lembrança para os jornalistas convocados a testemunhar a ocasião. Mais tarde, Németh contou-me que queria ter certeza de que o mundo recebera a mensagem: "Uma coisa importante está acontecendo. Prestem atenção."

Os húngaros achavam que a mensagem era clara. Mas parecia que os alemães orientais ainda não a haviam captado. Desse modo, o Piquenique Pan-Europeu transformou-se no que, em futebol, se chamaria de "bico para a frente", tentativa desesperada de chegar ao gol adversário. Para os conspiradores húngaros, isso se traduzia essencialmente em um plano para induzir um monte de alemães do leste a atravessar a fronteira, na esperança de que milhares de outros seguissem o exemplo. Németh chamou isso de "armar a bomba".

Pozsgay organizou a operação o mais secreta e discretamente possível. Honecker insistia cada vez mais em que qualquer alemão oriental apanhado tentando cruzar a fronteira ilegalmente deveria ser devolvido para ser processado. Sua polícia secreta era ostensiva nos acampamentos ao redor do lago Balaton e nas regiões fronteiriças, e conclamava os cidadãos da RDA a voltar para casa, advertindo sobre as penalidades da fuga, não apenas para eles, mas para as famílias deixadas para trás. Pozsgay e Németh não sabiam em quem confiar. Talvez pudessem contar com as autoridades que respondiam a aliados como o ministro do Interior, István Horváth. Mas, além da polícia de fronteira, havia membros armados da chamada Guarda dos Trabalhadores, um órgão paramilitar do Partido Comunista, controlado por conservadores, sob o comando de Károly Grosz. Num documentário subsequente da BBC/Spiegel, Pozsgay descreveria o piquenique como "uma operação angustiante", ainda mais porque foi organizado em conluio com o governo da Alemanha Ocidental.

Chegou o dia do evento, 19 de agosto. Na verdade, eram dois eventos: um muito público, outro particular. Uma vez combinados, o efeito seria explosivo. O programa oficial começou por volta das duas da tarde, em Sopron, com uma entrevista coletiva em alemão, inglês e húngaro. Depois, ônibus levaram os delegados e seus visitantes estrangeiros, inclusive um pequeno exército de repórteres, ao local do piquenique. Os organizadores ficaram estupefatos: mal conseguiram chegar perto da área do piquenique. Eles esperavam algumas centenas de pessoas. Apareceram dez ou vinte vezes mais que isso. Havia gente por toda parte. "Uma massa de austríacos, convidados ou não, havia atravessado a fronteira correndo pelos campos de milho e tornando impraticável andar pelo lugar", relembrou um deles. "Era impossível controlar uma multidão como aquela. Ninguém esperava uma coisa assim. Foi um caos absoluto."

Essa era a "festa" particular. Quando os ônibus arranjados pelo pessoal de Pozsgay chegaram aos hotéis e campings de Sopron, os alemães orientais pediram aos brados para embarcar. Funcionários consulares húngaros e alemães ocidentais os acompanharam até o local do piquenique. Muitos deles já haviam recebido passaportes da República Federal, emitidos pelo consulado em Budapeste e carimbados com os vistos de saída e entrada exigidos para deixar a Hungria e entrar na Alemanha Ocidental via Áustria. Mas inúmeros outros, recém-chegados, nada tinham. Havia aqueles que foram de carro. No outro lado da fronteira, os austríacos montaram barracas da Cruz Vermelha, claramente notificadas para esperar um dilúvio. Uma frota de ônibus aguardava por perto, organizada pelo prefeito da vizinha cidade austríaca de Santa Margarethen, a pedido do governo da Alemanha Ocidental. Teceram-se arranjos para que todos os alemães orientais que cruzassem a fronteira fossem transportados para Giessen, no centro da Alemanha Ocidental, naquele mesmo dia.

Imaginem a cena. A quase 700 quilômetros do Muro de Berlim, começou o Piquenique Pan-Europeu. Uma banda de metais tocava. Dançarinos folclóricos, com trajes tradicionais húngaros e tiroleses, pulavam pelo campo. Havia bandeiras, balões, cerveja e boas coisas para comer. Famílias alemãs orientais atordoadas foram jogadas nesse cenário surreal, agarradas aos seus mapas e andando nervosamente para lá e para cá, tentando se orientar. Não se viam guardas de fronteira; Gyula Kovács ordenara que mantivessem a distância de um quilômetro. Em vez disso, diplomatas húngaros e austríacos perambulavam no meio da multidão, acenando amavelmente com a cabeça, como se aquilo fosse apenas o que parecia ser: uma festa no campo, onde fronteiras, o Muro e a Cortina de Ferro nada significavam.

Um pouco antes das três horas, essa fachada insustentável se desfez, de acordo com Laszlo Nagy, um militante do lugar que ajudou a montar o evento. Um grupo de cerca de 300 alemães orientais desembarcou dos ônibus. Ignorando as festividades, caminharam diretamente para o portão da fronteira, escancarado pela primeira vez em quatro décadas. Quando um dos organizadores se aproximou para recebê-los, desandaram a correr. "Eles atravessaram a fronteira com a velocidade de um trem-bala", relembrou Nagy. Não que houvesse alguém para detê-los. Os poucos funcionários húngaros estavam ostensivamente de costas para os alemães e examinavam com obsessão os passaportes dos austríacos que iam e vinham, rindo do espetáculo. Eles trataram de fazer uma fila de um lado da travessia, para que os alemães orientais em disparada pudessem sair pelo outro.

O espetáculo prosseguiu. Durante toda a tarde eles continuaram a vir em grupos, sozinhos ou com famílias, "um fluxo constante", nas palavras de Nagy. Numa negligência proposital das regras que os próprios organizadores haviam estabelecido, os funcionários da fronteira húngara pareciam cegos ao êxodo e continuaram preocupados com os austríacos, apesar de levarem encontrões dos alemães orientais que quase os derrubavam.

Em meio a esse redemoinho de tumulto calculado, aconteceram verdadeiros absurdos. A família de certa Silvia Lux, que fez a travessia com maridos e filhos, se perdeu. Dezenas de alemães orientais se "perderam" adiante deles, mas não conseguiam achar o caminho. De repente, um homem identificado como funcionário do consulado da Alemanha Ocidental saltou de trás de um arbusto. "Família Lux", gritou, consultando uma lista de nomes que empunhava. "Não por aí. Por aqui! Alguns guardas de fronteira gentis vão abrir o portão para vocês!" E assim fizeram, conforme ela contou para a televisão alemã ocidental. "Foi tudo muito bem planejado", acrescentou, relatando como os funcionários da República Federal os levaram de táxi de Budapeste a Sopron, instalaram-nos num hotel com instruções para "ficar fora da vista", e os levaram no dia seguinte diretamente ao local do piquenique.

Em Budapeste, Németh e sua turma soltaram um suspiro coletivo de alívio. Haviam passado a tarde inteira trancados no gabinete, equipados com linhas de comunicação especiais para a ocasião, monitorando a situação a cada momento. Quanto aos verdadeiros convidados, ocuparam-se com cerveja, vinho, comida e diversão pura do espetáculo que acontecia a sua volta. Teria durado toda a noite, não fosse uma tempestade de fim de tarde. Quando Laszlo Nagy entrou em seu carro para ir embora, ficou surpreso com a quantidade de Trabants e Wartburgs abandonados ao longo da estrada, todos com placas da RDA. "Seus donos não voltariam para buscá-los."

Naquela noite, a TV estatal húngara mostrou um breve clipe do piquenique, mas não mencionou o fato de que mais de 600 alemães orientais haviam "escapado" através da fronteira. Porém, não demoraria para que os membros da Guarda dos Trabalhadores, os camisas pardas do Partido Comunista, passassem a levar carros com placas da RDA para longe da fronteira austríaca. Ouviram-se tiros à noite: suspeita-se que a maioria foi disparada por guardas da fronteira, unidades fiéis ao Partido, ou Guardas dos Trabalhadores, com a intenção de assustar e afastar quem tentasse cruzar a fronteira protegido pela escuridão da noite. No dia 21 de agosto, um jovem alemão oriental chamado Kurt-Werener Schultz, que tentava cruzar a fronteira com sua esposa e o filho de seis anos, foi morto a bala numa briga confusa. Não ficou claro quem atirou, ou quem ordenou a repressão. De qualquer modo, Erich Honecker, que assistiu a cobertura do Piquenique Pan-Europeu pela televisão alemã ocidental, protestou energicamente ao embaixador húngaro em Berlim Oriental e exigiu que seus cidadãos fossem devolvidos a força à RDA.

Sob certo aspecto, o Piquenique Pan-Europeu foi uma decepção. Németh esperava que cerca de dez mil alemães orientais partissem naquele dia, pondo em movimento um êxodo em massa. O fato de tão poucos aproveitarem a oportunidade para fugir mostrava o quanto sentiam medo. Alguns temiam que o piquenique fosse uma armadilha, como o pessoal da Stasi difundiu nos acampamentos. Németh não sabia realmente como Moscou reagiria a um êxodo em massa. Ele se esforçara ao máximo para esconder o papel de Bonn no plano. Os funcionários da Alemanha Ocidental só se revelaram no último momento, e os arranjos foram negociados no maior sigilo. Nem todos estavam sentados esperando. Uma década depois, Németh me disse: "Aquilo era o big bang, o verdadeiro teste da tolerância de Moscou. Os russos baterão à nossa porta? Se alguma coisa desse errado, ou se Moscou protestasse, então teríamos aprendido alguma coisa. Mas nada aconteceu."

Passaram-se vários dias, e Németh concluiu que era seguro ir adiante. Em 22 de agosto, seus altos assessores reuniram-se para pensar no próximo lance. A temporada de férias estava acabando. Em breve o tempo ficaria frio. Várias centenas de refugiados deixavam a Hungria todos os dias. Mas 150 mil alemães orientais ficaram. A situação tinha de ser resolvida. "Discutimos várias opções", lembrou Németh. "Alguém sugeriu espalhar o rumor de que os campos de refugiados seriam desmontados à noite, e quem estivesse lá seria mandado para casa. Outra hipótese era dizer às pessoas que trens desguarnecidos esperavam na fronteira, prontos para levá-los à Áustria." A questão era assustar os alemães orientais para que tentassem "escapar". Afinal, Németh decidiu que não gostava do fingimento: "Achei melhor simplesmente abrir a fronteira. E foi o que decidimos fazer."

Três dias depois, Németh e Gyula Horn foram secretamente a Bonn para se reunir com Kohl e Genscher. O ministro do Exterior saiu do hospital, onde se recuperava de um ataque do coração, apenas para o encontro. "Éramos só os quatro numa sala, sem auxiliares", relembrou Németh. Ele começou dizendo com ironia que, no futuro, os alemães orientais que visitassem a Hungria logo descobririam que era muito mais fácil partir. A Hungria seguiria seu caminho, informou. Romperia com o Pacto de Varsóvia e permitiria que os cidadãos da RDA emigrassem livremente. O país abriria plena e oficialmente suas fronteiras assim que a República Federal estivesse preparada para receber o êxodo. "Raras vezes estive tão cheio de expectativa antes de uma reunião", escreveu Genscher em seu livro de memórias *Rebuilding a House Divided*. Kohl foi profuso em sua gratidão. "Ele me perguntou duas ou três vezes o que eu queria em troca", disse Németh ao discutir notícias de que a Hungria recebera um empréstimo federal de 500 milhões de marcos (cerca de 250 milhões de dólares) em reconhecimento por seus serviços. "Nós realmente precisávamos daquele dinheiro. Tudo estava pronto para ser assinado. Mas pedi um adiamento. Não fizemos aquilo por dinheiro e não queríamos ser acusados de aceitar suborno."

Németh e seus reformistas demorariam duas semanas para fazer seu anúncio. Não percebiam com clareza quão decisivo ele seria. Na viagem de volta de Bonn, Horn havia especulado sobre a história daquele momento. Quem sabe, disse a Németh. Talvez em três ou quatro anos pudesse produzir uma mudança efetiva nas relações da Hungria com o Ocidente.

Demoraria apenas dois meses. O Piquenique Pan-Europeu, realizado a 700 quilômetros do Muro de Berlim, com seus dançarinos folclóricos e banda de metais, pusera em movimento fatos que se acumulariam com tal velocidade e força que acabariam por derrubar Erich Honecker e seu Muro.

Imediatamente a leste da Hungria, fervilhante de mudanças, estava a Romênia de Ceausescu. Como descrevê-la? Por metáfora, seria o Nono Círculo de Dante, o lugar do silêncio congelado, o mais próximo da Escuridão. Era a primeira coisa que se notava: o silêncio. Não era uma ausência de som, mas antes uma mudez quase existencial, como se nada fosse verdadeiro.

Nicolae Ceausescu, o último stalinista da Europa, dominava seu triste país como um gigante estranhamente frágil. No começo, era um sapateiro que, em 1965, se tornou chefe do Partido Comunista romeno, famoso por ser o líder europeu oriental dissidente que ousava desafiar Moscou. Sua independência do predomínio soviético foi claramente demonstrada pela recusa em participar da invasão da Tchecoslováquia pelas forças do Pacto de Varsóvia em 1968. Ao contrário do resto do bloco comunista, Ceausescu manteve relações com Israel após a guerra de 1967 e, em recompensa, recebeu uma sucessão de líderes mundiais, de Richard Nixon e a rainha Elizabeth ao rei Hussein da Jordânia. Os romenos gozavam de uma liberdade de manifestação sem paralelo no resto do mundo comunista. Na década de 1970, era possível comprar jornais e livros estrangeiros no país. Os programas de rádio não eram censurados. As pessoas podiam falar livremente com os estrangeiros. A polícia secreta ficava nas sombras.

Mas isso foi naquela época. Em 1989, aos 71 anos, Ceausescu estava velho. Não era mais um dissidente famoso, era agora um tirano odiado. Quando os líderes mundiais deixaram de fazer escala em Bucareste, a adulação para alimentar o ego do ditador teve de ser cultivada em casa. A outrora florescente *intelligentsia* romena transformou-se em cortesã. Poetas fabricavam versos para Ceausescu – pelo menos aqueles que eram publicados. Livros, revistas e televisão traziam encantamentos rituais de elogio ao "Iluminado". Seus discursos, de duas ou três horas de duração, eram transmitidos por alto-falantes, ao vivo, para todo o país, das praias do mar Negro aos parques de Bucareste e praças de todas as cidadezinhas. Jornais e revistas estrangeiros foram banidos. O contato com forasteiros foi proibido. As máquinas de escrever tinham de ser registradas na polícia, assim como amostras de suas fontes. Nos cinemas, havia um retrocesso aos anos 1950 e 1960 – faroestes com James Stewart e comédias italianas com Sophia Loren. A polícia secreta do imperador – a violenta Securitate – estava por toda parte. As críticas a Ceausescu e seu regime eram brutal e rapidamente punidas. Quem fosse infeliz o suficiente para ser preso podia esperar torturas e espancamentos. "Não há perspectivas para avanços aqui, só variações para trás", disse-me um diplomata americano.

No início de agosto, enquanto os revolucionários clandestinos da Hungria preparavam seu Piquenique Pan-Europeu, fiz uma primeira visita à Romênia. Perguntava-me se encontraria algum sinal de mudança, um indício da revolução que estava acontecendo em outros lugares do bloco comunista. Éramos talvez uma dúzia de passageiros no voo que chegou de Viena. Passamos pelo terminal vazio, ouvindo o eco de nossos passos. Não havia vivalma nas seções de embarque e desembarque, exceto homens com armas e walkie-talkies. Havia um policial em cada porta. Eles percorriam a pista a pé, perto de nosso avião. Patrulhavam as pistas de pouso e decolagem a distância, ou ficavam sentados em pequenas cabanas, parecidas com esconderijo para caçar patos, com a ponta das armas à mostra. O enorme estacionamento também estava vazio, com exceção de alguns táxis. Os motoristas, de sapatos rasgados e roupas manchadas, empurravam seus carros na fila a fim de economizar combustível.

Bucareste era uma cidade fantasma habitada. As pessoas arrastavam-se na ida e na volta do trabalho, levavam vidas intimidadas e furtivas. Quando um ônibus passava, podia-se sentir o olhar de todos, mas, quando se erguiam os olhos, eles viravam a cabeça. Os transeuntes olhavam para nossos sapatos, especialmente se fossem tênis ocidentais – um privilégio da alta elite comunista. Era um hábito que eu iria adquirir. O policial a paisana que me seguia gostava de usar tênis brancos.

Todos os dias eu tentava me livrar deles. Em geral, achava um lugar movimentado para passear e depois saltava num táxi. Se o motorista falasse inglês, pagava-lhe uma quantia extravagante – digamos, dez dólares, quase um mês de salário – simplesmente para andar a esmo e conversar. Um deles contou-me uma piada popular: "Se pelo menos tivéssemos um pouco mais de comida, seria exatamente como no tempo da guerra!" As coisas estavam tão ruins, disse ele, que era quase impossível viver. Todos os dias, depois do trabalho, ele corria até o mercado para ver se havia alguma coisa para comprar. Não era incomum esperar três, quatro, oito horas na fila. Com frequência, os avós saíam mais ou menos à uma da manhã e esperavam sentados em pequenos bancos do lado de fora das lojas, na esperança de que abrissem em algum momento do dia. Se uma fila se formava, as pessoas entravam nela imediatamente para comprar o que quer que fosse: sabão, carne, óleo de cozinha, absorventes, papel higiênico, leite – tudo era escasso. "Preocupo-me durante todo o dia, e à noite fico deitado, acordado", continuou meu taxista. "Como achar comida suficiente? Como obter remédios para meus filhos? Ou sapatos? Haverá eletricidade esta noite? Ou aquecimento?"

Passamos pelo imenso palácio que Ceausescu estava construindo no centro de Bucareste, maior que qualquer outro no mundo, mil dependências revestidas inteiramente de mármore branco, com um custo que correspondia ao valor total das exportações de um ano da Romênia. "Chamamos ele de Grande Edifício", disse o taxista enquanto contornávamos os vários quilômetros de circunferência da construção. "Ceausescu está louco. Todos os romenos pensam como eu. Mas, se eu fosse para a rua e dissesse 'isso é ruim', a polícia viria atrás de mim assim", e estalou os dedos. "Para minha família, eu não existiria mais. Estaria perdido para sempre." Meio divertido, meio desesperado, ele riu: "Jamais haverá uma revolução na Romênia."

Ele me deixou à beira de um parque, onde não havia outros carros ou pessoas, para que eu pudesse verificar se estava sendo seguido. Sentei-me num banco e, depois de algum tempo, sentou-se ao meu lado um homem que se disse soldador. "Você não pode imaginar como vivemos, como ficamos pobres", disse ele depois que começamos a conversar, examinando em volta para ver se alguém podia vê-lo falar com um perigoso estrangeiro. Era um dia ensolarado, e observamos as crianças que brincavam num carrossel que parava a cada 20 minutos por falta de eletricidade. Ele se queixou de que, não fazia muito tempo, as autoridades haviam cancelado um programa radiofônico de duas horas de música, piadas e entretenimento por ser "inapropriado". "As alegrias da vida são poucas", concluiu indignado. "Não temos mais nem o direito de rir. Temos uma hora de rádio por noite e duas horas de televisão. Não há noticiário, só retratos 'dele'."

Caminhei de volta para o hotel passando por um bairro próximo às embaixadas estrangeiras, a parte mais rica da cidade. As casas estavam deterioradas, algumas cobertas de hera. Pombos arrulhavam nos beirais quebrados – uma cena de Piranesi, a vida entre ruínas. Em outro bulevar vazio, a limusine preta e reluzente do embaixador americano passou majestosamente em silêncio, com a bandeira de listras e estrelas tremulando. Perto da Praça da Unidade Nacional, uma mulher vestida num esmerado costume de escritório raspou cuidadosamente o conteúdo de um ovo quebrado e o guardou na bolsa. Na recepção do Intercontinental, o gerente saudou-me com um sorriso esperto: "Gostou da caminhada no parque, senhor Mayer?"

No dia anterior à minha viagem de volta para a Alemanha, recebi a informação de que Ceausescu consentira em dar uma entrevista. Na manhã seguinte, o editor da *Newsweek* e eu fomos até a residência de verão em Snagov, a uma hora de carro da capital, viajando por estradas rurais vazias, belas e verdejantes sob um sol radioso. A casa que Ceausescu usava era um modesto chalé de madeira; a casa de campo das proximidades, onde fomos recebidos, era uma monstruosa extravagância de vaidade e pompa dourada.

Com toda a cerimônia, fomos levados a uma sala de recepção: dois tronos sobre um estrado elevado para Ceausescu e o editor, um banco pequeno para mim, um pouco de lado. Substituí-o por uma cadeira decente. Então esperamos quase uma hora até que o Grande Líder terminasse sua sesta. Cerca de uma dezena de criados reais postou-se num semicírculo diante da porta pela qual ele entraria. Era como se houvesse minúsculos "X" traçados a giz no chão marcando nossos lugares. Quando tudo estava pronto, o apregoador oficial, em tom retumbante, gritou: "Aí vem Ceausescu!" O grupo enrijeceu. O vice-ministro do Exterior, homem moreno cujos cabelos curtos eriçados faziam com que parecesse um javali, aproximou-se de mim com um olhar oblíquo e cúmplice, e sussurrou: "Senhor Mayer, o senhor está tremendo?" O Grande Condutor, o Líder Amado, o Gênio dos Cárpatos, o Danúbio do Pensamento – o último stalinista da Europa – entrou na sala de audiências.

O presidente Nicolae Ceausescu era um homem baixo e curvado, com olhar transtornado e sobrancelhas hirsutas, que cuspia enquanto falava. Entrou arrastando seus sapatos de plástico trançado, vestido num terno cinza largo, e estendeu uma mão úmida. Seu povo o temia como ao diabo. Referiam-se a ele simplesmente como "Ele" – "Ele", cuja imagem estava em todos os outdoors de cada estrada; "Ele", cujas obras completas amarelavam nas vitrines de todas as livrarias. Enquanto Hungria e Polônia experimentavam a democracia e o livre mercado, enquanto a União Soviética se abria para o mundo, a Romênia voltava-se cada vez mais para dentro, toldada por uma convicção marxista antiquada e na ditadura de um homem. Por quase um quarto de século fora dirigida pela singular visão de Ceausescu de uma Romênia que dependesse apenas de si mesma e dele. Para livrar o país da dívida externa, iniciou um esforço de exportação total que deixou as lojas vazias e quase causou uma epidemia de fome no campo. O comércio com o Ocidente reduziu-se, em larga medida, ao escambo. O controle estatal da economia era completo. A Romênia, no verão de 1989, era um dos últimos templos da fé comunista em decadência, um pária internacional tão isolado quanto a Coreia do Norte.

Nós éramos os primeiros jornalistas americanos a entrevistar Ceausescu em uma década, e fomos os últimos a vê-lo vivo. Durante mais de duas horas, ele arengou sobre as glórias do comunismo romeno, a perfídia e corrupção do Ocidente. Às vezes retesava-se como uma boneca quebrada e cuspia com um esgar quase epilético, os lábios se torciam, o rosto e o corpo se contorciam em tiques e espasmos súbitos, para depois retomar o discurso. A paródia que Chaplin fez de Hitler em *O grande ditador* não era páreo para aquela realidade alarmante.

Como podíamos afirmar que seu povo estava morrendo de fome, perguntou Ceausescu. "Temos uma safra excepcional!"

Por que as lojas estão vazias, perguntamos, quase nada há nas prateleiras? Porque os alimentos são mantidos fora da vista, em "armazenamento", retrucou ele.

O que acha das experiências com democracia da Polônia e da Hungria? "Desastres. Deviam ser detidos!"

Incomoda-lhe o fato de as pessoas falarem de um culto à personalidade de Ceausescu? "Se isso é um culto da personalidade, eu gostaria que todos os países subdesenvolvidos gozassem de tais personalidades." Incomoda-lhe ser comparado a Stálin? "Ele cometeu erros, mas fez tudo o que uma pessoa deveria fazer em seu cargo!"

Perguntei, de maneira talvez informal demais, se ele achava que os romenos poderiam um dia levantar-se contra ele. Ceausescu olhou-me com o ar pensativo de um homem que poderia me matar com uma palavra – e o faria, se eu fosse romeno. Seu olhar era ao mesmo tempo muito inteligente e totalmente morto: olhos de peixe, se peixes pudessem pensar. Era a expressão que vi de novo seis meses depois, quando ele estava caído ao chão, morto por um pelotão de fuzilamento.

Mas, naquele dia, ele apenas fez uma pausa, depois retomou seu monólogo. Sacudiu o punho no ar e bateu no braço de seu trono. O tradutor, um homem sensível e culto, ajoelhou-se a seus pés e tentou acompanhar a longa diatribe irada e entrecortada. A entrevista degenerara para o tipo de discurso que Ceausescu poderia fazer num congresso do Partido

Comunista. Toda a encenação de entrevista desapareceu. Deveríamos ouvir e anotar. Foi o que fiz, embora não da maneira como ele imaginava.

"Bolas", escrevi, não como comentário editorial, mas como observação literal. As de Ceausescu eram imensas. Elas enchiam grotescamente uma das pernas de sua calça e ocupavam o assento como tomates malformados. Elas eram tão grandes, e ele, tão pequeno.

Uma observação mais séria: falamos de seu "culto da personalidade", mas era difícil discernir qualquer personalidade ali. Ele gesticulava, falava, gritava, sacudia os braços. Mas quem ou o que era ele, além de um recipiente oco para o poder? Parecia totalmente desprovido de presença, carisma, aura. Se Erich Honecker era uma impenetrabilidade, Ceausescu parecia uma nulidade. Jamais encontrei um homem mais carente de qualidades humanas. Parecia estar totalmente desligado da vida comum, dos sentimentos e emoções comuns, da realidade, da empatia, da compreensão. Vivia num mundo esquisito de vontade e fantasia que era ao mesmo tempo sua força e, em última análise, sua falha fatal.

Depois da entrevista, fomos ao jardim para tirar fotografias, um ritual de tradição com homens daquela estirpe. Peter Turnley, o fotógrafo da *Newsweek*, fez Ceausescu posar diante de sua plantação pessoal de milho. As espigas batiam na altura dos olhos do ditador. Estariam plantadas ali como prova da abundância romena? Ao longo da estrada que levava à casa de campo, as primeiras quatro ou cinco fileiras de milho impressionavam pelo tamanho. Atrás delas, estavam esquálidas e atrofiadas. Na Romênia, não havia fertilizantes para os agricultores comuns, exceto aqueles que alimentavam o ego do imperador.

Os auxiliares nos seguiam, sorrindo amarelo e suando furiosamente enquanto Peter levava Ceausescu para lá e para cá no gramado, gentilmente tocando seu ombro para posicioná-lo sob a luz do sol. Os auxiliares não podiam deixar de notar que ele realmente tocava naquele homem que se preocupava tanto com micróbios e venenos que jamais usava o mesmo terno duas vezes, e exigia que até os assessores mais próximos fizessem testes de saliva e ficassem nus para serem revistados antes de entrar no mesmo recinto que ele. Peter levou-o para um pequeno cais de madeira que se projetava para dentro do lago, em meio a juncos. De novo, Peter tocou seu ombro para posicioná-lo na luz, e, por um instante, Ceausescu perdeu o equilíbrio. Ele oscilou sobre um pé. Seus braços pequenos fizeram pequenos círculos no ar. Da falange de auxiliares que estavam atrás de nós, de todos aqueles que espiavam por trás das cortinas da casa de campo, quase se pôde ouvir o suspiro coletivo de uma centena de respirações. O Danúbio do Pensamento cairia na água?

9. A grande fuga

No final da primeira semana de setembro, os preparativos dos conspiradores estavam concluídos. As autoridades da Alemanha Ocidental montaram um grande centro de imigração em Passau, próximo da fronteira austríaca, capaz de acomodar milhares de pessoas. Foi feito um acordo com Viena para conceder aos alemães orientais passagem sem visto, negociado por diplomatas alemães que circularam em segredo entre Viena e Budapeste. Frotas de ônibus esperavam nos pontos de cruzamento na Hungria para seguir na direção da República Federal.

E assim os húngaros tiraram a camuflagem. Em 31 de agosto, Gyula Horn foi a Berlim Oriental para enfrentar seu colega, o ministro do Exterior Oskar Fischer. Mais de 150 mil alemães orientais estavam acampados ao redor do lago Balaton, contou-lhe Horn. Eles não voltariam para casa. A Hungria não queria prejudicar suas relações com a República Democrática Alemã. Mas também não podia ficar de mãos atadas diante de uma situação que ele descrevia como "desumana". Sim, havia um tratado com Berlim a ser levado em conta, mas a Hungria também era signatária de convenções europeias sobre direitos humanos – e estas ditavam uma mudança de política. Então Horn informou Fischer sobre o que Budapeste pretendia fazer: abrir sua fronteira com a Áustria, sem empecilhos.

Fischer ficou indignado. "Isso é traição! Você está consciente de que está criando uma situação embaraçosa para a RDA e unindo-se ao outro lado? Isso terá consequências graves para vocês!" Németh deu de ombros diante da ameaça, pois sabia que ela era vazia. Dias antes, Mikhail Gorbatchov havia dito ao chanceler Helmut Kohl que não havia a menor hipótese de Moscou intervir. Mesmo sem essa garantia, Németh decidira: o momento estava maduro para dar o golpe final contra Erich Honecker e seu Muro.

A decisão foi tomada com grande sigilo e mantida em segredo até o último momento. O próprio ministro do Interior, István Horváth, encarregado de administrar o que se transformaria num êxodo em massa, só foi informado dias antes, de acordo com Németh. "Ele perguntou: 'Miklós, você se dá conta de que, ao fazer isso, está se pondo ao lado da Alemanha Ocidental?' E eu disse 'sim'."

Durante todo o tempo, Németh via a crise da imigração como um meio de estabelecer a Hungria como membro confiável da "Europa". Sua estratégia era ser a primeira nação do bloco oriental a voltar ao Ocidente, e ele esperava colher as recompensas. "Sim, eu previa que abrir a fronteira poderia levar ao colapso da República Democrática Alemã, e também do regime tcheco", contou-me. "Mas não previ que isso aconteceria tão cedo." Na volta daquele encontro secreto de 25 de agosto em Bonn, ele e seus auxiliares haviam discutido as consequências prováveis – ao longo de um período de dois a quatro anos! Do seu ponto de vista, foi lamentável que os eventos se precipitassem. "Eu pretendia manter o máximo de vantagem para a Hungria, confessaria mais tarde. Se a implosão do bloco não tivesse acontecido de forma tão rápida, a Hungria teria sido a líder das reformas, a nação mais progressista da Europa Oriental. Teria sido a porta para os investimentos, o turismo e o intercâmbio cultural com o Ocidente. Uma Alemanha grata teria sido pródiga em ajuda e atenção, em parte para inspirar o exemplo aos vizinhos mais lentos da Hungria. "Pedi ajuda especificamente a Kohl para reingressar na Europa, e o chanceler concordou", disse Németh. Mas, como os outros regimes caíram tão rapidamente, graças, em larga medida, aos eventos que a Hungria deflagrou, "perdemos nossa vantagem. Os outros países do Leste podiam nos alcançar. E foi o que fizeram".

Os alemães orientais comuns ignoravam essas grandes estratégias. Tinham apenas uma preocupação: fugir. Nas semanas precedentes, as pressões haviam aumentado. Surgiram rumores, propagados pela Stasi, infiltrada em seu meio, de que seriam mandados para casa. Depois haviam chegado notícias conflitantes de que em breve poderiam partir. A presença, nos acampamentos, de tantos funcionários alemães ocidentais e húngaros dava credibilidade a essa esperança. No entanto, nada estava assegurado. Milhares de pessoas – famílias inteiras com seus filhos – viviam um dia a dia ansioso, num estado de limbo cada vez mais tenso e enervante.

Então, no final da tarde de 10 de setembro, com o sol ainda quente no céu, a espera terminou abruptamente. Um diplomata alemão ocidental chamado Michael Jansen subiu numa mesa colocada no meio de um campo de esportes do acampamento situado nas colinas dos arredores de Budapeste. Era um dos mais antigos diplomatas de carreira e fora enviado à capital húngara em meados de julho por ordem pessoal de Hans-Dietrich Genscher. "Meu amigo, vá e faça o que for preciso", foram suas instruções. E assim ele fizera, montando os acampamentos que alimentavam e abrigavam milhares de alemães orientais. Agora, tinha uma última tarefa. Pegou um megafone, fez uma breve pausa para pensar sobre o que dizer, depois se dirigiu à multidão ansiosa de três a quatro mil pessoas que se juntaram rapidamente. Vocês talvez tenham ouvido as notícias, foram suas primeiras palavras, pois naquele momento o primeiro-ministro Németh estava na rede nacional de televisão para dar seu anúncio dramático. As notícias eram verdadeiras. "Vocês estão livres para partir!"

O efeito foi elétrico – e imediato. As fronteiras seriam abertas à meia-noite em ponto, e os cidadãos do paraíso operário de Erich Honecker não poderiam ter partido com maior rapidez. Jansen observou as pessoas correrem para seus carros, jogar seus pertences dentro do veículo e disparar, pelo menos na velocidade que podia dar o carro fabricado na Alemanha Oriental, que mais parecia um cortador de grama. Outros embarcaram nos ônibus que Jansen alugou para levá-los à fronteira e mais adiante, até a Alemanha. Jansen perguntou a um deles: "Por que a pressa? Vocês têm até a meia-noite." A resposta memorável: "Sob o comunismo, quando alguém diz 'sim', sabemos que um '*nyet*' pode vir em seguida."

Para Jansen, aquele momento está vivo como se tivesse acontecido ontem. "Foi muito emocionante – o momento mais emocionante de minha vida profissional", contou-me 20 anos depois, quando se aposentou da carreira diplomática. Na manhã seguinte, seus acampamentos já estavam quase vazios. Surgiram filas de vários quilômetros em todos os postos de controle do lado oriental da fronteira austríaca. A rodovia para Viena transformou-se num estacionamento. Famílias com crianças pequenas dormitavam em seus carros à espera da meia-noite; outros simplesmente festejavam, cantando, dançando e espocando garrafas de champanhe.

No primeiro minuto de 11 de setembro, os portões abriram-se e deram a partida à louca corrida para o Oeste. Policiais austríacos e húngaros ficaram de lado, enquanto um fluxo constante de veículos com placas da RDA passava sem parar. Mais de oito mil pessoas partiram naquele primeiro dia. No terceiro dia, o número já chegava perto dos 40 mil. Equipes de televisão e repórteres de todo o mundo correram para a cena, noticiando aquele evento espantoso que vinha do nada, segundo todas as aparências. A CNN fez cobertura ao vivo nos dias seguintes. O mesmo fizeram a Sky News e a BBC. O acontecimento dominou o noticiário em todos os países do mundo, exceto na China e nos Estados policiais da Europa Oriental. A capa da *Newsweek* daquela semana deu ao êxodo um nome que perduraria: "A grande fuga." E era só o começo.

A gravidade da situação não passou despercebida em Berlim. Na reunião do Politburo de 5 de setembro, após a visita de Horn, a liderança invectivou contra a perfídia húngara. Fizeram o mesmo na reunião de 12 de setembro. Günter Schabowski, o chefe do Partido Comunista em Berlim, que figuraria de forma tão preeminente nos eventos futuros, relembraria o debate com uma mistura de desdém e incredulidade. Enquanto o edifício inteiro da RDA sacudia com o golpe que os húngaros acabavam de dar, os próceres do comunismo reunidos vacilavam e apontavam dedos.

E se queixavam interminavelmente. "É um ataque geral ao socialismo, e somos o primeiro alvo", reclamou um alto funcionário. "Os húngaros estão mancomunados com os alemães ocidentais. Foram subornados por Bonn", disse outro. E, para um terceiro: "É tudo obra daquele reacionário ocidental Otto von Habsburg." Era tudo som e fúria, lamúrias impotentes. E não havia qualquer "consequência grave" para a Hungria – e não somente porque Moscou não dava sinais de que iria interferir: o próprio Honecker não estava em posição nem mesmo de governar, muito menos de retaliar. O motivo: acabara de ir para o hospital. Oficialmente, era para uma cirurgia da bexiga. Mas, segundo os serviços de informações da Alemanha Ocidental, ele estava com câncer no intestino. Isso deixava um vazio no poder que ninguém ousava ocupar.

Desse modo, a crise interna de insulamento surrealista que envolvia a RDA aprofundou-se à medida que a crise externa crescia. Estava claro, mesmo antes do Piquenique Pan-Europeu e da abertura da fronteira a 10 de setembro, que a própria sobrevivência da Alemanha Oriental estava em jogo. No entanto, no interior da liderança, não havia discussões sobre o que fazer, como reagir. "Ficamos em silêncio", me diria Schabowski. "A situação de nosso povo indo embora nem foi discutida." Ou antes, foi discutida exatamente uma vez, e mesmo assim apenas de forma elíptica.

Na reunião do Politburo de 5 de setembro, o reacionário Heinz Kessler sugeriu que a liderança deveria pelo menos fazer uma declaração, nem que fosse para indicar que compreendia por que seus cidadãos partiam, segundo Schabowski. "Perguntei: 'O que devemos dizer? Vocês diriam que as pessoas estão indo embora porque não podem viajar, ou não podem ter computadores modernos, ou bens de consumo decentes?' Muitos eram contra isso, outros eram a favor." Depois de um tempo, Kurt Hager, o ideólogo do Partido que presidia a reunião na ausência de Honecker, cortou o debate. "'É melhor adiar essa discussão até a volta de Erich', disse ele. E aceitamos isso."

Foi um erro, acreditava Schabowski ao avaliar em retrospecto. "Deveríamos ter falado. Deveríamos ter dito 'precisamos fazer isso de imediato'. Deveríamos ter derrubado Erich Honecker naquele momento. Ele saberia de tudo no hospital. Isso ia produzir alguma reação? Não, provavelmente não. A RDA já estava liquidada. Babau. Adeus. Era só uma questão de tempo. Mas teria havido uma luta. Quem sabe surgissem outros líderes, gente mais jovem que talvez mudasse o sistema e se aliasse a Bonn. Ou surgisse uma confederação, e a RDA teria durado mais alguns anos antes da reunificação, levando a diferentes condições de unificação e seus resultados. Mas estávamos no Tempo do Silêncio, como o chamávamos. Éramos como um coelho, imobilizado diante da serpente."

Enquanto isso, o êxodo continuava, observado todos os dias, através da televisão da Alemanha Ocidental, por toda a RDA. A exceção era Dresden, onde a recepção foi ruim. Os alemães orientais assistiram à travessia da fronteira da Hungria feita por milhares de seus compatriotas em busca de vida nova no Ocidente. Eles comemoravam e choravam quando chegavam à República Federal. Abraçavam parentes e familiares que julgavam não ter condições de ver novamente. Entrevistei muitos deles, falei também com alemães ocidentais comuns e altas autoridades do governo. À medida que as semanas passavam, surpreendi-me com a crescente ambiguidade do humor público. A República Federal estava perturbada. O embaixador americano descreveu-a como uma "crise silenciosa". Por direito, os alemães ocidentais deveriam ter saudado esses eventos como um anúncio do fim iminente da Guerra Fria. Contudo, não o fizeram. As emoções estavam estranhamente misturadas, de ambos os lados da Alemanha.

Depois que a onda inicial de euforia começou a amainar, entraram em cena as preocupações com as coisas práticas do dia a dia. Muitos alemães ocidentais passaram a se perguntar como a República Federal poderia absorver todas as pessoas que queriam entrar no país. Dois anos antes, cerca de 100 mil *Aussiedler* – europeus do leste, de ascendência alemã, com direito constitucional à cidadania – imigraram para a Alemanha Ocidental. Naquele ano, esperava-se que esse número chegasse perto do meio milhão, antes mesmo do início do êxodo dos alemães orientais. "O que vimos até agora na Hungria é apenas a ponta do iceberg", disse-me um alto funcionário no começo de setembro, acrescentando que, segundo certas estimativas, cerca de 650 mil dos 17 milhões de cidadãos da Alemanha Oriental haviam solicitado vistos oficiais de saída. No final de setembro, nas Nações Unidas, perguntaram ao ministro do Exterior soviético, Eduard Chevardnadze, quantos cidadãos da RDA ele achava que iriam fugir, se tivessem a chance. Sua resposta, dada quase de imediato foi: de um a dois milhões.

Em Bonn, o governo estava assustado com o espectro dessa maré humana. Publicamente, não havia escolha senão professar júbilo pela fuga de tantos alemães orientais; em particular, havia sérias reservas nos altos escalões. "Se os alemães orientais derrubassem o Muro hoje, teríamos de construir outro amanhã", disse um dos principais diplomatas da República Federal à RDA.

"Não queremos despovoar a Alemanha Oriental; queremos que as condições de vida melhorem, de tal modo que possam ficar em casa", revelou-me um alto funcionário da imigração.

"Poderíamos dizer que queremos a reunificação e que o Muro venha abaixo, mas isso não seria verdade", confidenciou-me sem rodeios um ex-vice-prefeito de Berlim.

Os alemães ocidentais comuns começaram a se queixar de coisas banais. A moradia era escassa, especialmente em Berlim. A competição por emprego poderia ser feroz. Aqueles *ossies* (esse termo pejorativo que tinge as relações entre alemães até hoje surgiu naquele mês de setembro) já obtinham privilégios demais: apartamentos subsidiados, benefícios imediatos de seguro desemprego, ajuda para encontrar trabalho. Uma pesquisa divulgada em setembro, no auge do êxodo, mostrava que 1/4 dos alemães ocidentais temiam que os orientais tomassem seus empregos. "A desconfiança era evidente, sobretudo entre os trabalhadores jovens, que viam como competidores os igualmente jovens e bem instruídos alemães orientais", concluía o estudo. Registrava também que, enquanto os alemães ocidentais trabalhavam uma média de 37 horas por semana, os emigrados orientais já estavam trabalhando 60 a 70 horas, muitas vezes com salário mais baixo, apenas para ter condições de seguir em frente. Esse antiquado empenho de imigrante, concluía o relatório, estava destinado a se tornar um fator de "irritação social". O novo sentimento era tão perturbador que o ex-chanceler Helmut Schmidt sentiu-se obrigado a protestar no jornal *Die Zeit*: "Aceitamos milhões de novos cidadãos depois da guerra. Tenho vergonha dos alemães ocidentais que invejam a ajuda que estamos dando a esses novos membros de nossa sociedade. Tenho vergonha dos políticos que dizem que eles deveriam permanecer onde estão."

Os que ficavam para trás não eram menos ambivalentes. "Está vendo estas casas", perguntou-me um jovem alemão oriental uma noite, em Berlim Oriental, apontando para três residências no centro da cidade. Caminhávamos por uma rua em mau estado: as fachadas de gesso dos prédios caíam em grandes pedaços. A maioria mostrava ainda as cicatrizes da Segunda Guerra Mundial: marcas de granadas, balas e artilharia. "Estão vazias. Todas as pessoas foram embora na semana passada. Elas tinham tudo – casas, carros, dinheiro, uma dacha no campo. Deixaram tudo só para ter mais." Disse isso com raiva, indignado com a cobiça que, segundo ele, levava seus compatriotas a fugir. Apesar de todos os problemas que enfrentavam – escassez de muitos bens básicos, queda dos padrões de vida, repressão política –, a maioria dos alemães orientais não desejava deixar seu país, ao contrário da impressão fomentada no Ocidente. Àquela altura, muitos, senão a maioria, estavam perfeitamente confortáveis com o sistema socialista que lhes garantia trabalho, moradia a custo baixo, assistência à saúde vitalícia e educação gratuitas. Sua maior preocupação era que o êxodo em massa de seus compatriotas pudesse piorar a vida dos que ficavam.

Uma noite, fui ao Café Papillon, lugar da moda e um dos poucos restaurantes particulares de Berlim Oriental onde havia uma boa chance de conversar sem ser vigiado pela polícia. Duas mulheres jovens e bem vestidas falavam em tom ressentido daqueles que chamavam de "os que vão" e "os que ficam". Uma delas dirigia uma pequena butique, a outra era assistente numa galeria de arte. Escondidas na mesa de um canto, tinham a aparência de pessoas que estariam à vontade em qualquer capital do Ocidente. "Sou uma alemã oriental e não irei embora", disse-me uma delas com firmeza. A outra assentiu com a cabeça. Lojas, escritórios e até fábricas inteiras haviam sido forçados a fechar ou fazer reduções porque seus corpos de funcionários foram atingidos pela emigração. Ela continuou: "Pacientes morreram em hospitais porque seus médicos desapareceram. Ônibus e trens não rodam porque seus condutores foram embora. Eles não estão partindo por motivos políticos, só querem dinheiro para comprar 'coisas'. Não percebem que aquilo que estão deixando para trás vale muito mais – família, comunidade, amigos. Eles vão se arrepender dessa escolha." Perguntei-me se elas sentiriam a mesma coisa depois que experimentassem a vida na glamourosa avenida Kurfürstendamm, em Berlim Ocidental, para não falar de Nova York. Contudo, o que elas disseram era um fato: aqueles que estavam deixando a Alemanha Oriental eram os mais jovens, com maior nível de instrução e mais ambiciosos, não a gente inútil de uma geração mais velha – e sua perda era sentida.

Kurt Hager, o ideólogo conservador que substituía Honecker no Politburo, acionou a máquina de propaganda do Partido. De forma canhestra, a liderança tentou jogar com os sentimentos confusos da população. Os jornais acusaram os governos da Hungria e da Alemanha Ocidental de tramar as fugas a fim de "desacreditar 40 anos de construção socialista". Inventaram histórias sinistras de "tráfico de seres humanos". Um ferroviário, "testemunha ocular", relatava que, em Budapeste, uma mulher lhe deu cigarros com "um gosto esquisito". Ele caiu inconsciente e acordou dentro de um ônibus que ia para a Áustria, mas conseguiu escapar. "Considero-me uma vítima de sequestradores e criminosos", disse o sujeito à *Neues Deutchland*, a voz oficial do Partido Comunista que Schabowski dirigia. A televisão "revelou" que "espiões" da Alemanha Ocidental estavam oferecendo dinheiro aos que partiam, entremeando esses absurdos com relatos de refugiados que não conseguiam obter emprego, de saudades de casa, de sentimentos de insegurança e depressão na "indiferente sociedade individualista" da Alemanha Ocidental.

A cada dia que passava a crise ficava mais profunda. Como teria sido melhor (e mais inteligente) reconhecer os problemas de forma honesta e acompanhar isso com uma promessa de atender às reclamações das pessoas, disse Schabowski, olhando em retrospecto. O regime não teria parecido tão isolado. Ele e alguns outros quiseram fazer exatamente isso. Mas estavam no Tempo do Silêncio. Apesar de tudo o que acontecia ao redor deles, em vez de mudar a abordagem para se adequar à mudança dos tempos, eles hesitaram. A ausência de Honecker só acentuava esse sentimento de paralisia. Incapazes de tomar uma decisão sobre o que fazer, divididos entre si, inseguros em relação ao que até então davam como certo, fosse o sistema que governava suas vidas, fosse o sentimento de seu próprio poder, optaram pela conhecida e experimentada reação stalinista. Mais que qualquer coisa, isso talvez prenunciasse a falência do regime e selasse seu fim.

Klaus Bolling, diplomata aposentado que fora outrora chefe da missão da Alemanha Ocidental em Berlim Oriental, foi um dos poucos alemães que encontrei a ver isso com clareza. A reação do regime à crise, disse-me ele durante um jantar, revelava a extraordinária separação entre os dirigentes da RDA e seu povo. "O velho e forte Honecker acabou." A idade pesava-lhe, assim como a doença. "Ele e seu regime estão totalmente isolados da vida cotidiana. Ainda se consideram os defensores da verdadeira fé, lutando contra os males do capitalismo indiferente. No entanto, andam pelas ruas em limusines Volvo com as cortinas abaixadas. Passam os finais de semana em dachas isoladas no campo. Vivem bem com as mordomias do Partido e não têm ideia da escassez que aflige seus compatriotas. Evitam todo contato com a realidade."

Bolling contou-me uma história sobre um diplomata alemão oriental que viajara com Honecker havia alguns anos. Numa fábrica em Mecklenberg, Honecker desceu de sua limusine para cumprimentar o que julgava ser um grupo de trabalhadores. Na verdade, todos os verdadeiros operários haviam sido enxotados para abrir caminho ao chefe comunista. O grupo que restara era composto quase exclusivamente por funcionários do Partido e membros da polícia secreta. Honecker avançou e começou a acenar e apertar mãos, deliciado com a recepção popular, ignorando totalmente que o público, como tal, não estava presente.

Essa distância, esse afastamento quase insano da realidade, era profundamente alienante. Bastava perguntar aos alemães orientais por que partiam, e a resposta era sempre a mesma: o "ar pegajoso", a interferência ininterrupta na vida cotidiana das pessoas. O desejo de viajar livremente, que agora catalisava a inquietação, era uma expressão desse mal-estar mais profundo. A impermeabilidade do regime a qualquer realidade, a qualquer ponto de vista diferente da ortodoxia socialista proposta pelos fundadores do país, tirou a esperança da geração mais jovem. Um refugiado expressou esse sentimento de forma pungente algumas semanas depois de chegar a Berlim Ocidental. Estava talvez a menos de dois quilômetros de sua antiga casa no leste, mas, para chegar ali, tivera de viajar quase dois mil quilômetros – e 40 anos: "É como se você fosse uma criança e seu pai estivesse louco. Ele não pode ver o mundo, e você não consegue se fazer entender."

A cegueira de muitos – clareza de uns poucos – era o traço comum durante os eventos de 1989.

Teria sido a cegueira que fez Honecker dar um passo em falso no momento crítico? Justamente quando os comunistas da Polônia concordaram com uma eleição que julgavam poder vencer, exatamente quando, na Hungria, Károly Grosz e seus conservadores escolheram Miklós Németh para formar um governo, achando que podiam controlá-lo, Honecker tropeçou em seu autoengano.

Era final de setembro. Ele acabara de sair do hospital. O êxodo estava em seu auge. Vários milhares de alemães orientais deixavam o país diariamente. Embora debilitado, Honecker julgava estar no comando. Era óbvio que precisava agir. Os milhares de alemães na Hungria estavam fora de seu controle. Ele não ousava impedir de viajar aqueles que ainda permaneciam na RDA. Isso só inflamaria a situação e poderia desencadear uma efervescência. Honecker escolheu o que para ele era a solução óbvia. Agindo sozinho, sem informar ao gabinete, telefonou para seu amigo e aliado da linha-dura Milos Jakes, o chefe do Partido Comunista da vizinha Tchecoslováquia. Precisava de um favor: será que Jakes poderia fechar a fronteira sul de seu país com a Hungria, bloqueando a passagem dos alemães orientais para a Hungria e o Ocidente? Sem objeção – nem pensar nas consequências –, Jakes fez o que o amigo pedia.

Honecker achou que era muito esperto. Mas o tiro saiu pela culatra. Milhares de alemães orientais a caminho da Hungria ficaram subitamente presos na Tchecoslováquia. Alguns voltaram para casa. Muitos outros foram para a embaixada da Alemanha Ocidental em Praga, o barroco palácio Lobkowitz. Talvez soubessem que em julho o governo de Bonn havia levado secretamente, de avião, para a República Federal, 120 cidadãos da RDA que se haviam refugiado na embaixada de Budapeste. Talvez esperassem que o governo tcheco se dobrasse sob a pressão internacional, como imaginavam que os húngaros haviam cedido, sem saber da realidade subjacente à Grande Fuga. De qualquer modo, o pinga-pinga de alemães do leste que chegavam a Praga logo se tornou uma enchente.

A polícia tcheca isolou a rua em frente à embaixada para manter longe os alemães orientais. Mas eles foram para as aleias dos fundos e pularam a cerca de metal, da altura dos ombros, rumo à segurança no jardim da embaixada. Milhares já estavam acampados ali: homens, mulheres e crianças abrigados em barracas erguidas às pressas, sem água corrente ou esgoto. Havia uma ameaça de disenteria e outras doenças. As redes de televisão mundiais estavam lá. O problema da Alemanha Oriental passou para as mãos da Tchecoslováquia. Era um embaraço internacional e, pior ainda, uma inspiração para a população impaciente do próprio país. Em 25 de setembro, pensando melhor sobre a decisão precipitada, Jakes informou a Honecker de que ele precisava achar uma solução diferente. E achou.

O anúncio foi feito de forma grotesca durante uma recepção no Teatro Lírico para uma delegação de Beijing, que vinha mostrar seu apreço pelo apoio de Honecker na questão da Praça da Paz Celestial. Ele convidou o Politburo inteiro para a festa e reuniu todos num salão privado para contar o que descreveu como "uma pequena surpresa".

"Queridos camaradas", Schabowski lembra de ouvi-lo dizer, "acabei de falar com o camarada Jakes e tenho uma solução para nosso problema em Praga." Como sempre, não houve discussão. Ele anunciava sua decisão. Havia telefonado para a embaixada da Alemanha Oriental na Tchecoslováquia e os instruíra para cuidar dos detalhes, em coordenação com o Ministério do Exterior da República Federal.

Os membros do Politburo ouviram, primeiro descrentes, depois estarrecidos, pois a "solução" de Honecker era se livrar dos refugiados na embaixada dando-lhes exatamente o que queriam: passagem livre para a República Federal. Trens especiais iriam de Praga à Alemanha Ocidental. Suas portas e janelas seriam seladas para evitar que descontentes saíssem ou entrassem nos trens, disse ele. O aspecto genial da ideia era que os passageiros desse "Trem da Liberdade" seriam transportados através do território da República Democrática Alemã. Desse modo, explicou Honecker com satisfação, eles teriam de... reconhecer a soberania alemã oriental.

É impossível não se perguntar que tipo de mente poderia inventar um esquema tão bizarro. Esqueçamos o eco histórico sinistro: trens trancados como vagões para gado, lotados de elementos indesejáveis enviados para um lugar onde não se teria mais notícias deles. A questão maior é o que fazer da total ilogicidade de sua "lógica". Já que os trens passariam pelo território da Alemanha Oriental, isso não significava uma derrota esmagadora do regime, um símbolo de sua impotência e uma convocação para resistir? Como disse o ministro Hans-Dietrich Genscher na época, ao correr da abertura anual da Assembleia Geral da ONU em Nova York para Praga, a fim de supervisionar a operação: "Isso foi muito mais do que a abertura dos portões da embaixada da Alemanha Ocidental."

Nessa temporada de espetáculos surrealistas, é difícil decidir qual foi o mais surreal. Teria sido a pantomima quase farsesca do Piquenique Pan-Europeu? Seria a comédia negra das eleições polonesas, com penas empunhadas como sabres, ou o monumental erro crasso que abriu o Muro? Entre todas as sandices, a de Honecker se destaca. Em 30 de setembro, quando o primeiro de seus trens selados assobiou a caminho do Ocidente, milhares de alemães orientais foram para as estações ferroviárias ao longo da rota. Em Dresden, tentaram abrir caminho à força para a estação e foram espancados pela polícia. Outros se postaram ao lado dos trilhos nos arredores de Leipzig e outras cidades, e acenaram para seus compatriotas que partiam para uma vida nova. Era o começo do fim de Honecker, o início de algo totalmente diferente. Até então, a RDA estivera, em larga medida, inerte. Seu povo procurava apenas escapar. Mas a "Grande Ideia de Erich", como Schabowski a chamou em tom sarcástico, mudou tudo isso. Ele fechou a válvula de escape, a saída pela Hungria que os resistentes poderiam usar para fugir do país. E depois os enfrentou com a polícia e os empurrou contra o Muro.

Na Hungria, a mudança veio de dentro, liderada por alguns comunistas reformistas reunidos em torno de Miklós Németh e Imre Pozsgay. Na Polônia, a revolução veio pela urna e as eleições democráticas – um modelo de acordo e conciliação pacíficos. Foi somente na Alemanha Oriental, pela primeira vez, que o povo se levantou. A "Grande Ideia de Erich" montou o palco para uma onda de manifestações de massa cada vez maiores que, dentro de poucas semanas, varreriam o país. A polícia, ao afastar com violência os cidadãos dos trens que passavam para o Ocidente, foi a faísca. Em 25 de setembro, oito mil pessoas marcharam em Leipzig, cantando a Internacional. Na segunda-feira seguinte, 2 de outubro, os moradores dessa cidade marcharam de novo: desta vez foram quase 100 mil, naquilo que se tornaria um rito semanal. Irromperam protestos nas outras grandes cidades, inclusive Berlim Oriental. "*Wir bleiben hier*", cantavam os manifestantes, desafiando as fileiras de policiais. "Nós vamos ficar."

Para o regime alemão oriental, dificilmente poderia haver uma resposta mais inamistosa para a solução final de Erich Honecker.

Em julho, George Bush voltou da Europa profundamente comovido com o que vira e ouvira. Mais: ele percebeu o quanto estava em jogo para os europeus do leste, como a situação era delicada e com que rapidez os eventos avançavam. Para um governo que assumiu esperando que o grande jogo fosse na Ásia, o foco dos dois anos seguintes seria quase totalmente a Europa. O interesse de Bush tornara-se pessoal. Ele seguia os acontecimentos de perto e telefonava para os líderes da região quase todos os dias. Sem alarde e com circunspeção característica, decidiu-se por um plano de ação que podia ser resumido com uma palavra: contenção. Resolveu que, num ambiente fluido e em movimento rápido como aquele, poderia conseguir mais fazendo menos.

Com a Grande Fuga, os Estados Unidos acordaram finalmente para a realidade do que estava acontecendo na Europa Oriental. Ela dominou as notícias, tornou-se tema principal nas mesas dos jantares políticos de Washington. Colunistas, legisladores e o público clamavam por ação, qualquer coisa que ajudasse os pobres mas destemidos Povos do Leste a se livrar do jugo comunista. Naquele outono, Bush escreveu em seu diário:

"Ouço críticos dizerem que não estamos fazendo o suficiente na Europa Oriental. Temos essas mudanças que estão vindo dramaticamente em nossa direção – Polônia, Hungria, República Democrática Alemã –, e tem esse bando de críticos saltitando e dizendo que precisamos fazer mais." O Congresso, continuava ele, queria "simplesmente mandar dinheiro", não importava para o quê. Grupos conservadores e de direitos humanos pediam retórica mais elevada, mais batidas no peito e mais dedos apontados para os soviéticos. A gritaria preocupava o cauteloso Bush: "Se manejarmos mal, se fizermos com que isso pareça um projeto americano", escreveu ele, "a coisa toda pode desandar, talvez até levar a uma reação violenta que pode resultar em derramamento de sangue", se não de Moscou, de outro regime linha-dura do Leste europeu.

De forma mais discreta, as questões maiores estavam sendo debatidas. Em 11 de setembro, um dos partidos da coalizão de Helmut Kohl, a União Democrática Cristã, realizou uma conferência partidária em Bremen, em que os delegados pediram a restauração das fronteiras da Alemanha de 1937. Em si mesmo, isso não era nada novo. Mas, no clima de então, isso levantava questões especialmente em Moscou, que reclamou que Kohl nada fizera para repudiar esse tipo de manifestação. Eduard Chevardnadze mencionou o problema para James Baker na reunião em Jackson Hole, na terceira semana de setembro, e trouxe à baila o mesmo assunto, de forma mais agressiva, alguns dias depois, no discurso de abertura da Assembleia Geral da ONU.

Chevardnadze fez isso por um bom motivo, pois a verdade é que o governo Bush, que demorou tanto para reconhecer o que estava acontecendo no Leste, já havia ido muito além dos europeus na avaliação das prováveis consequências. Em maio, François Mitterand visitou o presidente americano em sua residência de verão no Maine. Bush perguntou sem rodeios sobre as perspectivas de reunificação alemã. "Impensável", exclamou o líder francês consternado – pelo menos, acrescentou, "não enquanto estivermos vivos". Margaret Thatcher não reagiria de forma menos desdenhosa. Mas Bush pensava diferente. E sabia que Helmut Kohl e seu principal assessor para segurança nacional, Horst Teltschik, também pensavam de maneira diferente. Quando o verão deu lugar ao outono, e a magnitude da crise na RDA ficou cada vez mais clara, Bush pressionou sua equipe para repensar a política externa americana. Quanto a ele, quando perguntado pelos repórteres, no final de setembro, sobre sua posição a respeito da unificação alemã, respondeu simplesmente: "Não tenho medo dela."

Àquela altura, Washington percebia que tinha pouco a dizer sobre os eventos na Europa Oriental, e ainda menos influência. Como um assessor da segurança nacional disse, com certo pesar: "Os eventos avançaram com velocidade tão atordoante que os Estados Unidos e outros países ocidentais não tiveram como acompanhar. Nós, em Washington, nos vimos com frequência no papel de observadores emocionados, para não dizer espantados."

10. O vórtice das mudanças

Todos os anos, as manadas da planície do Serengeti, na África Oriental, iniciam uma vasta migração. Reúnem-se aos milhões: são gnus, girafas, zebras, antílopes, leões e hienas. É impossível predizer exatamente quando ela vai começar, mas há sinais inconfundíveis. Os animais tornam-se impacientes. Andam em círculos, chocam-se uns com os outros, pateiam, cada vez mais irritados. A atmosfera, o próprio ar, fica pesada com a exasperação. Isso pode durar semanas. Então, um dia, aparentemente por nenhum motivo em particular, eles disparam – de repente, todos ao mesmo tempo, numa corrida tumultuada, precipitada, nesta ou naquela direção. Movem-se como se fossem uma força única, irresistível. Nada poderia detê-los, nada pode guiá-los.

No outono, era esse o clima na Europa Oriental. O ar estava pesado com uma inevitabilidade incubada, imprevisível. De longe as perspectivas eram empolgantes. Era fácil imaginar um Pacto de Varsóvia sem Polônia ou Hungria. O mesmo se podia dizer de outra Primavera de Praga, até da queda do Muro. Em particular, Helmut Kohl começava a falar sobre o fim do comunismo e aludia à reunificação da Alemanha. Mas aqueles que viviam os eventos estavam temerosos. Onde há manadas, há também predadores. Onde há mudança há perigo. Que desgraças os tempos poderiam trazer? A esperança era contida pela cautela, filha das experiências amargas de 1953, 1956, 1968 e 1980.

Viajar pela região no final de setembro e início de outubro era correr com as manadas. Àquela altura, a velocidade das transformações se tornara, em si mesma, a força mais poderosa em favor da mudança. Os acontecimentos em um país transbordavam imediatamente para os outros. Da noite para o dia, a Europa Oriental tornou-se menos uma geografia que uma física volátil: plasma em movimento, um redemoinho caleidoscópico ofuscante e desorientador. Todos pareciam andar em velocidades diversas, em diferentes direções, para um destino desconhecido. Na Polônia, poucos meses antes, o Solidariedade queria no máximo a restauração de sua condição legal; agora estava às voltas com os despojos ambíguos de sua vitória. A Hungria encontrava-se no limiar do sucesso em sua campanha para derrubar o comunismo. Em contraste, a Tchecoslováquia mal começara a se mover. Havia vislumbres tentadores do que poderia ser possível, embora obscurecidos por poeira, comoção, exaltação e temor.

Meus editores de Nova York sugeriram que eu desse uma circulada pela região e procurasse vê-la como uma única matéria, e não várias, observá-la como um processo e tentar imaginar aonde tudo aquilo poderia levar. Stephen Smith, editor-executivo da *Newsweek*, foi comigo. Apelidamo-nos de Irmãos Marx, perdidos no território irreconhecível do Absurdistão. Estava tudo de cabeça para baixo. Às vezes, era difícil distinguir os mocinhos dos bandidos. Nenhuma fantasia estaria à altura das realidades e dos contrastes dissonantes que encontramos. Com certeza nenhuma fantasia podia se equiparar àquele drama fecundo.

Começamos na Polônia. Uma vez mais, o Solidariedade lutava por sua vida, só que, agora, na condição de governo, e não de oposição esfacelada. Que evolução curiosa! No início de julho, depois de sua vitória tumultuada na eleição, o outrora sindicato banido viu-se na situação de força política dominante do país. Quando o novo Parlamento polonês se reuniu pela primeira vez, Lech Walesa, sorridente e bem-humorado, encontrou-se sentado ao lado de um abatido Jaruzelski, o homem que o mandara para a prisão oito anos antes. Na verdade, a própria presença do general era um símbolo eloquente do castigo merecido do Partido Comunista. Incapaz de reunir, no novo Parlamento, votos suficientes para elegê-lo presidente – como ambos os lados haviam planejado –, os líderes do Solidariedade viram-se na bizarra posição de votar com os comunistas para pôr seu ex-perseguidor no poder. Em 19 de julho, conseguiram elegê-lo com a margem de um voto. A cerimônia de posse foi assistida por seu ex-gabinete inteiro, da galeria dos visitantes. Nenhum deles havia conquistado um assento.

Depois disso, os eventos assumiram vida própria. Quando Jaruzelski e seus comunistas se mostraram incapazes de montar um governo, o Solidariedade negociou uma partilha do poder: "O presidente de vocês, o primeiro-ministro nosso", gracejou Adam Michnik, um dos líderes do sindicato. Na ocasião, o acordo de Michnik provocou risadas. "Ora, Adam, por favor", retrucou Tadeusz Mazowiecki, que havia orientado as conversações da Mesa-Redonda. "Temos de ir devagar. Levará anos até entrarmos no governo." No entanto, algumas semanas depois, em 24 de agosto, Mazowiecki tornou-se *o governo* – o novo primeiro-ministro da Polônia, o primeiro não comunista desde que o Exército soviético atravessou o país, em 1944. Em seu primeiro dia de trabalho, dispensou a limusine oficial que o esperava diante do apartamento humilde onde morava e foi trabalhar de bicicleta. Ao vistoriar seu novo escritório, apertou um botão escondido: um guarda armado saltou de trás de uma divisória. Mazowiecki ficou horrorizado.

Não eram poucos os problemas que tinha à frente. Inflação de 50% a 100% ao mês. Escassez de alimentos e suprimentos médicos. Pânico que esvaziava as lojas. Corrupção endêmica. Incentivos econômicos tão sinuosos que o escambo ameaçava substituir a moeda. Espectro de greves, senão de implosão social. Não admira que os comunistas quisessem compartilhar o poder. Quanto tempo levaria para que suspirassem de alívio por não terem mais responsabilidade alguma? Numa entrevista de final de noite, Mazowiecki deu um suspiro e uma longa tragada em seu cigarro. A fadiga estava impressa em seu rosto. Talvez, brincou ele, o Solidariedade não devesse ganhar a eleição. Para seus novos ministros, era a vingança de Oscar Wilde: "Quando os deuses desejam nos punir, eles respondem às nossas preces."

Tal como tantos outros jornalistas antes de nós, perguntamos o óbvio. O Solidariedade ganhou a eleição: e agora? O primeiro-ministro neófito, tão acostumado a seu papel de líder da oposição e defensor dos direitos humanos, falou-nos então de reforma tributária, eliminação de subsídios e planejamento estatal, sobre como estimular o espírito empresarial e substituir a economia tutelada do país por outra, baseada na demanda. "A coisa mais importante é afastar dos poloneses o sentimento de desesperança", declarou. "Precisamos de um novo despertar. Essa é nossa primeira tarefa, liberar as energias do povo. Tudo depende disso." Diante de outra pergunta tipicamente americana – em face de tantas dificuldades, quanto tempo ele achava que sua "lua de mel" política iria durar –, ele sorriu pesaroso: "Que lua de mel?"

No jantar daquela noite, no desbotado hotel Victoria, três líderes do Solidariedade pareciam navegar à deriva. Precisavam de tempo, mas não havia tempo. Precisavam de dinheiro e pediam-no ao Ocidente, mas até então nada haviam conseguido. Precisavam de conhecimento, mas nada tinham: política monetária, política fiscal, oferta e demanda? "Não sabemos nem o que é um mercado", disse um deles. Inocentes dos mistérios da Economia I, falavam com autoridade de remédios charlatanescos. "Precisamos é de uma boa dose de inflação corretiva." Com isso, referiam-se a súbitos aumentos de preços que, em teoria, poriam as mercadorias nas prateleiras das lojas e desestimulariam as compras movidas pelo pânico. "Terapia de choque", disse o homem que viria a ser ministro das Finanças, Leszek Balcerowicz.

Aqueles eram homens bons e simples – do tipo que se poderia encontrar na sede do governo de Vermont –, metidos em eventos de abalar o mundo. Contudo, eram muito inexperientes. "Jamais comi num restaurante como este", maravilhou-se um preeminente membro do Parlamento, como se o acanhado restaurante do Victoria fosse o George V em Paris, e não uma versão pobre do Quality Inn. A pessoa anunciada para futuro ministro da Defesa falava de comércio e história – isto é, dos alemães. "Sim, nós poloneses temos uma história de mil anos com a Alemanha. São mil anos de guerra." Para nosso desconcerto, ele advertiu solenemente: "Cuidado com a conspiração judaico-alemã contra o Exército polonês." Era uma conversa antiga, complicada demais para se entrar nela. Observemos apenas que as vítimas da história nem sempre são enobrecidas por seu sofrimento, nem os demônios são malditos para sempre.

Os comunistas logo souberam tirar vantagem dos problemas do Solidariedade e assumiram o papel de "social-democratas" progressistas. Marel Krol, o novo secretário de imprensa do Partido, era o exemplo do novo "Homem Novo". De terno elegante e cabelos lustrosos, exibindo seu inglês sem sotaque, ele desdenhava da palavra "comunismo" e explicava com aversão: "Não gosto dessas atitudes religiosas, essas divindades socialistas, líderes sagrados, os dogmas escriturais da crença. 'Luta de classes'. 'Classe operária'. Bah. Transformamo-nos no partido do lumpenproletariado. Não há futuro nisso." Os poloneses, preguiçosos e desmoralizados, precisam mudar de "mentalidade". Devem se tornar mais empreendedores e autoconfiantes – em uma palavra, mais "ocidentais". O caminho de seu partido, Krol nos assegurou, era o capitalismo sem grilhões, não a confusa "terceira via" que o Solidariedade provavelmente iria preferir. Ora, vejam quantos ex-dirigentes comunistas, ao deixar a vida pública, estão entrando nos negócios. "Já estão fazendo montes de dinheiro!"

O homem que chamavam de "Raposa" logo faria parte desse grupo. Primeiro-ministro havia pouco tempo e agora novo chefe do Partido Comunista, Mieczyslaw Rekowski equiparou-se a um "Reagan republicano" do Leste. A desfaçatez da afirmação, a audácia absoluta, ao mesmo tempo nos chocou e fez rir – ainda mais porque ele evidentemente acreditava naquilo, que, com um movimento de mão, poderia se reinventar como defensor do livre mercado. Na verdade, com seus cabelos grisalhos curtos e o rosto de traços marcados, estava mais para Júlio César. Demonstrando um desdém imperial pelas massas que antes conduzira, Rakowski zombava de seus compatriotas por se aferrarem aos confortos do velho sistema. "A sociedade não está preparada para fazer sacrifícios", disse ele. "Estamos presos demais a nossa vida pacífica. Nós poloneses gostaríamos de viver no capitalismo e trabalhar no socialismo."

George Bush, ao visitar Varsóvia em julho, gostou do que ouviu. "Ele me disse que fui o primeiro polonês que não lhe pediu dinheiro", Rakowski contou-nos orgulhoso. Não importava que ele também tivesse caçado poloneses que pediam mudanças, ou que tivesse ajudado a criar aquela nação de "vadios", como ele os chamava. Apeado do posto de primeiro-ministro quando o Solidariedade subiu ao poder, arquiteto da era da lei marcial no país, bem como de suas últimas reformas, considerava-se um realista. Sem dúvida era escolado tanto na realpolitik como nos aforismos. "Se a economia estiver clinicamente morta, preferimos ter o Solidariedade como agente funerário", declarou. Por quê? Porque seria mais fácil para seus comunistas retomar o poder. "Democraticamente, claro", acrescentou com um sorriso. Ele não tinha como saber que, dentro de três anos, era exatamente o que aconteceria.

Mas os comunistas não eram os únicos oportunistas. Lech Walesa, o líder do Solidariedade, fora relegado à margem pelo novo governo. Seu problema era o de sempre na política revolucionária. As eleições foram realizadas. O Solidariedade estava em ascensão. O que eu ganho com isso, Walesa queria saber. Sou o herói de Gdansk! A bem da verdade, os mandachuvas do Solidariedade haviam se virado contra ele, em boa medida pela sua arrogância ditatorial. Às suas costas, com as línguas soltas pelo conhaque, chamavam-no de "gordalhão" e "pontão". Zombavam de seu anel cor-de-rosa e a inclinação para andar em lustrosas limusines pretas, e insinuavam que estava na folha de pagamento da Igreja católica. O cargo que lhe parecia indicado – presidente – estava ocupado por Jaruzelski. E assim, o homem que se tornou a cara do movimento, que talvez tenha feito mais que ninguém pela independência da Polônia, ficou de fora.

É preciso ter cuidado com a fúria de um pai fundador desprezado. O primeiro governo pós-comunista da Polônia tinha apenas seis semanas de vida, mas Lech Walesa atacou-o como o dobermann que era. A retórica desdenhosa que reservava outrora para os comunistas foi reorientada para seus ex-aliados. "O governo não está avançando com rapidez suficiente", trombeteava em seus discursos. "Está tomando as decisões erradas. A sociedade está furiosa e farta. A Polônia é um barril de pólvora que pode explodir numa guerra civil." O político astuto de sempre – e talvez seguindo o exemplo dos comunistas –, Walesa também se distanciava do governo que ajudara a criar. Falhassem ou tivessem sucesso, suas reformas causariam um sofrimento profundo e seriam politicamente impopulares para a maioria do eleitorado. Ele tinha certeza de que não queria fazer parte disso.

O antipático Lech Walesa apareceu durante uma entrevista em Gdansk. Um fotógrafo e eu chegáramos de avião, no final de outubro. Ventos e chuvas inclementes sacudiram o aparelho como uma pipa; a visibilidade era zero. Como se tratava da empresa aérea nacional polonesa (LOT), não estávamos equipados para realizar um pouso com instrumentos, nem havia combustível suficiente para voltar a Varsóvia. Voamos em círculos sem parar, até que se abriu uma brecha nas nuvens carregadas e descemos ao aeroporto. A pista estava cheia de ambulâncias e carros de bombeiros. Durante todo o calvário, o sistema de som do avião tocou "Blue suede shoes", com Elvis Presley. É o fundo musical para a morte, nunca mais esqueci.

Walesa estava sentado a uma escrivaninha lendo (ou fingindo ler) *Politika*, revista política intelectual. "Ele não sabe ler", confidenciou certa vez um ex-aliado bêbado. Walesa não tinha tempo para gente como eu, agora um mero jornalista secundário. Empresários alemães, parceiros potenciais, esperavam do lado de fora. "O que você acha que eu sou? Um ator?", perguntou quando o fotógrafo da *Newsweek* lhe pediu para posar para uma foto. "Depressa. Depressa. Você é lento demais. Não ganharia muito dinheiro de mim!" Perguntei sobre suas acusações contra o novo governo: que propunha reformas econômicas profundas demais; que arriscava deflagrar uma "guerra civil"; que a Polônia estaria mais bem servida por um homem forte nacionalista tradicional, como o marechal Pilsudski (ou ele mesmo) do que pela democracia.

Ele deu de ombros. "Walesa é um iniciador", disse, numa apropriada terceira pessoa. "Ele iniciou a mudança política, agora iniciará a mudança econômica." Incomodava-o aquela conversa de que fora posto de lado: ao contrário, aquilo era escolha sua. "Assim é a vida." Perguntei se outros regimes comunistas da Europa Oriental encontrariam inspiração na Polônia, esperando algum insight sobre os eventos futuros na Tchecoslováquia ou na Alemanha Oriental. "Walesa é muitas coisas, mas não é adivinho", respondeu o Grande Homem. Ainda não acabamos? "Sou escravo do tempo! Desculpem-me. Sei que vocês são importantes. Deveria tratá-los melhor. Mas Walesa é um escravo do tempo!" Com isso, levantou-se abruptamente e apressou-se em ir atrás de seus alemães, radiante.

A desconsideração estava carregada de significados não intencionais. Todos aqueles jornalistas azucrinando-o sobre o passado: os comunistas cederiam o pleno controle do governo? O Solidariedade poderia governar? Qual seria o futuro? Ora, isso não importava mais. No que dizia respeito a Walesa, a revolução polonesa acabara. Tudo havia mudado. O futuro estava no comércio e no Ocidente, com seus alemães, cujo dinheiro traria uma nova prosperidade, cuja simples presença – Walesa via com razão – representava a Polônia das décadas vindouras, firmemente ancorada na Europa. "É a economia, estúpido", poderia ter dito, frase que em breve seria popular nos Estados Unidos graças a um jovem candidato político chamado Bill Clinton. Olhem para o Ocidente, não para o Leste. Olhem para o futuro, não para o presente. Nós, jornalistas, com todas as nossas perguntas sobre o momento, não víamos o quadro maior. Não víamos o novo mundo. Walesa via.

Enquanto a Polônia era toda moção e comoção, a Alemanha Oriental jazia congelada, pelo menos na superfície. Embaixo, estava rachando. Erich Honecker não podia ver isso, ou talvez não quisesse ver. Mas outros membros do regime certamente viam. Observavam o que estava acontecendo em Varsóvia e Budapeste. Viam a ameaça à RDA. E estavam estarrecidos diante dos erros grosseiros de Honecker na condução da crise.

Uma prova cabal disso era sua última loucura – a decisão de mandar os refugiados alemães orientais de Praga para a República Federal por trem, via Dresden e Leipzig. Não podia prever a reação popular? Uma "idiotice", chamou-a Günter Schabowski, mal podendo crer. Contudo, saudou a medida, pois lhe dava uma arma, como me contou: "Veja, àquela altura, Egon Krenz e eu estávamos em conversações sobre como acabar com tudo aquilo. Nossa solução era tirar Honecker do poder."

Uma conspiração estava em marcha. Tardara a acontecer, por várias razões: a doença de Honecker, seu poder absoluto, a desconfiança mútua entre os membros do Politburo, a completa cegueira de alguns e o silêncio de outros. Schabowski pressentiu um aliado no chefe da segurança interna Egon Krenz, amplamente considerado o sucessor eventual de Honecker. O primeiro sinal veio no início de maio, durante as pretensas "eleições" que os comunistas realizavam periodicamente para demonstrar suas boas intenções democráticas. Na apuração das urnas, o Partido Comunista amealhou 98% dos votos. "Os resultados eram manipulados, claro", disse Schabowski. "Mas 98%?" Era um absurdo evidente, tendo em vista o humor da época. "Parecíamos palhaços. Ridículo. Olhei para Krenz e ele olhou para mim, e percebemos que estávamos pensando a mesma coisa."

Nenhum dos dois falou. Schabowski lutou para explicar por que, para expressar como era frustrante sentir-se tão bloqueado. Ali estava aquele homem inteligente, animado, dotado de imensa energia e independência. No entanto, sentia-se totalmente impotente, um acessório cerimonial no governo de um único homem: Honecker.

Na terceira semana de setembro, surgiu outra ocasião, poucos dias depois que Honecker saiu do hospital. Numa cerimônia de colocação de flores que comemorava algum suposto triunfo socialista, Krenz fora relegado para a segunda fila da oficialidade do Partido. Normalmente ele estaria na primeira, como cabia ao seu posto de número dois depois de Honecker. Mas o chefe da polícia secreta, Erich Mielke ficou de um lado de Honecker, e do outro estava o ideólogo Kurt Hager. Schabowski viu-se ao lado de Krenz, e então fez uma pequena experiência, perguntando: "'Egon, por que você está na segunda fileira? Deveria estar na primeira. Por que esse bundão do Hager está lá?' Krenz riu um pouco. Ele podia perceber, pelo jeito como falei, que eu estava do lado dele."

Alguns dias depois, Krenz foi ao gabinete de Schabowski e conversaram, começando com a recente loucura de Honecker no tratamento do problema em Praga e passando para a crise crescente no país. Tinham de fazer alguma coisa, concordaram. Logo se encontraram de novo, primeiro na casa de Schabowski, em Wandlitz, um subúrbio arborizado de Berlim preferido pelos comunistas, e novamente em seu escritório, perto do prédio do Comitê Central, aonde Krenz podia chegar sem ser visto, usando um corredor subterrâneo. "Concordamos que, com Honecker, a RDA não poderia sobreviver. Então começamos nossa pequena conspiração. O assassinato de reis começa assim. Mas como fazê-lo? Numa revolução palaciana, você só pode especular sobre quem será simpatizante e quem não será."

Os dois iniciaram a abordagem discreta de uns poucos membros seletos do Politburo em quem achavam que poderiam confiar e marcaram uma data propícia para dar o primeiro lance: 7 de outubro. Seria um dia especial para Honecker, o grande jubileu que marcava o 40º aniversário da República Democrática Alemã. Haveria desfiles, festivais, fogos de artifício e muitas recepções em que potenciais aliados poderiam ser abordados de forma inocente. Mikhail Gorbatchov estaria lá, com os chefes de todo o Pacto de Varsóvia. Os conspiradores concordaram em tentar mandar um sinal para o líder soviético, talvez pedir seu apoio para uma troca na liderança. "Não podíamos tentar entrar em contato com ele diante dos outros", disse Schabowski. "Poderiam nos descobrir. Precisávamos nos proteger. Não achávamos que iria mudar muito se esperássemos mais uma ou duas semanas."

Na verdade, mudava muitíssimo, pois durante aquelas semanas surgiu e ganhou força um movimento de resistência popular. Mas nem esse fato nem qualquer outra coisa chamou a atenção de Schabowski. Tampouco a continuação do drama dos refugiados em Praga, ou os protestos crescentes em Leipzig e Dresden. "Livrarmo-nos de Honecker era a única coisa que importava – como fazê-lo e quem estaria conosco." Tão concentrados estavam em matar o rei que não perceberam o perigo mortal que também os ameaçava.

Václav Havel almoçava calmamente e fumava junto à janela de seu restaurante preferido, uma barcaça às margens do rio Vlatava. Estávamos no meio da tarde de 3 de outubro. O sol cintilava na água. Elvis Presley cantava na juke-box: "Blue suede shoes", mais uma vez. Brincamos sobre a possibilidade de Havel ganhar o prêmio Nobel da Paz, que seria anunciado na manhã seguinte em Oslo (quem ganhou foi Dalai Lama). Uma vitória não o tornaria popular junto à polícia secreta, que esperava lá fora? Fingíamos não os notar; eles fingiam não ser notados.

Havel era o dissidente mais famoso da Tchecoslováquia, o filósofo-dramaturgo banido do teatro após 1968 e uma das figuras fundamentais do movimento a favor dos direitos humanos Carta 77. Os signatários foram denunciados pelo regime comunista do país como "traidores", "renegados" ou "desajustados". Foram barrados de todos os empregos, exceto os mais subalternos, presos com frequência e duramente interrogados. Aquele era um país onde a polícia secreta estava por toda parte. Qualquer pessoa que se tivesse envolvido na liberalização de 1968 era considerada *persona non grata*. Ex-ministros do Exterior eram ascensoristas em hotéis de segunda categoria. Futuros ministros do Exterior, depois que o comunismo foi derrubado, trabalhavam como foguistas de caldeiras, manejando pás de carvão. Havel esteve preso meia dúzia de vezes – uma delas por quatro anos, depois do que, escreveu *Largo desolato*, peça sobre um escritor político que vive com medo de ser mandado de volta para a prisão. Ele talvez fosse mais conhecido por seus ensaios sobre os dilemas da vida sob o totalitarismo. Seu lema era viver "como se", ou seja, como se fosse livre, e lidar com as consequências da forma mais humana possível.

Meu primeiro encontro com Havel fora no começo de junho, não muito depois de seu último período na prisão. Eram seis horas da tarde. Tomamos café em sua biblioteca, servido de má-vontade por sua esposa, Olga. Ela queria que o marido descansasse e parasse de falar, falar, falar. Ele estava pálido e cansado. Os repórteres ocidentais haviam invadido o apartamento que dava para o Vlatava desde o início da manhã. Havel fora paciente com todos eles, mas não tinha estômago para mais uma entrevista longa. Poderíamos ter apenas uma conversa, perguntou?

Mencionei que havia visto duas de suas peças em Varsóvia, *A audiência* e *Tentação*. Ele jamais vira uma montagem pública dos dramas, pois estavam proibidos até então na Tchecoslováquia e no resto da Europa Oriental, inclusive na Polônia. Contei-lhe que a reação da plateia fora "elétrica". Era como se estivessem esperando, aparentemente desde sempre, por alguém que se manifestasse e dissesse coisas que eles também estavam pensando, e se perguntavam como os que estavam no poder reagiriam. Todos sabiam que o personagem principal da peça *A audiência*, Ferdinand Vanek, era um alter ego de Havel. Ele também fora libertado recentemente da prisão por exercer atividades contra o governo. Também estava acorrentado a um emprego sem futuro – uma cervejaria cheia de burocracia, mesquinhez e paranoia. Impelido a beber, à beira da loucura, Vanek vive, não obstante, "como se". Recusa-se a dar informações sobre seus amigos e colegas – como fazia a maioria dos tchecos, de uma maneira ou de outra –, apesar das recompensas de salário melhor, benefícios extras e promoções na hierarquia comunista. A peça desenvolve-se como uma conversa. Vanek está sentado numa cadeira diante de seus superiores, dizendo o que pensa, e termina com ele sentado no lugar do chefe, papéis invertidos graças a sua força de caráter – Vanek, o Homem Comum. A peça encerra-se com a mesma questão do início: Como está a vida? Mas, desta vez, ele responde como líder, não mais na condição do tcheco comum oprimido. Não, as coisas não estão "legais". Na verdade, estão "uma confusão danada".

Era uma metáfora para a vida, naquele momento, nas comunistas Polônia, Hungria e Alemanha Oriental, bem como na própria Tchecoslováquia de Havel. As coisas não estavam "legais". Estavam "numa confusão danada", e, de repente, as pessoas não aguentavam mais. Contei-lhe que o primeiro-ministro Rakowski estava na plateia, certamente em caráter não oficial, em companhia de sua esposa, uma atriz. O casal aplaudiu. Havel adorou a ironia. Suas peças eram encenadas em Nova York e Los Angeles, com elogios da crítica. Em Viena *A audiência* fora um fracasso, por motivos que escapavam a nós dois. Mas a Hungria montaria a peça em breve. Em todos os lugares exibia-se o espetáculo, exceto na Tchecoslováquia.

Havel parecia ganhar energia diante dessa ideia, e falamos sobre a responsabilidade especial dos escritores numa sociedade totalitária, por terem de falar a verdade quando poucos ousavam fazê-lo. "Eu jamais quis ser uma figura política", disse-me. Era o dissidente mais importante do país quase à revelia, a voz intelectual de uma oposição quase inexistente. Não havia Solidariedade na Tchecoslováquia, nem comunistas reformistas querendo se aproximar do Ocidente, tampouco um Gorbatchov. O Partido Comunista tcheco era tão tacanho e repressor, à sua maneira, quanto o de Honecker. Nas palavras de Havel: "Vivo num mundo tão estranho e paradoxal que ser escritor e escrever a verdade faz de você mais que um escritor. Isso tem consequências políticas, e você adquire autoridade política, ainda mais porque as pessoas sabem que não quero o poder. E por isso, talvez, elas confiem em mim."

A certa altura, olhamos pela janela, para o outro lado do rio e por sobre os telhados de Praga, tão pitorescos quanto os de Paris. Havel perguntou-me se eu sabia que milhares de tchecos haviam assinado petições para que ele fosse solto. Todas as semanas ele recebia centenas de cartas escritas por estudantes, trabalhadores, gente de toda a Tchecoslováquia. Isso era significativo, sinal de que uma distensão estava a caminho, como se o gelo que por tanto tempo cobria o país começasse finalmente a quebrar. Escrever a Havel ou pedir sua liberdade eram atos perigosos e deliberados. Era escolher um lado, ficar de pé e se tornar visível, declarar-se um daqueles que resistiam ao regime, e faziam isso apesar de saber que quem vigiava Havel ficaria de olho neles também. "Leio essas cartas e as releio, e a cada vez fico mais chocado com o modo como as coisas estão mudando", disse Havel. Fez uma pausa. Bebericou seu café, deu uma tragada no cigarro. "Vivemos tanto tempo num estado de impotência", continuou em tom reflexivo, dando a cada palavra seu peso. "Não houve progresso, só imobilidade. Então esperamos, na expectativa de que a história recomece."

Havel disse essas frases quase timidamente, inclinando-se para a frente em sua poltrona, com os cotovelos nos joelhos, as mãos segurando o queixo ou acariciando o bigode. Então ele olhou diretamente em meus olhos, com uma expressão ainda mais eloquente que suas palavras. "Nós, tchecos, estamos finalmente achando nossa coragem."

Aquilo era quase bom demais para não ter sido ensaiado. Afinal, Havel era um dramaturgo. Mesmo assim, fiquei entusiasmado. A Tchecoslováquia era um país absurdo. As pessoas mais talentosas trabalhavam como pedreiros ou vigias. Os únicos bons artistas eram aqueles cujas obras não podiam ser exibidas. As pessoas mais honestas perguntavam-se incessantemente se o dia seguinte seria passado na cadeia. O ascensorista cavalheiresco do hotel Esplanade, onde me hospedei, com um belo inglês, casaco de tweed e gravata-borboleta, que contrastava tanto com o gerente mal-vestido e grosseiro, fora vice-ministro do Exterior em 1968. Os poloneses invejavam a Tchecoslováquia por ser um paraíso do consumo. Havia fartura de alimentos. Todos pareciam ter uma casa de campo para fins de semana. Praga era uma joia bem cuidada. Por sua vez, os tchecos invejavam a liberdade dos poloneses. Durante décadas, a liderança austera de Praga impôs um contrato social tácito: subserviência política em troca de um padrão de vida decente. "Nós fingimos que trabalhamos, eles fingem que nos pagam", dizia a velha piada. Era uma fórmula da estagnação. Os líderes comunistas tchecos estavam decididos a se aferrar ao poder e preservar o "papel de liderança" do partido na sociedade. Não queriam nada da economia caótica e do tumulto político da Polônia. Viam as "reformas" na Hungria e as reconheciam pelo que eram realmente: a destruição do socialismo e do Partido Comunista. A questão era se poderiam resistir a essas mudanças e como? Eles também sentiam o movimento dentro e fora de suas fronteiras.

Contudo, Havel tinha razão. Alguma coisa estava mudando. Dissidentes como ele se manifestavam e eram encarcerados por isso. Mas, pela primeira vez, vozes novas juntavam-se às deles. Em janeiro, cinco mil manifestantes reuniram-se na praça Wenceslas, no centro de Praga, para comemorar a morte, 20 anos antes, de um jovem estudante chamado Jan Palach, que tocou fogo em si mesmo para protestar contra a invasão soviética do país em 1968. A polícia dispersou-os com cassetetes, jatos d'água e gás lacrimogêneo. Em fevereiro e março, meio milhão de pessoas assinou uma petição em favor da liberdade religiosa. Um manifesto mais recente, que pedia o fim da censura, obteve 30 mil assinaturas. Um grupo bizarro, autointitulado Sociedade por uma Sociedade mais Alegre, passara a andar pelas ruas de Praga com elmos feitos de melancia, caçoando de seus concidadãos numa espécie de conscientização irreverente – sempre uma ameaça para o comunismo. Meu amigo Tomas Ruller punha fogo em si mesmo. Ele era um artista performático e tinha uma técnica para não se queimar. Mas era esquisito ver aquela tocha humana andando como Frankenstein, com pernas e braços duros e esticados, enquanto as chamas o envolviam da cabeça aos pés. Ele fazia isso em espaços públicos, onde aparecia de súbito e acendia um fósforo. Cambaleava por alguns instantes e depois caía de cara numa piscina de lama. As pessoas adoravam. As autoridades o espancavam. "Por algum motivo, acham que é uma manifestação política", reclamou Ruller, um eco do jovem Jan Palach. Por algum motivo.

Para Havel, tudo isso constituía sinais importantes. "Vemos o que está acontecendo ao nosso lado, na Polônia e na Hungria. Estamos frustrados e queremos mudanças também. As pessoas sabem que é preciso fazer alguma coisa. Mas não sabem o que nem como. Então apelam para slogans: 'Liberdade!' 'Reforma!' Ou meu nome, 'Havel!'. Mas isso são apenas sentimentos. Tudo é embrionário. Não temos um Solidariedade. Não temos 'reformistas' políticos desmantelando o comunismo de cima, como na Hungria. Trata-se de algo novo na história. Não sei o que acontecerá no meu país, mas pessoalmente penso que essa tendência é irreversível. Está em toda a Europa e não é uma questão deste ou daquele país. Isso põe o regime numa situação complicada. Eles estão encurralados. Um dia, permitem uma manifestação, no dia seguinte, não. Um dia, me condenam a oito ou dez anos de prisão, três meses depois me soltam. Eles não sabem o que fazer." Um dia, previu ele, as autoridades cometeriam um erro. "A polícia vai bater em alguns estudantes que protestam e 40 mil pessoas vão aparecer na praça Wenceslas." Caberia a ele canalizar essa cólera, quando ela finalmente irrompeu.

Essa era a situação no início de outubro, quando me encontrei com Havel de novo, durante nossa excursão pela Europa Oriental com meu colega da *Newsweek*. Praga está no meio de uma "crise invisível", contou-nos durante o almoço. Todos esperavam, observavam, buscavam um sinal, uma faísca, como as manadas do Serengeti. "O governo sabe disso", disse Havel. "Nós dizemos para as pessoas no poder que elas não precisam esperar até o fim doloroso para começar um diálogo social, como na Polônia. Muito sofrimento poderia ser evitado." No entanto, esse era exatamente o problema: paralisia. "A liderança está cansada e velha. Estão ficando petrificados e não podem responder a essas coisas novas." Em meio à espera, pairavam ameaças. "Uma ditadura em crise costuma tomar medidas contraditórias", disse Havel. "Posso imaginar uma situação em que minha peça estreie em Praga um dia e no dia seguinte eu vá para a prisão. Isso pode parecer implausível, mas, no momento de crise, quando o poder está abalado, pode acontecer qualquer coisa."

Havia rumores de que o chefe do partido, Milos Jakes, seria substituído, continuou Havel. Outros diziam que a polícia secreta planejava um golpe. "Vai acontecer. A única dúvida é quando e como. Até aqueles que conspiram contra ele sabem." Ele sugeriu que pensássemos na política subterrânea de Praga como um jogo de pôquer. "Cada jogador tem muitas cartas debaixo da mesa e nenhuma sobre ela. Eles esperam que cada um mostre sua mão. Só então farão seus cálculos. É possível também que nenhum jogador mostre sua mão."

Olhando em retrospecto essa conversa, lembro da descrição que Günter Schabowski fez das intrigas no Politburo. O que seria preciso para um jogador entrar em ação, abrir o jogo? O ímpeto viria de dentro ou de fora? E, no momento crítico, quem ficaria ao lado de quem? Havel alertou: "Não esqueçam que num sistema totalitário podemos observar um fenômeno interessante. As pessoas no poder, como seus cidadãos, só abrem o jogo quando o momento está maduro. Nossos líderes usam uma máscara uniforme e pronunciam frases idênticas. Talvez, num momento da história, as máscaras caiam, e somente aí saberemos quem é quem. É possível então que nos surpreendamos ao descobrir que as máscaras escondiam uma face inteligente."

Isso também era um eco. Em torno da Mesa-Redonda da Polônia, inimigos se tornaram parceiros e até amigos, por uma causa comum. Os reformistas da Hungria assumiram o poder no final de 1988 usando uma máscara, depois a deixaram cair para mostrar outra, a face de uma humanidade sábia devotada a um futuro melhor. Ao encontrar com Gorbatchov muitos anos depois, perguntei-lhe por que ele não havia reagido com violência quando viu o rumo que os eventos estavam tomando. "Em nome de quê?", perguntou, indignado. "Em nome da... brutalidade? Em nome da... coerção, ou da escravidão?" Ele não pretendia destruir o socialismo, de forma alguma. Mas agiu com inteligência e por um humanismo essencial. Talvez Havel também viesse a reconhecer em breve os rostos de parceiros em potencial? Amigos em comum me haviam dito que a oposição estava em contato frequente e altamente secreto com membros insatisfeitos do governo, inclusive das forças de segurança. "Talvez", respondeu Havel com um sorriso.

Depois do almoço, caminhamos até a embaixada da Alemanha Ocidental. A "solução" de Honecker para o problema dos alemães do leste acampados no jardim da embaixada revelara-se ilusória, como era de se prever. Serviu apenas para destacar a fraqueza de seu regime. Em poucos dias, outros milhares de candidatos a refugiados haviam chegado a Praga, saltando a cerca, e estavam novamente acampados no jardim. Havel queria vê-los, mas temia ser preso. "Tenho meu policial próprio", brincou durante o almoço, considerando perfeitamente concebível que fosse preso ao deixar o restaurante, como acontecia com frequência quando as autoridades suspeitavam de confusão. Ao nos aproximarmos da embaixada, Havel ficou mais nervoso; já havia reconhecido cinco membros da polícia secreta enquanto avançávamos pela rua sinuosa de paralelepípedos cheia de alemães orientais em disparada e tchecos curiosos. Steve e eu demos o braço a Havel, um de cada lado, e o escoltamos através da multidão. "Não se preocupe", tranquilizamos Havel, numa bravata juvenil. "Vamos nos encontrar com Jakes amanhã. Ele não ousará prendê-lo hoje!"

Era uma cena extraordinária. As praças e ruas em torno da catedral de São Nicolau, perto da embaixada, estavam cheias de Trabants abandonados, o ubíquo carro alemão oriental. Estacionavam por toda parte: ruas, calçadas, parques. Muitas vezes as chaves estavam na ignição. Alguns ainda permaneciam ligados, enquanto os alemães, carregando seus pertences, corriam para a embaixada, temendo serem detidos. Uma multidão de mil ou mais pessoas encontrava-se diante dos portões de ferro batido da embaixada, um antigo palácio barroco no coração da Cidade Velha. Outras centenas atropelavam-se na rua atrás de nós, arrastando seus pertences em malas e mochilas, segurando os filhos no ar para que não fossem feridos no meio da aglomeração. A polícia tcheca tentava se virar de forma lamentável. "Aonde vocês vão?", perguntou um policial tcheco. "Para a Alemanha Ocidental", respondeu um casal jovem com suas malas, passando desafiadoramente.

Nem todos tinham paciência de esperar que a porta da frente fosse aberta. Muitos davam a volta pelos fundos da embaixada, onde uma cerca da altura dos ombros limitava os jardins. Aproximadamente cinco mil pessoas já estavam ali, acampadas em barracas, e o número crescia a cada hora, enquanto os alemães orientais saltavam, escalavam ou eram puxados por cima da barreira. "*Entschuldigen*", pediu-me um jovem educadamente quando parei junto à cerca para conversar com alguns alemães do leste que estavam do lado de dentro. "Com licença." Afastei-me para o lado para que ele pudesse jogar uma mala pesada no terreno da embaixada. Depois escalou a cerca e estendeu a mão a sua esposa, para ajudá-la a subir. Com um empurrão meu, ela se uniu rapidamente ao marido.

Os primeiros trens para a República Federal haviam partido em 30 de setembro, e desde então não pararam mais. Todas as noites, com precisão quase militar, os alemães ocidentais acompanhavam os refugiados até os ônibus que os esperavam para levá-los à estação. Assim que um grupo partia, o espaço que ocupavam era tomado por outros que chegavam. Mas o fluxo logo iria parar. Às três da tarde de 3 de outubro, a Alemanha Oriental fechou suas fronteiras. "Eu estava no último trem de Dresden", um rapaz me contou, falando através da cerca da embaixada enquanto uma chuva fina batia nas barracas de plástico. "Eu sabia que tínhamos de sair agora, ou não sairíamos nunca mais. Acho que vem uma repressão violenta por aí. Uma catástrofe, como na China. Esse regime atiraria em seu próprio povo."

Escoltamos Havel para longe. Ele estava animado, não só pelo tamanho da multidão, como pela reação dos tchecos. "Isso é solidariedade", entusiasmou-se. "As pessoas estão levando as crianças para suas casas e oferecendo comida aos alemães orientais. Isso fala não somente da situação social na República Democrática Alemã, mas também da situação na Tchecoslováquia." Na esquina de uma rua, agradeceu-nos educadamente e virou-se para dar um aceno tímido ao partir. Ele faria 53 anos no dia seguinte. Lembro de perguntar a mim mesmo: será que este homem cordial, de cabelos desgrenhados, com sua jaqueta militar gasta e modos gentis, tem o que é preciso para canalizar uma revolta – se e quando ela vier?

Na manhã seguinte, o chefe do Partido Comunista tcheco, Milos Jakes, riu desbragadamente diante da ideia de que pudesse ser deposto. Aquele Havel! "Vocês sabem por que ele parou de escrever peças?", perguntou Jakes com o sotaque do encanador que fora outrora. "Porque elas não são boas."

Havíamos perguntado a Havel que questão ele proporia a Jakes. Era: você se dá conta da profundidade do descontentamento social, e de sua impotência, de que este é o último momento para resolver a crise sem greves, agitações ou violência? A resposta, como Havel previra, seria perguntar: por que os jornalistas ocidentais o visitam sempre? Havel é um homem que sempre complica a situação, que quer apenas desestabilizar a sociedade. Sabemos quais são os problemas que a Tchecoslováquia tem pela frente, e os resolveremos.

Jakes respondeu exatamente como previsto. Havel era um encrenqueiro, um cínico. Porém, as autoridades não podiam ser acusadas de persegui-lo. "Ele está solto", disse Jakes, como se esse ícone da humanidade e da cultura tcheca fosse um ladrão de banco ou assassino. Quanto à estrutura da sociedade tcheca, "não vemos motivo para mudanças... O Partido Comunista desempenha o reconhecido papel de liderança na sociedade...

Não vamos tomar o caminho da propriedade privada". Sim, a situação na embaixada da Alemanha Ocidental era "bastante desagradável". Mas agora as fronteiras estavam fechadas. O problema fora resolvido, exceto por um detalhe, disse Jakes: "O que vamos fazer com todos esses carros abandonados?"

Dia 6 de outubro. Enquanto Praga estava impacientemente parada, a Hungria se aproximava do auge de sua "refolução", termo cunhado por Timothy Garten Ash para descrever a mistura peculiar de reforma e revolução do país.

"O comunismo está morto", disse-nos o embaixador americano Mark Palmer durante o jantar, na noite em que chegamos. Restava apenas cravar alguns pregos finais no caixão. Passara-se somente um mês desde que os húngaros haviam aberto a fronteira, mas o efeito fora semelhante ao de remover o tampão da banheira. As águas sujas de quatro décadas de tirania, repressão e fracasso grosseiro escoaram-se, aparentemente em um instante. Na analogia de Palmer, estava tudo acabado, faltava apenas o estertor da morte.

Quem assinaria o atestado de óbito? Muito provavelmente Imre Pozsgay. Diziam que ele planejava abolir oficialmente o Partido numa reunião do Comitê Central, na semana seguinte. Pozsgay esperava ser eleito presidente na primeira eleição popular do país, um plebiscito presidencial marcado para o final de novembro, mas Palmer achava que ele se enganava. Lembram da Polônia? "As pessoas querem vingança. Elas odeiam o comunismo." Não importava que homens como Pozsgay e Miklós Németh o derrubassem e promovessem a democracia. "Eles também eram comunistas", disse Palmer. "Eles irão embora."

Parecia uma ironia terrível, uma ingratidão quase vergonhosa. Afinal, Pozsgay era um dos melhores quadros da Hungria. Havia defendido mudanças quando era perigoso fazê-lo. Foi ele quem chamou 1956 pelo que era: uma revolta nacional do povo contra um sistema que não era bom. "O comunismo não funciona", havia dito quando nos encontramos pela primeira vez. "Devemos recomeçar do zero." Ele havia sido o empresário oculto do Piquenique Pan-Europeu, fazendo os preparativos para a grande fuga, um dos primeiros a dar um golpe no Muro. No entanto, não seria eleito presidente da Hungria em novembro. Palmer tinha razão: vingança. Um taxista cuspiu quando pedi para ser levado à sede do Comitê Central, um monstro de mármore às margens do Danúbio que os cidadãos de Budapeste chamavam zombeteiramente de "nossa Casa Branca". Em toda a cidade, os trabalhadores removiam a foice e o martelo dos edifícios públicos. As flores plantadas que formavam uma estrela vermelha numa rotatória do tráfego da cidade haviam sido arrancadas: os motoristas passavam por cima delas.

Contudo, na manhã seguinte, lá estava Pozsgay, com o martelo pronto e os pregos do caixão na mão. O comunismo está "acabado", disse de novo, enfático como sempre, saboreando obviamente seu papel de coexecutor. A Hungria do futuro será semelhante às social-democracias da Europa Ocidental, explicou. O partido estatal deixará de existir. O socialismo ditatorial desaparecerá. A Hungria será um Estado constitucional, com um governo livremente eleito entre partidos competidores, na linha do que Kalman Kulcsar e Miklós Németh me haviam dito nove meses antes. "Sempre fomos como uma barca, atravessando o rio entre Leste e Oeste", disse Pozsgay. "Durante muito tempo ficamos ancorados na margem oriental. Talvez em breve tenhamos um ancoradouro na margem ocidental."

Quando nos preparávamos para ir embora, quase como se fosse um comentário paralelo, ele acrescentou que estava preparando um congresso de quatro dias do Partido, a começar no dia seguinte. Por que não voltávamos quando terminasse, digamos, no dia 11 de outubro, às oito e meia da manhã? Ele talvez tivesse uma boa matéria para a *Newsweek*.

E assim, no dia marcado, apareci cedo em seu gabinete nas Câmaras do Parlamento. "Não sabemos como tudo isso vai acabar", Pozsgay me disse enquanto tomava café, falando das mudanças que ocorriam no bloco socialista como se fossem coisas banais. Eu estava um pouco intrigado quanto ao motivo de estar ali. Então, por volta das nove horas, ele deu um sorriso enigmático e se levantou, como se fosse sair. Acompanhou-me até uma porta, diferente daquela por onde eu entrara, e a abriu, não para mim, mas para ele mesmo. Era a entrada para a Assembleia do Povo. Naquela manhã, explicou-me, ele iria abolir o Partido Comunista. O Partido Socialista dos Trabalhadores da Hungria não existiria mais. Os velhos *apparatchiks*, o encanecido edifício de inutilidade e repressão social, todo o legado da hierarquia, podíamos beijar e dizer adeus. Pozsgay pôs a mão na maçaneta da porta, deu um sorriso largo e, com a sugestão de uma risadinha, atravessou a porta.

11. O beijo da morte

A história pode ser íntima, acidental, impessoal, irônica. Aparentemente, ela pode apenas acontecer, inexorável, ou ser cruel, como se fosse planejada, animada às vezes por algum sentido cósmico de justiça. De que outra forma explicar a bizarra queda de Erich Honecker, com toda sua estranha configuração?

A cerimônia emblemática do Dia do Trabalho marcou o zênite do domínio de Honecker. Uma data não menos importante marcou seu nadir: 7 de outubro, o 40º aniversário do nascimento da República Democrática Alemã. Seria a comemoração da vida de um comunista. Haveria desfile à luz de tochas; 100 mil membros da Juventude Alemã Livre (Freie Deutschen Jugend) marchariam. Gente muito importante estava para chegar: os líderes do bloco comunista, entre eles Mikhail Gorbatchov. Ninguém sabia, óbvio, que, para a maioria deles, seria o último hurra. Quanto a Honecker, era como se o destino tecesse seus três últimos fios. O primeiro tinha o rosto de um aliado nominal, Gorbatchov. O segundo era a conspiração secreta no interior do Partido. O terceiro era o povo alemão oriental, que despertava de seu longo sono e cantava "*Wir sind das Volk*", nós somos o povo, disposto a não ser mais ignorado.

Assim começou o ato final. Gorbatchov encarnava o papel de uma espécie de Cassandra moderna, cujas profecias, a princípio desdenhadas, se concretizariam. Honecker saudou-o no aeroporto. Beijaram-se na boca, ao estilo dos líderes comunistas. Aquela é uma foto infame: um par de homens idosos de lábios selados. Transformou-se logo num cartaz da oposição anticomunista em toda a Europa Oriental: ISTO, proclamava, mostrando um casal de jovens amantes, NÃO ISTO, com um X vermelho sobre Gorbi e Erich. Honecker imaginava que aquilo fosse o selo de uma amizade fraternal. Na verdade, era o beijo da morte.

Haviam-me contado em Praga que, duas semanas antes, o ministro do Exterior russo, Eduard Chevardnadze, fizera uma dura advertência ao seu colega alemão oriental: resolvam a situação dos refugiados na embaixada da Alemanha Ocidental em Praga, ou Gorbatchov cancelará a viagem. Não sabemos até que ponto esse elemento adicional de pressão exerceu influência sobre o modo desastrado como Honecker gerenciou a crise, mas deve ter sido significativo. Em Budapeste, um alto funcionário húngaro, que também recebeu informações de Chevardnadze contou-me que a visita de Gorbatchov tinha um único objetivo: persuadir Honecker a mudar. Se ele não abandonasse suas políticas de força e coerção, se não adotasse algum grau de glasnost e perestroika, o líder russo o desautorizaria em seu próprio Partido.

Enquanto isso, nos bastidores, os conspiradores tramavam. Entre 2 e 6 de outubro (dia em que Gorbatchov e outros líderes do bloco socialista chegaram), Egon Krenz e Günter Schabowski abordaram secretamente cerca de dez de seus colegas de maior confiança. Schabowski falou com Werner Eberlein, o chefe do Partido em Magdeburg, e Harry Tisch, presidente do sindicato dos trabalhadores, e também com vários secretários de distritos. Krenz contatou, entre outros, Willi Stoph, o membro mais idoso do Politburo e chefe do Conselho de Ministros. Ficaram surpresos com a pouquíssima resistência que encontraram. Estava claro para todos que Honecker devia sair.

Ignorando a rede que se fechava ao seu redor, Honecker recebeu seus convidados. Mas nem sempre foi o primeiro a fazê-lo. Mais tarde, Milos Jakes contou à Spiegel Television que Egon Krenz o recebera no aeroporto e o acompanhara até o hotel. "Ele me disse que se deviam esperar mudanças nos próximos dias", falou Jakes. "O secretário-geral não seria mais Erich Honecker, mas o próprio camarada Krenz." As festividades daquela noite mostraram um sinal mais visível dos problemas de Honecker, sob a forma de um desfile dos jovens comunistas da Alemanha Oriental à luz de tochas. Era uma cena emocionante, todos aqueles jovens de uniforme à luz do fogo. Mas o que eles gritavam, segundo Schabowski? "'Gorbi! Gorbi! Gorbi!' Não clamavam 'Erich! Erich!'. Era um repúdio claro."

Certamente Gorbatchov viu as coisas dessa maneira. Na tarde seguinte, 7 de outubro, ele se encontrou com o Politburo da RDA. Havia pensado muito sobre o que queria dizer. "Poli o texto até a última letra", contou por telefone a um auxiliar. "Você sabe que eles vão examiná-lo ao microscópio." Começou falando de glasnost e perestroika, e de como era difícil mudar. Mencionou o "desastre" que a Polônia havia provocado em sua economia e como seria importante evitar esses problemas agindo antes que fosse tarde. "Foi quando ele pronunciou a frase famosa: 'Aquele que chega tarde é punido pela vida'", contou-me Schabowski, reconstruindo a cena. "Ele foi muito diplomático, muito polido. Embora mencionasse seus problemas na União Soviética, era obviamente um convite a falar com franqueza dos nossos."

Mas Honecker ignorou a dica. Ao contrário, pintou um quadro brilhante do futuro do país, congratulando-se porque a Alemanha Oriental não compartilhava dos problemas soviéticos, para não falar dos da Polônia. Alardeou o fato de que o país havia recentemente produzido um chip de computador de quatro megabytes. "Foi um espanto", disse Schabowski. "Há manifestações na rua, e tudo está lindo?"

A fala de Honecker foi seguida por um longo silêncio. "Ninguém disse nada", segundo Schabowski. Os conspiradores, meia dúzia dos quais estava na sala, sabiam que deviam concordar com Gorbatchov. "Deveríamos ter-nos levantado, batido na mesa e dito, 'Erich, chega dessa insensatez'." Mas, sabedores de que em breve agiriam contra ele, ficaram mudos. Falar só revelaria a deslealdade deles e possivelmente poria em risco seus planos. O próprio Gorbatchov ficou em silêncio por um momento e olhou em volta da sala, como que espantado. Ninguém o encarou. "Então soltou um 'tsk, tsk' de incredulidade e desdém. Ele não podia acreditar. Sacudiu a cabeça, levantou-se e, sem dizer nada, deixou a sala. Minha impressão foi de que era a gota d'água. Gorbatchov concluíra que nada havia a fazer com Erich Honecker."

No jantar oficial daquela noite, Honecker destinou o lugar de honra à sua direita para Gorbatchov. À sua esquerda, sentou-se seu velho amigo Jakes. Honecker ergueu-se para falar, cheio de bom humor e bons sentimentos. Tal como na reunião do Politburo à tarde, foi pródigo em elogios a si mesmo e ao seu país, e fez um brinde ao 50º aniversário da RDA, que seria comemorado uma década depois. Os aliados políticos reunidos em sua honra foram menos otimistas. Gorbatchov foi positivamente rude. "Durante o discurso de Erich, ficou fazendo observações sarcásticas", disse Jakes numa entrevista posterior à televisão. "Ele deixou claro que estava distante da liderança alemã oriental. Foi uma coisa muito pouco adequada para a ocasião."

Enquanto os celebrantes jantavam no esplendor do Palácio da República, manifestantes reuniam-se na praça em frente ao prédio. Mesmo no salão onde estavam Gorbatchov e Honecker, era possível ouvir suas vozes: "*Gorbi, hilf uns!*", Gorbi, nos ajude! A polícia interditou a rua, então os manifestantes marcharam ao longo do rio Spree, atrás do palácio. Krenz e Schabowski saíram do salão para ver. Também compararam suas impressões. O porta-voz do Ministério do Exterior soviético, Guennady Guerássimov, estava na mesa de Schabowski. "Eu lhe disse que as coisas iriam mudar em breve." Krenz falou com um dos auxiliares de Gorbatchov e fez alusão semelhante. Nenhum dos dois tinha certeza se o líder soviético saberia o que eles queriam dizer. Enquanto isso, Schabowski notou que o chefe da polícia secreta, Erich Mielke, saía da sala. As poucas centenas de manifestantes que estavam do lado de fora do Palácio da República no início do jantar haviam recebido o reforço de milhares de pessoas. Mielke saíra para dar fim à confusão. Como ousavam eles, logo neste dia? "Deu ordens para bater nos manifestantes", revelou Schabowski.

Eu havia chegado de Budapeste à noitinha, muito tarde para as comemorações oficiais. O centro de Berlim, na área perto dos ministérios, estava sem vida. Mas algumas quadras ao norte, no bairro operário de Prenzlauerberg, jovens se reuniam aos milhares. Na igreja Gethsemane, em Schonhauser Allee, conhecida como "a igreja rebelde", graças a seu apoio ao crescente movimento de protesto no país, havia tanta gente para debater a situação política que mal consegui entrar. Nas ruas em volta, nas janelas ao longo das linhas de bondes, as pessoas seguravam velas acesas. "*Keine Gewalt*", apelavam. "Sem violência." Não queriam provocar as forças de segurança que, na escuridão, montavam cavaletes de metal contra tumultos e se posicionavam na vizinhança.

Em uma esquina, várias centenas de manifestantes reuniram-se para dar vivas a eles mesmos e vaiar o regime. Acenavam para os bondes que passavam, os passageiros acenavam de volta, ou faziam sinais de vitória. Uma fileira dupla de policiais de choque, com capacetes brancos, armados com escudos de plástico transparente e cassetetes, postou-se diante deles e fechou a rua. Era um espaço circunscrito e estranhamente íntimo. Havia crianças sentadas nos paralelepípedos e nas calçadas, com velas nas mãos, bruxuleando com suavidade. Um jovem começou a conversar com um dos policiais:

— Se vocês são a favor da lei, por que agem com violência?

— Não temos de ter essa conversa – respondeu o policial.

— Só há uma maneira de evitar a violência: é conversar.

— Por que você não fala através dos jornais? Ou espera para ver o que acontece em 1990 [quando haveria um congresso do Partido]?

O jovem acendeu um cigarro para o policial, que levantou o visor de plexiglas que protegia seu rosto.

— Temos de começar agora. É por isso que estamos na rua esta noite – disse o rapaz.

Exatamente naquele instante, o comandante da guarda gritou uma ordem pelo megafone. "Aqui é a Polícia do Povo! Dispersar!" Os visores abaixaram abruptamente, e a polícia avançou sobre a linha de manifestantes. Com gritos de surpresa, a multidão deu as costas e fugiu. Alguns caíram e foram carregados para as caminhonetes da polícia. Os cães policiais puxavam suas correntes. Eu também saí correndo como um atleta olímpico em busca da medalha de ouro. Em todas as minhas viagens pela Europa Oriental, era minha primeira escaramuça com a violência. Não brilhei.

As manifestações que aconteceram naquela noite e na seguinte eram as primeiras em Berlim e, até então, as maiores do país. Protestos semelhantes irromperam em Dresden, Leipzig, Plauen, Chemnitz, Jena e Potsdam. Mielke despachou 16 mil policiais só para as ruas de Berlim naquela noite, de cassetetes na mão, jogando gás lacrimogêneo e jatos d'água nos manifestantes. Muitos vinham de unidades especiais antiterrorismo; outros eram brutamontes da chamada Milícia do Povo, uniformizados com jeans, tênis brancos e jaquetas de couro. Estes eram particularmente violentos e arrogantes, provocavam brigas, agarravam as pessoas e batiam até derrubá-las no chão. Mais de mil pessoas foram presas, e muitas passaram mais de uma semana na cadeia, onde foram espancadas e enfiadas em celas superlotadas. Centenas ficaram feridas. Os jornalistas estrangeiros foram expulsos de Berlim Oriental. As linhas telefônicas para o Ocidente, cortadas. "Feliz aniversário, Estado policial!", gritou um manifestante enquanto fugia. Outro descreveu a cena como uma "Oktoberfest da Stasi". Gorbatchov não ficou bem impressionado.

Durante anos, não houve oposição digna de registro na Alemanha Oriental. A ubíqua Stasi, a maior e mais bem treinada polícia secreta da Europa Oriental, eliminou de forma implacável o dissenso em praticamente todas as esferas da vida. Mas essa paisagem começara a mudar havia pouco tempo. Uma oposição nascente surgiu e rapidamente ganhou força. Como disse Havel a respeito dos tchecos, os alemães orientais finalmente "achavam sua coragem". A questão era até onde Erich Honecker chegaria na repressão. O temor em todos os cantos era de uma Tiananmen alemã.

De início, esses grupos não eram abertamente políticos. Naquela primavera, um grupo minúsculo de ecomilitantes chamado Biblioteca do Meio Ambiente (Umwelt Bibliothek) exortou o governo a tomar medidas mais duras para combater a poluição. Um grupo composto por várias dezenas de músicos de rock escreveu uma carta aberta a um jornal de Berlim Ocidental reclamando que estavam "cansados de ser criminalizados" pelo regime. Uma associação de várias centenas de funcionários do Partido e dos sindicatos que se autodenominava Esquerda Unida surgiu durante o verão para promover o "socialismo democrático livre". Depois, em meados de setembro, quando os alemães orientais começaram sua corrida através do rombo aberto pela Hungria na Cortina de Ferro, quatro mil pessoas assinaram em Leipzig uma petição em apoio a um novo partido independente conhecido como Novo Fórum (Neues Forum). Em um país onde assinar um manifesto político podia significar interrogatório, perda de emprego e possivelmente prisão, tratava-se de um evento extraordinário. De modo significativo, entre os signatários estava um grande número de membros jovens e reformistas do Partido, inclusive um vice-presidente do Conselho de Estado de Honecker. Era óbvio que as pessoas começavam a sentir uma certa segurança na quantidade. As implicações não deixaram de ser notadas pelas autoridades do país. Quando os líderes do Novo Fórum pediram o registro de sua organização em 12 dos 15 distritos eleitorais do país, foram sumariamente rejeitados como "hostis ao Estado", uma acusação quase equivalente a traição.

Foi o próprio Honecker quem deu a essa oposição neófita uma voz mais elevada e uma causa popular mais ampla. O acordo que ele concebeu com o governo tcheco para permitir o livre trânsito de refugiados para o Ocidente via RDA foi a faísca proverbial que deflagrou o incêndio. Se tantos alemães orientais estavam conquistando a liberdade pela Hungria ou pela Tchecoslováquia, por que seus compatriotas não tinham liberdade para viajar também? Em 4 de outubro, em Dresden, onde os trens ainda passavam a caminho da República Federal, uma turba de manifestantes juntou-se perto da estação, jogando pedras do calçamento e gritando palavrões para a polícia, que os repeliu à força, espancando alguns com gravidade. Os choques transformaram-se em confrontos diários, com mais de 30 mil cidadãos, em 7 de outubro. No dia seguinte, enquanto as forças de seguranças preparavam medidas mais draconianas, o prefeito de Dresden reuniu-se com representantes locais da Igreja e uma comissão de cidadãos para negociar um "diálogo" – um sinal de flexibilidade das autoridades, que transformou o que prometia ser um tumulto sangrento numa festa de rua delirante.

Os eventos em Dresden foram apenas um aperitivo. Um confronto muito mais trágico aconteceu no dia seguinte – 9 de outubro, uma segunda-feira – em Leipzig, a segunda maior cidade do país. Num rito semanal que começara naquela primavera, milhares de moradores da cidade se reuniam na Nikolaikirche, uma igreja no centro da Cidade Velha, para uma reunião de orações às cinco da tarde. Todas as segundas, na hora marcada, juntavam-se para atacar a política de emigração do regime e criticar sua incapacidade de mudar. Só raramente havia mais de algumas centenas de pessoas; porém, com o êxodo de setembro pela Hungria e a crise dos refugiados em Praga, esse número multiplicou-se. Em 25 de setembro, transbordaram da igreja para a praça Karl Marx, cantando o *spiritual* americano "We shall overcome", e ganharam a companhia de dez mil outras pessoas, numa marcha pacífica em torno da rua central da cidade conhecida como Anel. Na segunda-feira seguinte, 2 de outubro, a multidão foi ainda maior. "*Wir bleiben hier*", gritavam. Vamos ficar!

Honecker viu o perigo. Antes mesmo de seu constrangimento em Berlim, com os manifestantes pedindo "Gorbi, ajude-nos", ele emitiu suas ordens: aquela manifestação de segunda-feira não seria permitida. Três dias antes, em 6 de outubro, o jornal do Partido, *Leipziger Volkszeitung*, fez uma advertência clara. A polícia de segurança do Estado não toleraria mais o que o chefe da Stasi de Leipzig, Hans Geiffert, chamou de reuniões "ilegais e não autorizadas": "Devemos estar prontos para reprimir essa ação contrarrevolucionária, se necessário de armas na mão."

No início da tarde de segunda-feira, 9 de outubro, a Nikolaikirche estava lotada. Aqueles que não conseguiram entrar ficaram nos degraus e nas ruas adjacentes. Às cinco horas, já eram cerca de 70 mil. Estava montado o palco para um banho de sangue. Na noite anterior, o ministro da Segurança Estatal, Erich Mielke, ordenou mobilização total. Milícias de fábricas foram reforçadas com reservistas da polícia, numa convocação de emergência. Durante toda a noite anterior, milhares de soldados extras foram levados para a cidade. O Anel e a vizinhança em torno da Nikolaikirche estavam cheios de policiais de choque armados. Um comandante contou como distribuiu armas e munição do arsenal. "Comecei com os de hierarquia mais baixa, dando cassetetes de borracha, escudos e capacetes", contou Jens Illing à BBC, numa reconstrução do ato. "Depois, aos oficiais, entreguei pistolas Makarova 9mm e cartuchos. Cada oficial tinha pelo menos dois pentes. Em seguida, o chefe da companhia deu ordens para aprontar um grande número de rifles automáticos Kalachnikov. Os homens embarcaram em caminhões e foram levados."

Os preparativos preocuparam muitos integrantes da polícia, em particular o pessoal do lugar, como Illing. Ele sabia que sua mãe e seu padrasto estariam entre os manifestantes e telefonou-lhes com antecedência para avisar que não fossem. Outro comandante da polícia, Silvio Rosler, contou à BBC que os oficiais tentaram deixar de fora os "não confiáveis". "Eles nos entrevistaram. Você não era confiável se não estivesse preparado para atirar nos manifestantes. Seria exatamente como na Praça da Paz Celestial. 'São eles ou nós', nos disseram. Eles estavam nos atiçando para uma luta." Avisaram os hospitais para que esperassem feridos. Médicos e enfermeiras estavam em alerta. Suprimentos extras de sangue foram estocados. As ambulâncias estavam a postos em ruas próximas ao Anel.

Mas se a linha-dura do Politburo estava preparada para a violência, o mesmo não acontecia com os outros. Egon Krenz afirmaria depois que, na última hora, telefonou para o comandante da segurança de Estado em Dresden e deu uma contraordem às determinações de Honecker. Na verdade, foi mais confuso (e mais tipicamente comunista) que isso. Krenz certamente não queria sangue em suas mãos. Afinal, ele e outros agiriam em breve contra Honecker, e autorizar violência contra o povo nessa conjuntura seria o fim de seu futuro político. Tendo recebido ordens de Honecker de "encarregar-se de Dresden" pessoalmente, o que fazer?

Numa reação típica, Krenz optou por uma estratégia de protelação. De acordo com um velho costume, telefonou ao embaixador soviético Viatcheslav Kotchiemasov no final daquela tarde, o qual, segundo certos relatos, desobedeceu as ordens de Gorbatchov de "ouvir, mas não aconselhar", e argumentou energicamente contra uma "solução chinesa", em especial uma ação que pudesse envolver o Exército da RDA. (Há quem sugira que Krenz solicitou o conselho de Moscou para proceder com cautela, caso tivesse de responder a Honecker mais tarde.) Ele disse então aos comandantes locais que era melhor evitar a violência ao transmitir os métodos de executar as ordens de Mielke – e que deveriam agir de acordo com seus critérios.

Em outras palavras, Krenz tirou o corpo fora. Sabia que os líderes comunistas locais estavam divididos, como o Politburo em Berlim. Ele aparentemente calculou também que, na ausência de ordens diretas da capital, eles evitariam o derramamento de sangue. Tudo o que se precisou para inclinar a balança foi a intervenção de uma modesta força externa. Ela veio na forma de arte, como parecia acontecer com tanta frequência na Europa Oriental em 1989: um apelo ao "diálogo" do regente da orquestra de Leipzig, Kurt Masur, apoiado por autoridades comunistas locais e transmitido pelo rádio.

Foi o suficiente. Pouco depois das seis da tarde, o chefe do Partido local, Helmut Hackenberg, telefonou a Krenz – optando cautelosamente por não ligar para Mielke ou para o próprio Honecker. O protesto não dava qualquer sinal de degenerar em violência, contou-lhe. A seu juízo, era melhor deixá-lo prosseguir. Krenz disse que telefonaria de volta. Fez isso 45 minutos depois: "Consultei vários ministros e membros do Politburo, e concluímos que sua decisão foi correta."

E assim, os cidadãos de Leipzig marcharam. O dia 9 de outubro significaria uma vitória decisiva do autêntico "poder popular" em 1989. Contudo, o perigo não estava afastado. No dia seguinte, na reunião matinal do Politburo, realizada todas as terças-feiras, Honecker culpou a Otan e os provocadores ocidentais pela agitação da noite anterior. Segundo Schabowski, quando ele se levantou para sair, perguntou de novo: "O que devemos fazer em relação aos manifestantes?" Talvez, sugeriu, fosse necessário usar a força, afinal.

Os conspiradores ficaram alarmados. A próxima marcha em Leipzig ocorreria na segunda-feira seguinte, 16 de outubro. Eles haviam escolhido a reunião da terça seguinte para dar o golpe. "Era uma grande crise", contou Schabowski. "O que faríamos? Isso iria desacreditar totalmente nosso novo governo." A solução foi repetir o que haviam feito na semana anterior: pedir aos líderes de Leipzig para conter o protesto, e nada mais. Enquanto os manifestantes enchiam as ruas naquela noite, Krenz esperou até o último momento para emitir ordens mais explícitas à polícia no sentido de não interferir. "Ele esperou até as seis horas para mandar suas ordens por fax", segundo Schabowski. Eles temiam que Honecker fosse alertado e talvez ordenasse diretamente a intervenção da polícia.

No dia seguinte, aquela terça-feira fatídica, Honecker chegou ao Politburo às dez da manhã. Deu bom-dia e apertou a mão de todos. Depois abriu a reunião. "Senti-me muito mal, como Brutus", relembrou Schabowski. Willi Stoph, o mais antigo líder do Partido, foi o primeiro a enterrar o punhal: "Erich, eu gostaria de propor uma mudança na pauta."

Honecker ficou perplexo. Não estava acostumado a ser interrompido. Stoph continuou em tom brando de *apparatchik*: "Eu gostaria de propor a destituição do secretário-geral."

Seguiu-se um momento de "silêncio grotesco", lembrou Schabowski. "O rosto de Honecker ficou gelado. Depois recomeçou sua fala de onde a interrompera, como se não tivesse escutado."

"Erich", Stoph interrompeu de forma quase gentil, "devemos discutir esta questão."

Honecker deu a impressão de recuperar sua presença de espírito: "Tudo bem, façamos uma discussão."

Por incrível que pareça, ele tratou de organizá-la, como se fosse a coisa mais normal do mundo. Mesmo então, não reconhecia que tudo havia mudado de forma decisiva. Perguntou quem gostaria de falar. Quando as mãos se ergueram, ele reconheceu as pessoas que julgava apoiá-lo. Nenhuma delas ficou do seu lado. Nem Erich Mielke, o chefe linha-dura da polícia secreta.

Por fim, veio a votação e, com ela, o momento da verdade para Honecker. Ao olhar para aqueles ao redor da mesa que erguiam a mão contra ele, o ditador sentou em sua cadeira e piscou. Então, abruptamente, fez o que ninguém esperava. Humilde, em silêncio, segundo Schabowski, "Erich levantou sua mão com os outros". Um verdadeiro comunista, até o fim.

Pobre Egon Krenz. As revoluções na Europa Oriental começaram como uma interação sutil de signos e símbolos, mas depois a mensagem se tornou bastante clara. Se ele tivesse prestado atenção aos cartazes empunhados pela multidão do lado de fora de seu gabinete, poderia ter previsto seu futuro com facilidade.

Entre os mais criativos estava um em que a palavra *Alt* (velho) era repetida dezenas de vezes em tamanho pequeno, de tal modo que criava as letras de duas palavras grandes: *Neu?* (novo?) *Nein* (não). Outro cartaz trazia uma caricatura de "Egon, o Krenzman", com seu sorriso cheio de dentes e cabelos hirsutos, deitado na cama e vestido de Chapeuzinho Vermelho. "Vovó, que dentes grandes a senhora tem!"

Dizer que os alemães orientais receberam seu novo líder com ceticismo seria um eufemismo. O "Sorridente Egon" – outro apelido – assumiu o lugar de Erich Honecker apenas três semanas após visitar a China, onde ele elogiara a repressão sangrenta dos protestos democráticos na Praça da Paz Celestial. Depois de demitir o velho líder, passou imediatamente a bancar o reformista, prometendo *Wende* – uma mudança drástica de direção, uma nova abertura e discussão, "diálogo". Bem-vindas, glasnost e perestroika, ao estilo RDA. Falou em eleições livres, fim da censura, uma nova Constituição. E, o mais importante, prometeu refazer as leis de viagem do país, oferecendo aos alemães orientais o que desejavam acima de tudo.

Ninguém acreditou nele. Afinal, Krenz era uma criatura do sistema, um protegido de Honecker que subira na hierarquia do Partido na esteira do antigo líder. Tal como seu mentor, estivera à frente da Juventude Alemã Livre. Como membro do Politburo, exercia autoridade última sobre a odiada Stasi, de Mielke. O que prometia de um lado tirava do outro. Seu primeiro discurso ao povo cujos corações e mentes esperava conquistar era um pastiche de contradições e falsos recomeços. Após propor eleições, reafirmava o "papel de liderança" do Partido Comunista. Embora falasse de diálogo, não fazia concessão alguma à nova oposição no país; ao contrário, falou sinistramente em manter "a lei e a ordem". Quanto à prosperidade material, propôs eliminar a distância entre as duas Alemanhas com algo que chamou de "economia socialista planejada e orientada para o mercado". Nem o Partido engoliu isso. Quando chegou o momento de nomeálo chefe de Estado, 26 membros do Parlamento, que em geral nada mais faziam além de carimbar uma aprovação, votaram contra ele, e outros 26 se abstiveram, numa exibição de independência jamais vista.

Krenz não podia compreender que estava amaldiçoado, que seu mundo havia mudado substancialmente. Importava pouco que tivesse boas intenções. As pessoas pressentiam que ele era um oportunista, que era um homem de Honecker. Seu antecessor assegurou-se disso, pelo menos. Num último gesto cruel e num brilhante ato de sabotagem, Honecker propôs, ao renunciar, um sucessor: não um "homem mais jovem", para manter a aparência da versão oficial de sua saída por "motivos de saúde", mas Krenz. Schabowski chamou seu gesto de "a vingança do faraó". Honecker sabia quem o havia derrubado, assim como sabia o que sua bênção significaria. E assim foi. Krenz era "mercadoria com defeito", incapacitado desde o início. Suas "reformas" seriam consideradas ações de contenção, manipulações cínicas de alguém que desejava apenas se agarrar ao poder.

À medida que os dias passavam, Krenz ficava cada vez mais desesperado. Numa entrevista que me concedeu cinco meses depois, diria que era como "montar num redemoinho". Tudo estava um caos, contou-me. Nada funcionava. No livro *Quando o Muro caiu*, descreveu como era impossível acompanhar o ritmo dos eventos: "Decidíamos alguma coisa de manhã e tínhamos de mudar no início da noite." Enquanto isso, a pressão aumentava. Em 20 de outubro, dia em que Krenz assumiu o poder, 50 mil pessoas marcharam em Dresden pedindo eleições livres. No dia seguinte, 35 mil marcharam em Plauen, e 80 mil trabalhadores entraram em greve na praça Karl Marx. A manifestação semanal de Leipzig naquela segunda-feira atraiu mais de 300 mil pessoas. Em 4 de novembro, meio milhão de berlinenses reuniram-se na Alexanderplatz, no centro da cidade, para exigir o direito de viajar livremente.

Se houve um momento em que Krenz poderia ter bancado o herói e garantido um pouco de legitimidade para seu governo, foi aquele. Tudo o que tinha a fazer era dar ao povo o que ele pedia: o direito de ir e vir, sem obstáculos. Mas ele não podia romper com o passado. A própria existência da RDA tinha por premissa o controle social, assim como seu governo. E, desta forma, ele avançou com passos cautelosos e meias-medidas, cedendo o mínimo possível a cada momento, o que jamais era o suficiente.

No final de outubro Krenz prometeu "liberalizações" das leis sobre viagem e designou uma "força-tarefa" para estudar a matéria. Poderia haver resposta burocrática mais clássica que esta? Em 1º de novembro, com a escalada dos protestos, ele reabriu a fronteira com a Tchecoslováquia e propôs permitir que os alemães orientais visitassem o Ocidente a partir de então. Quando isso provocou nova agitação, ofereceu outra concessão tímida: viagem ao exterior de até um mês por ano, conforme aprovação de autoridades devidamente designadas. Naquela mesma noite – segunda-feira, 6 de novembro – houve outra gigantesca manifestação em Leipzig, reunindo quase um milhão de pessoas. Agora não exigiam somente liberdade para viajar, mas, pela primeira vez, o fim do próprio comunismo.

Enquanto isso, mais gente fugia do país. A decisão de Krenz de reabrir a fronteira com a Tchecoslováquia deflagrou um segundo êxodo em massa. Aqueles que não haviam corrido para a liberdade em setembro, e se arrependeram disso, agora aproveitavam a ocasião. A embaixada da Alemanha Ocidental em Praga logo ficou lotada de gente que buscava asilo. Mas, desta vez, o governo tcheco não estava disposto a brincar com trens, e logo anunciou que os alemães orientais poderiam cruzar suas fronteiras com a Alemanha Ocidental incondicionalmente. Somente no fim de semana de 4-5 de novembro, cerca de 25 mil alemães do leste fizeram isso. Em telefonema ao presidente Bush, em 23 de outubro, Helmut Kohl mencionou uma conversa que tivera havia pouco tempo com Gorbatchov. O líder russo contou como pressionara Honecker a fazer reformas durante sua visita. Mas nenhum dos dois confiava muito na liderança, inclusive em Egon Krenz. "As mudanças na RDA são extraordinárias", Kohl disse a Bush. "Nossas estimativas são de que, até o Natal, cheguemos a um total de 150 mil refugiados, com uma média de idade abaixo de 30 anos." (Na verdade, esse número superaria os 250 mil até 9 de novembro.) Era a Grande Fuga novamente, só que muito, muito maior.

No final da tarde úmida e tempestuosa de 8 de novembro, fui de carro até as montanhas bávaras que se erguem ao longo da fronteira tcheca, no ponto exato em que os três países se encontram. Uma estrada muito estreita, longa e sinuosa que termina na cidadezinha alemã ocidental de Schirndling, composta por algumas casas e um posto de gasolina, no alto da crista que demarca a fronteira. No caminho, passei por caravanas de Trabant que iam na direção oposta, com faróis que piscavam debilmente a cada vez que davam um solavanco.

Nada daquilo preparou-me para a cena que vi na fronteira. Perdendo-se na distância, até onde meus olhos podiam alcançar, vale abaixo, havia uma fila dupla de carros. Quase todos estavam lotados. Os guardas alemães ocidentais verificavam os documentos dos alemães orientais enquanto funcionários da Cruz Vermelha serviam chá e café. Voluntários da associação dos automóveis da Alemanha Ocidental trabalhavam 24 horas para consertar carros que estavam à beira da pane. O chefe do posto de controle tinha a aparência de quem não dormia há dias. "Estamos verificando mais de dez mil refugiados por dia", disse exausto. "Eles não param de vir, dia e noite. Não esperamos uma interrupção." Ele calculava que 100 mil pessoas haviam passado desde que a fronteira fora aberta, cerca de uma semana antes.

Era uma psicose, uma migração em massa que se retroalimentava. "Vinte de meus amigos foram para o Ocidente este ano", disse um garçom de 23 anos, de Jena. Um jovem que partia com sua namorada me contou como ficara "solitário" em casa. "Temos tantos amigos em Frankfurt agora quanto em Erfurt." Uma mulher que atravessou a Tchecoslováquia de carona com o marido e o filho pequeno disse que, ao ver tanta gente ir embora, decidiu partir também: "Não queríamos ser os últimos e apagar as luzes."

Em Schirndling, percebi com súbita e perfeita clareza: aquilo não podia continuar. A República Democrática Alemã se esvaziava. Em Leipzig, contou-me um refugiado, metade dos motoristas de ônibus da cidade haviam ido embora. Os aposentados voltavam aos empregos; soldados do Exército eram designados para substituir os fugitivos. Um jovem alemão oriental de uma aldeia junto ao Báltico, com a prancha de windsurf amarrada na capota do carro, disse que seus pais tinham dificuldade para encontrar o açúcar, as amêndoas e a farinha de que precisavam para manter em funcionamento sua padaria. Alimentos e outros bens escassos empilhavam-se nos armazéns porque os motoristas de caminhão haviam sumido. Edifícios estavam sem aquecimento e água porque os zeladores foram embora. Os trens atrasavam porque o guarda-freios, ou o operador do painel de controle, ou o engenheiro, partira. Pessoas iam para casa, como faziam todos os dias, e nunca mais eram vistas. O diretor do time de uma fábrica de Dresden atravessou a fronteira com uma bola de futebol no assento traseiro do carro. Sua equipe fora recentemente passar férias na Tchecoslováquia. Só a metade voltou, contou-me com uma risada compungida. "Como você pode dirigir uma fábrica se não sabe quantos de seus empregados vão aparecer para trabalhar todas as manhãs?" Profissionais altamente qualificados, para quem as perspectivas de emprego no Ocidente eram especialmente boas, partiam aos lotes. Um terço dos médicos da prestigiosa academia de medicina de Magdeburg não voltou das férias de verão; 41 enfermeiros e médicos haviam deixado o hospital Hedwig, em Berlim Oriental, nos últimos meses. O hospital de Wittenburg para inválidos corria o risco de fechar pela ausência de funcionários. O mesmo poderia acontecer à clínica para idosos. "Se você tira tijolos demais de uma parede, ela cai", dissera-me um diplomata inglês em Berlim Oriental algumas semanas antes. Ele tinha razão. A República Democrática Alemã estava perto do colapso.

Eu planejara passar a noite em Nuremburg, a cidade grande mais próxima de Schirndling, e voar de volta a Bonn na manhã seguinte. Meu instinto me disse para não ir. *Isso não pode continuar*. Entrei em meu carro alugado e desci a montanha, costurando entre os Trabant fumacentos. Acelerei acima de 200 quilômetros por hora quando cheguei à Autobahn, perto da meia-noite. Anéis de neblina coleavam sobre a estrada na umidade fria, entremeados, lá adiante, por pequenos pontos vermelhos tremeluzentes. O que poderia ser? Estava muito frio para serem vaga-lumes... Quase tarde demais, percebi que eram as fracas luzes traseiras dos pequenos Trabbi, andando no centro da Autobahn, a cerca de 50 quilômetros por hora. Eles sacudiam enquanto eu desviava e passava voando.

Parei para ajudar alguns viajantes. Eles estacionavam no acostamento, às vezes na própria rodovia. Para que lado fica Hamburgo? Colônia? Dortmund? Estava tão frio e ventava tanto que meu mapa quebrou como se fosse vidro. Eu teria uma lista telefônica da Alemanha? Eles tinham parentes no Ocidente e queriam telefonar. Perguntei em que cidade. Não tinham certeza. "Você quer dizer que existem muitas listas telefônicas?" Cheguei ao meu escritório em Bonn cerca de seis horas depois, pouco antes do amanhecer, e escrevi durante toda a manhã sobre o que vira. Seria a matéria de capa da *Newsweek* seguinte. Em seguida peguei um voo no meio da tarde para Berlim. Alguns minutos depois que atravessei para o setor oriental, no final daquela noite, a polícia da RDA fechou a fronteira. Até hoje ainda sinto náuseas só de pensar em como estive perto de perder tudo o que aconteceria a seguir.

12. A queda

Quinta-feira, 9 de novembro de 1989. Egon Krenz começou seu dia cedo. Chegou ao gabinete bem antes da primeira luz da manhã, tendo deixado o local poucas horas antes. Às nove horas, presidia uma reunião de emergência do Comitê Central. Seu frágil governo estava desmoronando. As bases comunistas clamavam. Tal como os cidadãos comuns que marchavam em dezenas de cidades, eles também haviam perdido a fé – no Partido, no regime, uns nos outros. Era óbvio que as velhas políticas tinham de ser dispensadas. Era preciso elaborar novas. A geração da linha-dura tinha de ir embora, pois os tempos pediam rostos novos. Mas quem, o quê, quando?

Krenz estava em plena crise de gestão desde o momento em que assumira o governo. Numa sessão tumultuada do dia anterior, cinco sobreviventes do antigo regime foram bruscamente descartados, entre eles Willi Stoph – o primeiro-ministro titular –, que fora o primeiro a enfrentar Honecker, Erich Mielke, o ministro da Segurança Estatal e uma pungente braçada de outros personagens retrógrados. Para o lugar deles, Krenz nomeou o popular e reformista prefeito de Dresden, Hans Modrow, que desempenhou um papel fundamental na prevenção da violência em Leipzig, bem como uma escritora de oposição chamada Christa Wolf. Mas nem isso foi suficiente. O Partido Comunista consumia-se numa fúria de autocríticas e denúncias mútuas.

O historiador Charles Meier captou o clima em seu trágico relato dos últimos dias da RDA intitulado *Dissolution*. Delegados apontavam dedos. Você deve renunciar! Não, você é que deve! Houve ataques cáusticos ao modo como o regime tratou as manifestações e os pedidos acres de investigação. Os detalhes foram apagados das minutas oficiais, por medo de jogar lenha na fogueira. "A classe trabalhadora está tão raivosa que ruma para as barricadas", declarou um delegado enfurecido. "Eles estão urrando: tirem o Partido das fábricas. Querem acabar com os sindicatos, se livrar dos secretários do Partido."

O Partido ouviu estupefato quando Gerhard Schurer, o czar da economia do país, esboçou a gravidade dos problemas da Alemanha Oriental. Ninguém sabia, nem mesmo sonhava, que o país estivesse em situação tão ruim, quase falido, à beira do colapso, dependente, para sua sobrevivência, da ajuda de vários bilhões de dólares por ano que a República Federal lhe dava por baixo do pano. Para a base do Partido, aquilo foi uma revelação. Na cabeça do povo, e até entre os altos funcionários, que se julgavam sabedores, a RDA era a usina industrial básica do bloco socialista.

Quando Schurer revelou implacavelmente os números, a confusão e a perplexidade aumentaram. Erich Honecker tentou fazer da Alemanha Oriental o modelo do socialismo bem-sucedido: uma sociedade de consumo aliada a um Estado de bem-estar social solidário. Mas o segredo de polichinelo era que uma economia estatizada, de planejamento central e tacanha não podia oferecer isso. Para garantir o apoio do povo, o governo subsidiava tudo: habitação, alimentos, combustíveis, educação, assistência médica, férias e pensões. O investimento na produtividade industrial estava em segundo plano. A receita pública começou a ficar aquém das necessidades. Para cobrir a diferença, Berlim Oriental passou a tomar emprestado – cada vez mais – do Ocidente. Já em 1973, segundo Meier, um assessor corajoso tentou dizer a Honecker que sua política era uma receita para a falência e mostrou-lhe projeções exatas de como a dívida do país logo começaria a comer percentagens cada vez maiores da renda nacional. Honecker mandou que ele parasse com seu trabalho e destruísse os dados. Não era o que ele queria ouvir.

No outono de 1989, a situação já estava negra. De acordo com Schurer, naquele outubro, a dívida externa da Alemanha Oriental superava os 26 bilhões de dólares. Só o pagamento dos juros custava 4,5 bilhões, quase 2/3 da renda nacional anual e uma vez e meia o valor da receita das exportações. Para pôr em ordem a situação fiscal do país seria preciso baixar o padrão de vida em 30%, estimava ele, ou muito mais. Todos os que o ouviram sabiam que essa austeridade era politicamente impossível. Greves de trabalhadores já haviam irrompido em algumas cidades onde os subsídios foram cortados. Havia corridas aos bancos em Dresden e Schwerin. Quanto mais os delegados reunidos ouviam, mais entravam em pânico. Estava claro que o país não podia continuar daquele jeito. Na visão deles, a RDA estava condenada, não em consequência dos defeitos inerentes ao comunismo, mas por culpa da má liderança. Erich, zurravam eles, você nos traiu! Você e seus cupinchas! Temor, asco, ódio, reprovação, recriminação assomaram. Houve uma mordacidade frenética, a raiva da turba devorava seus ideais, uns aos outros, a história, o futuro. Como disse Schabowski com sarcasmo: "Aqueles que achavam que o Partido ainda tinha importância brigaram para ver quem o comandaria."

Em meio ao turbilhão, Krenz enfrentava uma segunda crise: o êxodo contínuo e o direito de viajar. Acima de tudo, os alemães orientais queriam passaportes e o direito de usá-los quando e como julgassem apropriado, sem restrições. Krenz sabia que, para ficar no poder, precisava satisfazer essas demandas. No entanto, tudo o que tentara até então era pouco demais, tarde demais, comunista demais. Em 7 de novembro, até o outrora submisso Parlamento derrubou seu último plano – o de permitir que os cidadãos viajassem até um mês por ano, desde que pedissem um visto e não levassem suas famílias. Tímido demais, disseram os legisladores, e mandaram o projeto de volta para ser refeito.

Na tarde de 9 de novembro, Krenz estava pronto para tentar de novo. Segundo Schabowski, então conhecido como o segundo homem mais importante do Politburo, suas esperanças eram grandes. Os dois idearam a nova medida como um belo "presente de Natal". Imaginavam famílias com parentes em ambas as Alemanhas atravessando a fronteira e celebrando alegremente sua reunião. Como disse Schabowski, "seríamos os santos padroeiros da unificação alemã". Depois de trabalhar durante toda a noite e a manhã inteira, os funcionários do Ministério do Interior e da Segurança Nacional produziram o que consideravam um documento revolucionário. Ele declarava que todos os alemães orientais que possuíssem passaporte teriam direito a um visto de saída que lhes permitiria atravessar a fronteira em qualquer lugar, a qualquer momento, inclusive em Berlim. Quem não tivesse passaporte, poderia ter sua carteira de identidade marcada com um *Stempel* especial, um selo que lhe asseguraria o direito de sair. Toda a logística estava pronta. Selos, vistos, normas e regulamentos pertinentes. "Essa era a nossa mensagem para o povo", disse Schabowski. "Vocês estão livres para ir, sem restrições. Nós demos ouvidos a vocês, estamos mudando, eis o que vocês buscam. Cantem-nos seus hosanas."

Evidentemente não seria assim. Qualquer coisa que envolvesse o Muro era perigosa. Era uma corda bamba que não admitia erros. Krenz procedeu com cautela, apesar da pressa. No meio da tarde, levou sua resolução ao Comitê Central. Pediu uma pausa no debate acrimonioso sobre quem teria poder e quem não teria para refletir. Ali estava uma solução, falou. E leu sua proposta. Leu-a frase por frase, como escreveu em sua biografia, *Das Politburo*, e assim me contou depois. Leu devagar, com as ênfases, para que ninguém dissesse depois que não havia entendido. A medida entraria em vigor "de hoje em diante", querendo se referir ao dia seguinte: amanhã, 10 de novembro, ele abriria a fronteira. Por volta das quatro da tarde, após uma discussão desconexa, o Comitê Central aprovou o plano – e voltou para sua briga interna.

E assim foi. Por volta das cinco horas, Günter Schabowski deu uma passada no gabinete de Krenz. Estava a caminho de sua entrevista coletiva diária, uma audiência pública que começara na semana anterior, como mais um sinal da nova abertura do regime. "Alguma coisa para anunciar?", perguntou inocentemente. Krenz contou-lhe as boas-novas. A nova lei sobre viagens acabara de ser aprovada. Schabowski fez um sinal positivo com o polegar e virou-se para sair. "Espere", disse Krenz, como que decidindo alguma coisa naquele instante, de forma quase impulsiva. Então deu a Schabowski o documento de duas páginas, o papel que acabara de ler com tanto cuidado para o Comitê Central, e o press release que deveria ser divulgado no dia seguinte. "Leve isso. Vai nos fazer bem."

Krenz havia colocado todas as suas esperanças naquele documento. Tudo girava em torno dele. Krenz era um homem que, sob fogo, mantinha o sangue frio. Jamais teria chegado aonde chegou se não fosse assim. Mas, no momento decisivo, cometeu um erro fatal.

Foi muito pequeno, um mal-entendido que quase passou despercebido da expressão *ab sofort* – "de hoje em diante", imediatamente. Essa era a palavra usada no documento que deu a Schabowski. Como Krenz explicara escrupulosamente ao Comitê Central, "de hoje em diante" significava amanhã, 10 de novembro. Ordens em relação a isso seriam emitidas em breve para todos os ministérios e autoridades pertinentes: guardas de fronteira, funcionários que emitiam passaportes, todos os que administrariam as novas normas. Mas ele não explicou nada disso a Schabowski, que examinou o texto em sua limusine enquanto se dirigia à entrevista coletiva.

Teria Krenz simplesmente esquecido? Teria suposto que Schabowski estava a par de tudo, esquecendo que havia sido ele a enfrentar as discussões infindáveis no Comitê Central, e não Schabowski? Ou estaria simplesmente cansado? A pressão das últimas semanas fora implacável. Não houvera espaço para erro, fosse na destituição de Honecker do poder, fosse na tentativa de manter o país unido. Agora ele pressentia uma vitória. Estava fazendo uma coisa certa, algo que poderia funcionar. Naquele momento, talvez tenha baixado a guarda, relaxado um pouquinho e esquecido aquele último detalhe crucial. Fosse qual fosse o caso, isso significou um erro que mudaria o mundo.

Alguns minutos depois das seis horas, Günter Schabowski apareceu diante das câmeras. Entre as várias coisas que anunciaria, deixou o decreto sobre viagens quase para o fim. Ele relembrou para mim aquele momento decisivo: "Li o documento. Então veio a pergunta: quando entra em vigor?"

Não importa quantas vezes se veja o vídeo, o momento nunca deixa de espantar. Lá está ele, confuso. Empurra os óculos para a ponta do nariz, remexe nos papéis. Nada havia sobre a data, nenhuma menção a 10 de novembro. Somente aquele enigmático *sofort*. Então, o que ele disse? "*Sofort*", claro. Imediatamente, agora.

"O que eu poderia fazer?", explicaria ele mais tarde, em tom quase lamentoso. "Não podia dizer 'esqueçam'."

Ab sofort. Estas palavras, ditas ao vivo, atravessaram como um relâmpago o país. Eu havia entrado em Berlim Oriental pelo posto de controle Charlie meia hora antes que a polícia do Leste fechasse a fronteira. Tive sorte. Para os correspondentes ocidentais, ou você já estava lá, ou observava os acontecimentos pela televisão.

Era tarde demais para ir à entrevista coletiva de Schabowski, então, junto com minha colega da *Newsweek*, Karen Breslau, fui para o hotel Metrópole, na Friedrichstrasse. Era uma ruína de concreto *haut communiste*. Havia apenas duas linhas de telefone para o Ocidente; no vestíbulo recoberto de mármore sujo, policiais a paisana, em seus uniformes europeus orientais de jaquetas de couro e jeans, fumavam afundados em sofás puídos e cadeiras manchadas de gordura. Ao se registrar, Karen ouviu por acaso a notícia surpreendente. Um jovem recepcionista sussurrou incrédulo à telefonista do hotel: "Você quer dizer que a gente pode simplesmente passar?"

Largamos nossas malas e saltamos em nosso carro alugado. Logo ficou óbvio que alguma coisa estava acontecendo. As ruas empoeiradas de Berlim Oriental, iluminadas aqui e ali por lâmpadas amarelas de arco voltaico, em geral permaneciam escuras e vazias. Naquela noite, as pessoas estavam fora de casa, chamavam umas às outras. Algumas acenavam para nosso carro ao notar as placas de Berlim Ocidental. Três rapazes de vinte e poucos anos pediam freneticamente uma carona, uma infração das regras que, pouco tempo antes, podia mandar alguém para a prisão. "Levem-nos para Berlim Ocidental", gritou um deles, contando-nos a novidade. "Estamos livres para sair. Schabowski disse isso."

Sven, Matthias e Sasha queriam partir naquele instante. Acotovelaram-se no banco traseiro de nosso Volkswagen. Mais gente estava nas ruas agora, pedindo carona ou caminhando em grupos na direção do Muro. Sentíamos a excitação, mesmo no escuro. Paramos no apartamento de Sasha para que ele pegasse algum dinheiro e dissesse adeus aos pais: temia que pudesse ser para sempre. Havia poças de água e lama no calçamento quebrado, diante do edifício de concreto sujo de fuligem e decadente. Em cinco minutos ele estava de volta. Lembro de ter ficado mais impressionado com sua indiferença do que com sua ousadia. Para a nova vida que se estendia diante dele, levava apenas uma sacola de livros e uma muda de roupa.

Fomos para o posto de controle Charlie. Algumas dezenas de pessoas estavam por perto, mantendo-se fora do alcance dos holofotes e longe dos guardas e cães. "Vocês precisam de um visto de saída. Tem de ter um *stempel*", dizia o policial às pessoas que perguntavam pela novidade. Falava de forma polida, mas firme, fazendo-as voltar. Mas isso era o suficiente para aumentar a excitação. Então era verdade, pensavam. Houvera um anúncio.

Entramos no carro para verificar os outros postos de controle. Havia gente reunida em todos eles, pessoas confusas, mas animadas, gritando umas para as outras e, cada vez mais, para os guardas que momentos antes as paralisavam de medo. "*Sofort*", algumas delas começaram a gritar, repetindo as palavras de Schabowski. "Abram!"

Voltamos ao posto de controle Charlie. A polícia de fronteira estava ficando obviamente preocupada. Não eram mais dezenas ou centenas de pessoas, mas milhares, que andavam em círculos, se agitavam e ameaçavam sair do controle. E mais gente chegava a cada minuto, pelas três ruas que convergiam para o posto.

Às nove horas da noite, já estavam ficando mais ousados. "Abram! Abram!" Encorajados pela grande quantidade de gente, avançaram até poucos metros das barricadas, discutindo e até zombando dos guardas que seguravam nervosamente suas armas. Ninguém sabia o que fazer. A crise materializara-se do nada. Era perigoso, pois a polícia não tinha ordens, exceto usar força letal para impedir que as pessoas fugissem para o Ocidente. Se as coisas saíssem do controle, me perguntei, será que eles atirariam?

Ninguém tinha resposta. Reinavam o caos e a confusão. No interior do posto de comando iluminado, de paredes de vidro, o robusto comandante discava e rediscava seu telefone. De todos os postos de controle partiam chamadas para o Ministério do Interior, inutilmente. Altos funcionários tentaram entrar em contato com membros do Politburo, mas parecia que os líderes do regime haviam desaparecido. Schabowski fora para casa. Ele recebeu o primeiro alerta de um colega do Politburo por volta das nove e meia. O que fizera? O que fazer agora? Ninguém tinha uma pista, muito menos Schabowski. Tampouco achavam Krenz. O ministro do Interior não estava disposto a emitir ordens contrárias às instruções dele. O chefe da repartição de vistos, que redigira a nova lei e era responsável por fazê-la cumprir, estava no teatro. Quando ele retornou, por volta das dez e meia, os postos de controle estavam cercados. Ele também telefonou inutilmente para pedir instruções. "Não consegui achar com quem falar", contou depois aos repórteres da TV. "Que desastre", pensou consigo mesmo.

Logo ficou tarde demais. Do lado ocidental do posto de controle Charlie, dezenas de milhares de berlinenses reuniram-se. "Venham! Venham!", gritavam. "Estamos tentando", gritavam de volta os berlinenses do leste que se acotovelavam a poucos metros dos guardas, e o vapor de sua respiração se misturava no ar gelado. Alguém tinha de ceder alguma coisa.

O comandante do posto de controle observou cuidadosamente a cena. Quem sabe o que se passava por sua cabeça? Ele não parecia assustado. Talvez soubesse que o posto de controle maior da Bornholmerstrasse, ao norte, já havia aberto as barreiras, assediado por cerca de 20 mil pessoas. Talvez tenha feito sua própria escolha. Talvez estivesse simplesmente farto daquilo. O fato é que exatamente às 23h17, deu de ombros, tal como Schabowski fizera, como se dissesse "por que não?".

"*Alles auf!*", ordenou, e os portões foram abertos. Ouviu-se um grande bramido, e a multidão avançou em tropel. Entre os primeiros a atravessar para o Ocidente, a fim de realizar o sonho acalentado por mais de quatro décadas por milhões de compatriotas e por outros milhões de europeus orientais, estava uma mulher com rolos no cabelo, um sobretudo jogado apressadamente sobre o roupão de banho azul-bebê. Eu a observara durante horas, saltitando para se manter aquecida no meio da multidão, mas também excitada demais para se preocupar com o frio. Lá estava ela, num momento, e no instante seguinte a história literalmente a carregou. Como uma enchente que irrompe subitamente, uma onda de gente se levantou e a levou consigo. No meio da multidão, ela virou a cabeça e gritou para um amigo que estava ao lado do fluxo: "Vou voltar em dez minutos! Só quero ver se é de verdade!"

Com aquilo, o Muro de Berlim não existia mais. "*Die Mauer ist weck*", gritavam as pessoas, de punhos fechados no ar e dançando no alto do Muro diante das câmeras, no Portão de Brandenburgo, numa cena transmitida ininterruptamente em todo o mundo. "O Muro acabou!"

Para Egon Krenz, foi "uma mancada". Ele culpou Schabowski, que o culpou. Sua intenção não era simplesmente escancarar os portões. Sem dúvida não pretendia derrubar o Muro, não daquele jeito, pelo menos. A coisa toda não deveria ter acontecido. No entanto, aconteceu, com toda a lógica da desordem humana.

Schabowski achava que o Muro teria caído independentemente de sua confusão. Mas suponhamos, por um momento, que ele não tivesse feito a confusão, e as leis de Krenz entrassem em vigor à maneira germânica, de forma ordenada, sem tragédias e com eficiência. Em termos rigorosos, o Muro não teria "caído". Teria sido aberto, não rompido. Os comunistas seriam os responsáveis por isso, não o povo. As mudanças poderiam ter vindo por evolução, não revolução. Os burocratas teriam ganhado tempo. Quem sabe até teriam contido ou canalizado a inquietação popular, acalmado a situação, convencido as pessoas de que o comunismo reformado poderia funcionar, possivelmente até se mantido no poder? Sem o drama da Queda e todas as suas imagens inspiradoras, teria acontecido a "Revolução de Veludo" em Praga uma semana depois? Os romenos teriam encontrado a coragem de se levantar contra Ceausescu um mês depois? Os dominós da Europa Oriental talvez tombassem de forma diferente. Alguns talvez nem caíssem.

Quarenta e oito horas depois que os primeiros alemães subiram ao Muro, passei uma noite gelada, com várias centenas de berlinenses ocidentais, na lamacenta terra de ninguém que era a Praça Potzdammer. Uma equipe de construção alemã oriental abria uma nova passagem no Muro, e aquele era um trabalho árduo. Uma grua gigantesca esforçava-se para erguer uma laje de quatro metros de altura, mas ela não se mexia. A multidão dava gritos de encorajamento. "Puxe! Puxe!" Um trabalhador de capacete subiu várias vezes no Muro e aplicou um maçarico nas hastes de aço que seguravam a laje. Ele ganhou a simpatia do público e sempre que aparecia, a multidão começava a cantar o equivalente em alemão de

"Fulano é um bom companheiro". De vez em quando, ele cumprimentava com o capacete ou acenava. Saltavam faíscas do maçarico. A grua sacudia a laje de um lado para o outro, torcendo-a como um dente quebrado. Por fim, ela cedeu e ficou suspensa acima da multidão, girando lentamente, como se pendesse de uma forca. Os holofotes da televisão iluminavam sua superfície quebrada, rabiscada de grafites. Todos os conflitos não resolvidos da Europa estavam naquele pedaço de concreto pintado: uma suástica neonazista, rostos surrealistas de... quem? Mortos da Europa? O mais notável era uma palavra: *Freiheit*. Liberdade.

Como era estranho que fosse aquela palavra, naquela laje específica, a primeira a ser arrancada do Muro, no coração da velha Berlim. Naquele começo de noite, enquanto o sol se punha a oeste, como uma enorme e perfeita bola cor de laranja, a lua nascia a leste, tão perfeitamente cheia e redonda como o sol, fria e branco-azulada. Era como se estivessem em equilíbrio, movendo-se num eixo invisível, com Berlim equidistante, equilibrada entre eles, ao mesmo tempo suspensa e sustentando. *Freiheit*. Era quase o suficiente para fazer alguém acreditar no destino, ali naquela terra assombrada de fantasmas. A palavra parecia ambígua então, mais ainda agora. Liberdade para fazer... o quê?

De imediato, era a liberdade para ir às compras. Os narizes dos alemães orientais comprimiam-se contra as vitrines do Ocidente. Meus diários estão cheios de imagens: engarrafamentos de quase 50 quilômetros nas travessias da fronteira. Uma nova ponte aérea para Berlim, para levar mercadorias, todas as coisas que os orientais não podiam comprar havia tanto tempo: meias de seda, produtos eletrônicos decentes, revistas de sexo. Um berlinense oriental andando por Berlim Ocidental com sua velha e amassada bicicleta de pneu-balão, com um mapa colado no guidão e um cacho de bananas nas costas – inteiro para ele, que provavelmente nunca tivera um. Um agricultor dirigindo seu trator enfumaçado de antes da guerra mundial pela Ku'damm, a rua mais chique de Berlim, gritando "liberdade para todos", e sacudindo cabaças de marimba.

Os intelectuais olhavam com desprezo para a cena. Liberdade para viajar e olhar vitrines? Contudo, o que poderia ser mais humano, depois de todos aqueles anos? Evidentemente liberdade significava liberdade para pensar. Os alemães orientais tinham isso. O que faltava era o direito de se manifestar, o que começaram a fazer, de início com cautela e aos poucos, mas depois todos ao mesmo tempo e tão alto quanto possível, trombeteando: "Berlim é una de novo!"

Egon Krenz também andava pensando. Fizera seus cálculos para tirar Honecker, intervir em Leipzig, liberar os alemães orientais para viajar.

Vá em frente, diziam-lhe seus instintos agora. Um dia depois da queda do Muro, realizou um comício nos degraus do velho Museu do Estado, em Unter den Linden. Dez mil pessoas compareceram, cantando: "Vá em frente, Egon!" "Nós somos os comunistas!" Metade deles vestia jaquetas de couro ao estilo Stasi e acenava com cartazes que proclamavam sentimentos tão estimulantes quanto "Somos a favor da Ação com um Programa"! Obviamente, a maioria dos presentes era composta por informantes amistosos. Krenz mergulhou no meio deles como um político populista, cumprimentando todos a sua volta, e depois falou por meia hora com os repórteres. Estava convencido de que poderia sair na frente e liderar as mudanças. Mas outras pessoas também estavam pensando. Perto do final do comício, um homem gritou: "Pergunto se precisamos realmente de um Partido Comunista neste país. Nem tenho certeza de que precisamos de você... ." Os comunistas mais velhos, entre eles Günter Schabowski, fizeram gestos ameaçadores para o sujeito, como se dissessem "precisamos ter uma boa conversa".

Ali estava um rosto na multidão. Todos viram, todos escutaram. Exatamente como fariam em Leipzig, na semana seguinte, em mais uma das enormes manifestações da cidade. Os comunistas perderiam o poder após a queda do Muro? Agora que o Muro se fora, as pessoas marchariam em nome de quê?

Era uma noite gelada. Do lado de fora da igreja de São Nicolau, onde os manifestantes se reuniam, havia um novo sentimento no ar. As pessoas recitavam os slogans usuais: "*Wir sind das Volk*", "Nós somos o povo". Mas também cantaram um hino à pátria alemã. Depois, como que do nada, veio o apelo, tão imediatamente claro e imperioso quanto um clarim. Não *Wir sind das Volk*, mas *Wir sind* ein *Volk*: "Nós somos um único povo." Foi incorporado instantaneamente, e o resto é história. Ali também, foi um rosto na multidão.

Jens Reich, o líder de oposição que emergiu da quietude no outono de 1989 para ajudar a fundar o Novo Fórum e que viria a ser membro do Parlamento alemão, falou sobre o fenômeno do indivíduo dentro da multidão. Contou que se dirigiu a meio milhão de pessoas na Alexander Platz, em 4 de novembro, no maior protesto da história da Alemanha. "Foi uma experiência quase mística. Você não vê apenas uma multidão indistinta. Você vê rostos individuais. É impossível dizer como uma multidão assim vai reagir. Naquele dia, eu temia que ela pudesse marchar em massa até o Muro, onde aplicariam força militar para detê-la. Por que não fizeram isso? Por que algumas coisas acontecem de um jeito, e não de outro?"

Dentro da multidão, no interior do que ele chamou de "massa de gente entusiasmada, edificante, movendo-se e agindo", disse Reich, há escolha, estranha e persistentemente individualista. O homem que gritou "Nós somos um único povo"! Aquele que perguntou a Krenz se ele era necessário, propondo em público a questão indesejada, forçando uma resposta, profanando o símbolo. Eram pessoas que faziam escolhas. Não se tratava da multidão, mas dos rostos na multidão, vozes que a comoviam. Talvez isso seja tão óbvio a ponto de beirar a banalidade. No entanto, com muita frequência escrevemos e pensamos a história como se ela fosse de algum modo inevitável, um clímax de grandes forças e estruturas que só podem levar aonde elas acabam levando. Não é bem assim. A realidade de 1989, disse Reich, é que "era possível em qualquer ponto, em qualquer momento, que os eventos tomassem um rumo diferente". Por que isso, e não aquilo? A resposta parece estar naquelas incontáveis escolhas individuais em momentos-chave, os acidentes da desordem humana, como a "mancada" de Schabowski, tão pequena e compreensível, e, no entanto, tão arrasadora. Entre essas escolhas estavam também as de Reich: não ficar mais quieto, arriscar-se a apanhar e se manifestar, para não ter de dizer à geração vindoura: "Ficamos sentados e esperamos."

É imensamente animadora essa visão da história. Tão íntima, tão edificante, tão humana. Sim, as revoluções na Europa Oriental deveram muito ao poder do povo. Mas elas também deveram muito ao poder de algumas pessoas, ao que alguns poucos fizeram ou deixaram de fazer, a indivíduos que tateavam diante do totalitarismo cambaleante, a dissidentes corajosos que escreviam, fumavam e tramavam, a reformistas inspirados, a conspiradores assustados e, mais tarde, a poderosos brutamontes que fabricaram guerras.

Depois da Revolução Francesa veio a Glória. Após a Glória veio o Terror. Assim também foi na Europa Oriental. A "Revolução de Veludo" de Praga foi uma festa, uma exultação gloriosa que derrubou quase sem esforço outro regime comunista. A Romênia foi um interlúdio perturbador, parte revolta popular, parte golpe astutamente ocultado, sem desfecho feliz, exceto para aqueles que tramaram a derrubada de Nicolae Ceausescu. Depois veio a guerra, a carnificina da Iugoslávia. Assim como depois de Danton veio Robespierre, depois de Németh e Havel veio Milosevic. Comemoramos as expressões mais felizes do poder do povo de forma tão impetuosa e entusiasmada que tendemos a esquecer o poder de algumas pessoas, para o bem ou para o mal.

13. Repercussões

Na manhã de 10 de novembro, Helmut Kohl foi de avião de Varsóvia a Berlim. Naquela noite, ao entrar em casa, em Bonn, telefonou para George Bush e contou-lhe: "Acabei de chegar de Berlim. Há uma atmosfera de carnaval! As fronteiras estão absolutamente abertas. Em certos pontos, literalmente derrubam o Muro. No posto de controle Charlie, milhares de pessoas cruzam para ambos os lados!"

Tudo dependia do novo governo de Egon Krenz. "Se as pessoas virem uma luz no fim do túnel", disse Kohl, elas ficarão em casa. Caso contrário, os alemães orientais partiriam em massa: "Uma catástrofe para a RDA. São médicos, advogados, especialistas que não podem ser substituídos." O país implodiria.

A situação exigia muita cautela, concordaram os dois líderes. Sobretudo, não deveria haver qualquer manifestação geopolítica triunfante, nenhuma conversa prematura sobre um admirável mundo novo. "Quero que nossa gente continue a evitar uma retórica veemente que, por inadvertência, possa causar um problema", disse Bush.

"Excelente", respondeu Kohl. "Lembranças para Barbara."

Bush sabia tanto quanto Kohl que aquele era o estágio final do jogo. A partir de então, trabalhariam juntos para manter a calma. O objetivo, como logo começariam a discutir explicitamente, era a unificação. Com a atenção centrada na Alemanha, não previram a rapidez com que cairiam as outras peças do dominó europeu oriental.

"Mike, acho que você deveria estar aqui."

Minha tradutora tcheca Zdenka Gabalova me telefonava de Praga. Haveria uma "pequena reunião" naquela noite, no velho cemitério Vysehrad, no alto das colinas que dão para a cidade. Era uma ocasião propícia. Cinquenta anos antes, em 17 de novembro de 1939, um jovem estudante tcheco chamado Jan Opletal fora morto durante uma manifestação contra a ocupação nazista. História, sim. Mas, no subtexto da dissidência tcheca, o evento seria um protesto contra uma opressão mais recente. "Pode ser interessante para você", arriscou Zdenka.

Mas eu estava em Berlim, respondi. O Muro acabara de cair. Quem sabia o que poderia acontecer em seguida? Eu não podia sair naquele momento.

A "pequena reunião" transformou-se numa manifestação de 20 mil pessoas, a maioria estudantes. Eles acenderam velas entre os jardins, nos terraços e nas pontiagudas torres da igreja de Vysehrad, onde estão sepultados Smetana e Dvorak. Cantaram o hino nacional "Onde está minha terra natal?". Polônia, Hungria e agora, até a Alemanha Oriental haviam abandonado os regimes comunistas falidos. "Não queremos ser os últimos!", gritaram os jovens, repetidamente.

Eles desceram os morros, com as velas bruxuleando na escuridão ao longo da barragem do rio Vlatava. "Abaixo o comunismo!" "Fora Jakes!" Diante do Teatro Nacional, onde rebrilhava o esplendor dourado dos Hohenzollern, entraram na rua cujo nome, dentro de horas, seria conhecido no mundo inteiro: Narodni. A polícia de choque bloqueou a passagem deles: eram três fileiras de homens com capacetes brancos, escudos de plástico e cassetetes. Outro grupo de policiais vinha por trás, cercando a vanguarda dos manifestantes. A multidão parou a poucos metros da barreira policial. Aqueles que estavam à frente tentaram dar flores aos policiais, colocaram velas da paz no meio da rua e ergueram as mãos num gesto de inocência juvenil. Então, de trás, as forças de segurança avançaram, usando bulldozers blindados para espremer as pessoas – talvez cerca de três mil, no total –, imprensando-as na armadilha. Com megafones, os policiais ordenaram: "Dispersem!" No entanto, não deixariam ninguém escapar do anel de aço.

Martin Mejstrik, um estudante de teatro de 23 anos, trabalhara durante um ano para organizar a manifestação. Diante de uma Tiananmen em potencial, ele telefonou ao comandante da polícia que autorizara a reunião e prometera não interferir. "Você nos assegurou que não haveria violência", cobrou Mejstrik.

"Não tenha medo", respondeu o comandante. "Não vai acontecer nada."

Pouco depois das nove da noite, Martin voltou à rua Narodni, a tempo de ver a polícia arremessar-se contra a multidão.

Dez anos depois, andamos pela rua onde o fato aconteceu. "As pessoas estavam tão imprensadas que mal conseguiam respirar, muito menos correr", relembrou Martin. "A polícia simplesmente bateu e bateu com toda a força dos cassetetes." Aqui, na frente do novo e chique Café Louvre, a polícia deteve a marcha. Ali adiante, não longe de uma loja recentemente aberta da Just Jeans, eles montaram a armadilha. Exatamente aqui, por esta rua lateral estreita, não mais larga que uma aleia, estava a única saída. Ela transformou-se num corredor polonês. Unidades especiais antiterroristas, com suas boinas vermelhas, alinharam-se dos dois lados, com cerca de dois metros de separação. As pessoas levaram cacetadas e socos enquanto corriam entre eles – eram homens, mulheres e crianças. Quem caía levava chutes enquanto estava no chão.

Uma menina, estudante de teatro, contou-me na época como um policial chutou as velas que ela carregava e depois a esbofeteou. "Você realmente precisa fazer isso?", perguntou ao policial. Ele então a agarrou pelos cabelos e bateu sua cabeça várias vezes numa parede, deixando-a inconsciente. Um sutil anúncio oficial pela televisão declarou mais tarde que a ordem fora restaurada, e que 38 pessoas tinham sido atendidas com "ferimentos leves".

Havel previra isso. Em outubro, ele dissera: "Mais cedo ou mais tarde, eles cometerão um erro, talvez batendo em algumas pessoas. Então, 40 mil pessoas encherão a praça Wenceslas." A Sexta-feira Negra, como ficou conhecida a noite de 17 de novembro, foi a faísca que acendeu a Tchecoslováquia. O desafio para Havel e seu pequeno grupo de revolucionários dissidentes seria soprar aquela fagulha, atiçar o fogo e orientá-lo.

Como foi brilhante o desempenho deles! A revolução de Praga foi a mais feliz da Europa Oriental, um delírio de bons sentimentos. Foi também a mais rápida, uma revolução de compressão apaixonada. Uma vez em movimento, os comunistas quase correram do poder. Essa revolução gentil, essa "Revolução de Veludo", como Havel a apelidou, foi puro teatro, um espetáculo geopolítico tão bem coreografado quanto as próprias comédias absurdas do dramaturgo. Desenrolou-se em vinhetas, cenas e atos, com participações especiais de faces famosas do passado. Alexander Dubcek. Joan Baez. Dissidentes recém-libertados da prisão. Emigrados famosos que voltaram de repente para casa. A música-tema foi "Waiting for the Man", do Velvet Underground. O palco foi a Lanterna Mágica, o teatro alternativo que servia de quartel-general de Havel. O cenário era Praga, terrivelmente romântica, a cidade das cem cúpulas, de casas e igrejas de cor ocre-amarelada, luz filtrada de fim de tarde, luar sobre o Vlatava. O elenco mudava constantemente, um enorme desfile de amigos e camaradas em armas peculiarmente reunidos: filósofos, professores universitários, jornalistas, estudantes, caldeireiros, engenheiros, coveiros, bêbados, poetas, parasitas, militantes, belas garotas, todos apanhados pelo redemoinho embriagante da revolução, excitação, paixão, intriga e sexo.

A plateia, evidentemente, era o mundo. Assistimos aos acontecimentos pela televisão. Vimos as centenas de milhares de pessoas reunidas na praça Wenceslas. Era revolução com cara de festa de rua, e o clímax foi o Ano da Queda, um momento de virada na história: clichê transmudado em Verdade. Sabíamos que nossos heróis venceriam. Todos os que se envolveram sentiram-se jovens novamente, como se o mundo estivesse súbita, misteriosa e euforicamente renovado.

Essa revolução pode ser contada em dias. No primeiro dia, foi o "massacre", como todos o chamavam. O segundo dia foi um chamamento às armas. Martin Mejstrik e outros líderes estudantis, reunidos na escola de teatro da Universidade Charles, convocaram uma greve geral. À tarde, os professores de jornalismo aderiram. Depois os atores. Depois os artistas e músicos. Reunidos no Teatro Realista, não longe da ponte Charles, num bairro de ruas sinuosas de paralelepípedos e casas medievais inclinadas, esses grupos variados combinaram forças e marcaram uma data: segunda-feira, 27 de novembro, do meio-dia às duas da tarde. Assim começou a Revolução de Veludo.

No terceiro dia, um domingo, Václav Havel voltou de sua casa de campo no norte da Boêmia. Preferiu não ficar em Praga no dia da marcha do Visehrad ou no dia seguinte, por medo de ser preso. No começo da tarde, um pequeno grupo de dissidentes encontrou-se em seu apartamento, com vista para o Vlacava, com o palácio presidencial, ou Hrad, pairando à distância. Aquele era o momento. Todos sabiam disso. Precisavam criar uma organização, uma espécie de Solidariedade tcheco. Que nome dariam a ele? Um dissidente jovem chamado Jan Urban – "Rambo" para os amigos, em honra a seu talento para irritar a polícia e levá-la a persegui-lo pelos tetos de Praga – propôs Fórum, referência ao Novo Fórum da Alemanha Oriental. Havel sugeriu "Cívico", lembrando a sociedade civil democrática que desejavam criar. "E foi assim que nasceu o Fórum Cívico", diz Urban. Havel seria seu líder. Jan e seu melhor amigo, Ivan Gabal, marido de minha tradutora e fundador de um grupo chamado Círculo da Intelligentsia Independente, estariam entre os principais organizadores.

Eles não perderam tempo. Exigiram a renúncia dos líderes comunistas responsáveis pela invasão soviética de 1968, em especial do presidente Gustav Husak e do secretário-geral do Partido, Milos Jakes. Pediram uma investigação sobre o massacre da noite de sexta-feira e a demissão das autoridades responsáveis pela ação. Apelaram a todos os tchecos para que apoiassem a greve dos estudantes. Depois esconderam-se na casa de amigos e outros locais secretos, à espera da reação do regime.

Eu cheguei no quarto dia. No trajeto do aeroporto para a cidade, no final da tarde de segunda-feira, meu táxi fez um longo caminho para evitar as principais pontes da cidade. "Fechadas por tanques", explicou o motorista. Sombras de 1968. Mas, na praça Wenceslas, uma surpresa me aguardava. Ela fervilhava de gente cheia de alegria e bom humor – e nenhum policial à vista. Durante o final de semana, milhares de estudantes haviam começado a se reunir na praça para protestar contra os espancamentos de sexta à noite. As autoridades não intervieram, e a multidão aumentou. Na manhã de segunda, eram dezenas de milhares, uma massa de gente grande demais para a polícia dispersar, caso tivesse a tentação de fazê-lo. "Nunca vi uma coisa tão grande", disse uma estudante de arte de 23 anos chamada Renata. "Estamos prontos para lutar. Já aguentamos o suficiente. Queremos ser livres para dizer o que pensamos." Um homem bem-vestido, com uma pasta na mão, contou-me que era um adolescente em 1968. "Acho que este é o fim do regime", previu. "Não haverá mais violência. Os policiais estão com medo. Logo estarão pensando em como salvar a pele deles." "Além do mais, como poderiam resistir a isso", acrescentou, apontando para as pessoas que nos rodeavam. Ali, um pai com o filho nos ombros. Acolá, um casal idoso, ele com bengala, ela com chapéu de pele. Uma jovem disse incrédula: "Minha mãe está participando. Ela costumava dizer: 'Não se envolva, fique longe de tudo isso.' E hoje, ela está aqui!"

Era a revolução como excursão familiar. Uma multidão exuberante inventou um novo hino nacional tcheco. Qualquer um podia tocá-lo: bastava tirar as chaves do bolso e tilintá-las acima da cabeça. Milhares de pessoas faziam isso, e o barulho era ensurdecedor, como o alarme de milhares de despertadores. Hora de acordar. Chegou sua hora. O ruído era fortíssimo. "Jakes! Jakes! Jakes!" "Liberdade!" "Democracia!" "Abaixo o governo!" Apareceu uma espada, enfiada num jardim municipal de rosas todo pisoteado. Amarrado a ela estava um cartaz: "Para quem é?" A resposta era óbvia.

As notícias da noite foram uma revelação. Os meios de comunicação estatais haviam mudado de lado. Após passar anos escondendo os eventos, os âncoras de TV relataram que os estudantes estavam em greve. Martin Mejstrik ganhou tempo para se manifestar. "As coisas foram longe demais", declarou na emissora nacional. "Não há mais espaço para conversa, nenhuma outra opção a não ser a greve!" O reitor da Universidade Charles, um pilar da elite comunista, anunciou que apoiava o movimento. Estudantes de outras universidades do país abandonaram as salas de aula, professores jogaram fora suas anotações de classe. Os teatros fecharam e músicos, atores e técnicos de som também declararam apoio à greve. E tudo isso transmitido pela TV.

"Eles estão acabados", disse Zdenka, sacudindo a cabeça quando Jakes emitiu uma declaração comunista sombria: "Concordamos com as medidas tomadas para manter a ordem pública." Estupidamente, diante de toda a população, ele ficou ao lado dos brutamontes da sexta-feira. Naquela noite, fui para a cama com a janela aberta, apesar do frio, e dormi ao som das chaves que tilintavam nas ruas.

O Grand Hotel Europa, no coração da praça Wenceslas, foi construído no auge da paixão da Europa Central pelo estilo art nouveau. Joia gasta do modelo do velho mundo – da sinuosidade das grades de ferro das sacadas ao ambiente enfumaçado de seu famoso café –, o Europa tornou-se meu lar fora de casa. Todas as manhãs, eu ocupava uma mesa junto às janelas que davam para a praça, pedia café e lia os jornais, encontrava-me com amigos, realizava entrevistas e escrevia minhas anotações sobre os eventos do dia anterior. Todas as tardes, um homem garboso, vestido com terno de tweed surrado e gravata-borboleta, sentava-se ao piano de cauda e tocava melodias saltitantes de uma Europa desaparecida havia muito tempo. Todos faziam um intervalo na derrubada do comunismo e entravam para tomar um café, ou talvez uma bela Becherova, bebida tcheca amarga, antes de voltar para o frio e dar o próximo golpe a favor da liberdade.

Na manhã do quinto dia, tudo era confusão. Grupos de pessoas estavam na rua falando com excitação. O regime precisa acabar, todos concordavam. Mas quem e o que viria a seguir? À mesa, as pessoas discutiam sobre em que tipo de sociedade queriam viver. "O capitalismo é bom?", perguntou alguém. Um pouco antes das três da tarde, uma das líderes da greve telefonou excitada: "Temos informações de várias fontes de que o Exército vai intervir às três horas. Vão declarar a lei marcial."

Na praça, não havia sinal de confusão. Uma fileira de vans da polícia estava estacionada numa rua lateral, mas os homens jogavam cartas dentro delas. Um deles passou um bilhete pela janela, enquanto dava uma tragada no cigarro: "Vocês estão tentando nos provocar?", dizia o papel. O policial riu, folgadamente. Logo depois, o primeiro-ministro Ladislav Adamec, o mais franco moderado do Partido Comunista, foi à televisão para anunciar que não haveria violência. Mas era um momento perigoso. Os policiais não estavam mais preparados para agir contra o povo. Porém, elementos da Milícia do Povo, um exército privado empregado por fábricas e pelo Partido, haviam embarcado em ônibus com destino a Praga. Adamec emitiu ordens diretas, proibindo-os de entrar no centro da cidade.

No final da tarde, já havia 200 mil pessoas na praça gritando "Abaixo o comunismo" e "Fora o regime". Os carros que passavam buzinavam em apoio, num clangor constante. A coisa continuou assim por duas horas. Pouco antes das seis, atravessei a multidão para ir ao terceiro andar do *Svobodne Slovo*, o principal jornal de Praga, onde me disseram que poderia encontrar Havel e sua turma. Ele me cumprimentou com um sinal de cabeça enquanto conferenciava com uma dezena de auxiliares sentados em um círculo de cadeiras, diante de um par de altas portas duplas envidraçadas. Vestia um suéter de gola alta e a mesma jaqueta militar gasta que usava quando nos encontramos em outubro. Então levantou-se e foi para a sacada que dava para a praça Wenceslas. Foi a primeira do que seriam suas aparições diárias, momentos de clímax no drama que ele estava escrevendo em pessoa.

Um grande clamor subiu da multidão, incessante e tão alto que nós, que estávamos atrás de Havel, mal conseguíamos ouvir o que dizíamos. "O primeiro-ministro garantiu que não haverá uso de força", disse ele à multidão. Falou com energia, mas pouco. Disse que aquele era o momento, que a solidariedade e a moderação eram a chave de tudo. "Obrigado a todos por virem", concluiu, sempre com polidez. "E nos vemos novamente amanhã, às quatro da tarde." Então, Marta Kubisova, uma cantora que estava proibida de se apresentar desde 1968, cantou. Outra ovação enorme, e depois todos foram para casa, ou para um bar. "Uma revolução muito bem-educada", escrevi em minha caderneta.

Havel contou-me às pressas que ele amenizava deliberadamente seu discurso, por medo de excitar a multidão. É uma questão de equilíbrio, explicou: manter a pressão sem deixá-la sair do controle. Ele temia alguma coisa extremada, a possibilidade de radicais inflamados fazerem algo estúpido, como invadir a sede do Partido, forçando a polícia ou os militares a adotar o que todos chamavam de "solução chinesa". Preocupava-se também com a hipótese de extremistas do Partido ou da polícia fazerem provocações, em busca de um pretexto para retaliar. Então, as coisas tinham de acontecer "suavemente, suavemente", como dizia. Fiquei encantado com aquele homem que poucas semanas antes havia pedido tão timidamente a mim e a um colega que o escoltássemos até a embaixada alemã. Eu me perguntava então se ele teria o que era necessário para liderar uma revolução, se e quando ela acontecesse. Observando-o tomar decisões com tamanha confiança e pronunciar as palavras que moldariam o futuro de seu país, não tive mais qualquer dúvida.

E assim a coisa andou. Todos os dias, às quatro horas, o povo se reunia. Os estudantes continuavam em greve geral. Os dissidentes em torno de Havel conspiravam e negociavam por baixo do pano com autoridades do governo, tudo de forma invisível e sempre "suavemente, suavemente". Eu enchia minhas horas andando pela cidade e registrando cenas da revolução. Uma manhã, dei um pulo na Academia de Arte Dramática, um dos quartéis-generais da oposição estudantil, centro de imprensa, editora e eixo da resistência nacional, tudo junto e dirigido totalmente por garotos. Eles passavam correndo para lá e para cá, camisas e blusas para fora das calças, cabelos sujos depois de dias sem sono e sem banho. Máquinas de xérox quebravam por excesso de uso. Uma sala era o Departamento de Proclamações. Seus redatores nem sempre acertavam: "Convocamos todos os tchecos a participar de uma greve de uma hora, das 14 às 16 horas, na segunda-feira, 27 de novembro." Apontei para o erro óbvio. "Azar. Milhares já saíram", disseram-me, para serem distribuídos por exércitos de voluntários. Os folhetos cobriram cada janela, bonde, poste e superfície plana de Praga. Durante um tempo, a polícia saiu à noite para arrancá-los. Depois desistiu.

Cruzei com Martin Mejstrik, que acabara de chefiar uma delegação para se encontrar com Adamec. Que transformação! Em um dia, esse jovem com lenço à la Yasser Arafat, botas militares e rabo de cavalo estava organizando uma manifestação para a qual esperava poucas centenas de pessoas. Alguns dias depois, dirigia uma greve nacional e se reunia com o primeiro-ministro para negociar a derrubada do governo.

Outro dia, passei pelo Museu da Polícia de Segurança Nacional, na rua Ke Karlovu. Uma *apparatchikita* de cara fechada deu-me botas felpudas para calçar sobre meus sapatos, a fim de não arranhar o piso de mármore imaculado daquele monumento à perversão da humanidade. E que tesouro oculto havia ali! Havia uma parede de armas que apontavam ameaçadoramente para fora, supostamente confiscadas dos contrarrevolucionários de 1948, apoiados por potências estrangeiras. Caixas de vidro expunham câmeras escondidas, dispositivos de escuta, canetas envenenadas e apetrechos de mergulho, supostamente confiscados de um espião ocidental apanhado quando tentava "penetrar" no país atravessando a nado o Danúbio, em 1951. Havia prelos "ilegais" e seus produtos ilícitos – literatura das testemunhas de Jeová, um hinário –, e fotografias da polícia secreta aprendendo a atirar, bisbilhotar e revistar. O mais bizarro era o cão empalhado Brek, uma "lenda canina" que serviu na fronteira por 12 anos. "Suas aptidões extraordinárias contribuíram para mais de 60 prisões", dizia a placa no pedestal sobre o qual se encontrava, com os dentes à mostra num eterno rosnado. Em seu peito havia uma medalha enfiada – um modesto ferimento póstumo, em contraste, digamos, com aquele que seria causado pelo heroico trabalhador bronzeado, retratado num quadro barato, pronto para saltar com uma picareta sobre seu patrão capitalista opressor.

Àquela altura, Praga transformara-se na revolução favorita dos Estados Unidos. Dan Rather, Peter Jennings e Tom Brokaw, os âncoras das três maiores redes de televisão americanas, encontraram-se na primeira classe do mesmo voo de Nova York. Enquanto isso, a diplomacia oculta seguia seu curso. Um dia, Adamec foi a Moscou consultar Gorbatchov, enquanto Jakes falava ameaçadoramente em "restaurar a ordem". "Nenhuma chance", disse-me o jovem assessor de política externa de Havel. "O regime sabe que os russos não vão intervir. E sabem também que o povo sabe disso. Eles ultrapassaram os limites." Com efeito, no dia seguinte, o embaixador soviético Viktor Lomakin convidou Jakes para uma completa "revisão" da relação entre os dois. Depois, recebeu cerimoniosamente na embaixada uma delegação do Fórum Cívico.

No fim da praça Wenceslas, onde ela se encontra com a rua Narodni, está o teatro conhecido como Lanterna Mágica. Entremos pelas pesadas portas de metal e vidro. Desçamos uma escada de mármore espiralada. Passemos pelo Clube do Teatro, um salão cheio de gente apressada, fumando e falando com ares de importância. Desçamos outro lance de escadas e entremos no teatro propriamente dito. No palco, está o cenário da peça de Dürrenmatt, *Minotauro*, uma grande parede de rochas de papel machê, com uma caverna para o Minotauro, um buraco que leva para o submundo. Enfiemos a cabeça, enfrentemos a escuridão – e saiamos no santuário interior.

Ali, nos camarins e coxias, Havel e um grupo de amigos e assessores redigiam e voltavam a redigir o roteiro sempre improvisado, sempre alterado da Revolução de Veludo. Nos primeiros dias, Havel escrevia pequenos "tíquetes" de entrada: um rosto sorridente, ou algum outro código para o dia, assinado por ele mesmo. Uma noite, já bem tarde, passei por uma pequena festa numa sala escura e estreita cuja característica especial era uma série de espelhos do tamanho das paredes onde se lia "Sala de Fumar" em diferentes línguas, com muita gente apertada numa névoa malcheirosa de fumaça de cigarro, suor e cerveja. Um homem grisalho de bigode aparado apertou-me contra a parede e apresentou-se, em inglês perfeito, como um grande fã da *Newsweek*. Era Václav Klaus, um economista. Quem eu achava que era o maior economista americano vivo? Milton Friedman, respondeu por mim. "Sou o nosso Milton Friedman", e, durante quase uma hora, ele me contou como a Tchecoslováquia faria para desmantelar sua economia planejada comunista. Dentro de meses, ele se tornaria ministro das Finanças (e mais tarde primeiro-ministro) da nova República Tcheca.

Enquanto conversávamos, uma delegação do Fórum Cívico, ainda sem Havel, reunia-se com Adamec. Membros do Politburo começavam a ter contato com a oposição. Líderes do Comitê Central haviam convocado uma sessão de emergência para exigir a renúncia dos altos líderes do Partido. "Isso põe toda a pressão sobre eles", disse meu amigo Jan Urban. "Não podemos nos dar ao luxo de esperar." Enquanto isso, o número de pessoas na praça Wenceslas continuava a aumentar e chegou a meio milhão no final da primeira semana da revolução – no sétimo dia, se ainda estamos contando. Havel estava pasmo. "Metade de Praga está lá!", disse alguém na pequena sala dos locutores do *Svobodne Slovo*, enquanto ele se preparava para sua fala de todas as noites para a multidão. O grito das pessoas fazia as janelas vibrarem: "Havel! Havel! Havel!".

Era inebriante. Orador após orador saía na sacada – e mergulhava num mar de... pura energia. Era uma coisa envolvente, palpável, física, que se podia literalmente sentir e tocar. O famoso ator Rudolf Hrusinsky citou um trecho de Neruda. A multidão enlouqueceu. Jan Skoda, editor do *Svobodne Slovo* e líder do Partido Socialista, defendeu a democracia. A multidão gritou de volta: "Eleições livres! Eleições livres!" Um músico famoso cantou uma canção de protesto, e as pessoas cantaram junto. Lembro de olhar para a praça, lotada de gente cantando, dançando, acenando, aplaudindo. Quem poderia resistir àquilo, quem seria capaz de não participar? Bem, pensei, por que não? E assim saí na sacada. Foi por um momento apenas, apenas um grande aceno ao mundo. Mas que momento! Meio milhão de pessoas gritaram em delírio, como se eu tivesse apertado um botão. "Puta merda!" Recuei depressa para dentro.

Aquela noite foi o momento da virada definitiva. Nos seis dias anteriores, o Fórum Cívico ganhara promessas de apoio de mais de 500 fábricas e locais de trabalho. A lista era lida todas as noites da sacada: o grupo Tatra de engenharia e defesa, as fábricas de automóveis Skoda, a grande usina de aço CKD de Praga. Para os estrangeiros, esses nomes significavam pouco. Para os tchecos, tinham poder totêmico. A CKD, em especial, não era uma empresa qualquer. Era a General Motors e a IBM da Tchecoslováquia, o maior empregador do país e sede absoluta do Partido Comunista. Já era muito significativo que a CKD tivesse passado para a oposição. Mas o que aconteceu quando seu nome foi anunciado? Exatamente no mesmo momento, dez mil trabalhadores da usina chegaram marchando à praça Wenceslas. Um lugar de honra havia sido isolado para eles, logo abaixo das janelas do *Svobodne Slovo*.

Que coreografia primorosa! Havel estava na sacada para saudá-los, com a voz rouca pela exaustão. "Estamos na encruzilhada da história – de novo. Estamos prontos para conversar, mas não há caminho de volta ao sistema anterior de governo totalitário. Nossos líderes levaram o país ao ponto do colapso moral, social e econômico. Queremos uma democracia e uma Tchecoslováquia livre. Queremos nos reunir à Europa. Hoje!"

Ele encerrou com sua resposta às ameaças do regime: um apelo aos soldados, policiais e às Milícias do Povo para que ouvissem suas consciências, para que pensassem por eles mesmos como indivíduos, para que vissem o que estava acontecendo em volta deles e agissem independentemente de seus oficiais, "em primeiro lugar e antes de mais nada, como seres humanos e cidadãos da Tchecoslováquia". Era típico de Havel, um apelo à escolha, à responsabilidade individual, para que as pessoas dessem voz à consciência e agissem no âmbito de seu poder próprio. Era o veludo da Revolução de Veludo, e havia levado a Tchecoslováquia ao limiar da liberdade. Com isso, ele saiu por uma porta dos fundos e entrou num carro para a viagem de quatro horas a Bratislava, capital da Eslováquia. Lá faria outro discurso e se prepararia para a performance do dia seguinte. Seria o clímax de todo aquele drama.

No oitavo dia – sexta-feira, 24 de novembro – o silêncio caiu sobre a praça Wenceslas quando uma figura idosa emergiu da história do país. Ninguém precisou perguntar quem ele era ou o que representava. Sua aparência era muito parecida com a de 1968: um pouco mais velho, um pouco frágil, o rosto com mais rugas, porém com o mesmo sorriso, a um só tempo irônico, indeciso, tocante. Alexander Dubcek apareceu na sacada do *Svobodne Slovo*, banhado pelas luzes da televisão e falou para seus compatriotas, na capital de seu país, pela primeira vez em 21 anos. Calmamente saudou-os. Calmamente pediu democracia e liberdade. Calmamente instou-os a derrubar o regime stalinista que mandava no país desde 1948. Eram talvez 600 mil pessoas a escutar aquele homem com seu sobretudo azul-escuro de funcionário e chapéu amarrotado. Como a neve que cai do céu, sua voz caiu num silêncio reverente. Prolongou-se por alguns eloquentes segundos depois que ele terminou e, em seguida, explodiu no mais extraordinário grito de uma única garganta que jamais ouvi. “Dubcek! Dubcek para presidente! Dubcek para o Hrad!”

De novo, tive a sorte de observar tudo isso à distância de alguns metros, na sala dos oradores, onde um Havel sorridente e outros esperavam sua vez. Dubcek acenou, recuou, voltou à sacada para acenar novamente. Com certeza, mal podia acreditar que aquilo fosse real. Ele tentara dar uma face humana ao socialismo, fora retirado do poder por tropas soviéticas e exilado na sua Eslováquia natal para ser um lenhador e guarda florestal, provavelmente agradecido por não ter ido para a cadeia ou coisa pior. Será que vi uma lágrima em seu olho quando ele se virou uma vez mais para agradecer à multidão? O comício terminou com todos cantando o hino nacional e aquela música fantasmagórica produzida por meio milhão de pessoas tilintando suas chaves.

Mais ou menos uma hora depois, no Lanterna Mágica, Havel e Dubcek emergiram da caverna do Minotauro para dar uma entrevista coletiva a uma assembleia mundial de 500 jornalistas. Não havia mais os pequenos tíquetes de entrada escritos à mão. Ultimamente, Havel andava cercado por uma falange de tchecos enormes e robustos. Eles o depositaram ao lado de Dubcek, em cadeiras colocadas no palco, depois olharam de cenho franzido quando o bando de repórteres disparou uma saraivada de perguntas gritadas de todos os cantos. Dubcek acabara de iniciar uma dissertação sobre o futuro do socialismo – “Sempre fui a favor de uma renovação do socialismo”, disse ele, já arrumando encrenca – quando Jan Urban entrou com notícias surpreendentes: Jakes havia renunciado! O Comitê Central havia defenestrado o Politburo inteiro!

Algazarra. Consternação. Minhas anotações registram tchecos caindo nas laterais do teatro, gritando, ululando, chorando. “Uma pergunta, senhor", gritou um jornalista para Dubcek. "Agora? Está difícil falar", respondeu o grande homem. Depois se levantou e caiu nos braços de Havel. Como num passe de mágica, Urban apareceu com uma garrafa de espumante. "Acho que está na hora do champanhe", disse Havel.

Quando, exatamente, a Revolução de Veludo venceu? Os personagens que foram arrastados pelos eventos deram respostas diferentes. Martin Mejstrik achava que foi na Sexta-feira Negra, quando 20 mil pessoas apareceram para a manifestação, em vez das centenas que ele esperava. "Eu tive certeza então de que havíamos vencido", disse-me enquanto caminhávamos pela rua Narodni muitos anos depois.

Para Jan Urban, o momento da vitória aconteceu durante a entrevista coletiva, com a renúncia do Politburo. "Foi ali", ele me diria posteriormente. Mais tarde, naquela mesma noite, os novos líderes comunistas do país deram no hotel Intercontinental, a sua entrevista coletiva. O novo chefe era um tal de Karel Urbanek, que se sentou ladeado por seus pares do Politburo recauchutado. Ainda lembro de sua aparência: terno cinza, olhos redondos assustados, ar nervoso, um funcionário provinciano digno da confiança do Comitê Central. Alguém perguntou sobre seus planos para resolver a crise política. "Não discutimos desdobramentos futuros." O senhor leu as declarações do Fórum Cívico? "Lerei assim que possível." O senhor acredita em democracia e eleições livres? "Continuaremos nossa cooperação com os partidos da Frente Nacional", a saber, os partidos domesticados que não desafiavam a hegemonia comunista. Em outras palavras, não.

Naquele momento, a mídia internacional abandonou abruptamente sua pretensão de neutralidade. "Seus idiotas", gritou um repórter ocidental. Outro chamou-os de "bundões", enquanto alguém gritava "vão para o inferno". Há lados e lados. Até os jornalistas precisam às vezes escolher. Urbanek e seus lacaios contraíram-se e depois bateram em retirada.

A renúncia do Politburo pôs em movimento uma cadeia caleidoscópica de acontecimentos, atordoante em sua rapidez e complexidade. O poder mudou de mãos, carreiras se fizeram ou se perderam, no que parecia ser um piscar de olhos. O bando que há alguns dias fugira do Intercontinental já se fora. A face moderada do Partido Comunista, Ladislav Adamec, ansiava por tomar o lugar deles. Agora, sua queda também estava sendo armada, mas de modo tão suave e tão hábil...

No undécimo dia, Havel e seus revolucionários em ascensão realizaram um comício monstro no estádio de futebol do parque Letna, nos morros acima da cidade onde outrora havia uma estátua gigantesca de Stálin. Cerca de meio milhão de pessoas enfrentaram o frio e o vento gélido que fazia bandeiras e estandartes bater como chicotes. Parecia uma reunião usual: gente dando "Vivas Havel" e outros exortando. Mas não era. Por trás da cena, a revolução entrava numa nova fase. O que começara como uma manifestação espontânea de apoio havia evoluído para um teatro político calculado da mais alta ordem.

Isso estava evidente na *mise-en-scène* meticulosa do evento. À medida que os milhares de pessoas convergiam em ondas para o Letna, os estudantes as encaminhavam para seus lugares apropriados. Sessenta músicos de rock vinham trabalhando desde a manhã para montar um sofisticado sistema de som. Havia posto de enfermagem e barracas de auxílio ao público. "Uma criança se perdeu", anunciaram pelos alto-falantes, e todos paravam o que estavam fazendo até acharem a criança.

Havel avançou e falou do lugar de onde Jakes e outros chefes comunistas costumavam assistir aos desfiles anuais de Primeiro de Maio. "Se alguém me dissesse há um ano que eu veria isso, eu teria dado uma risada", disse ele, para gargalhadas do público. Claro, um ano antes ele estava na prisão. E, com isso, ele passou o microfone para ninguém menos que Ladislav Adamec.

O que Havel estava fazendo, cedendo espaço para um membro dos comunistas governantes, um deles? Nos bastidores, Adamec havia pedido o apoio do Fórum Cívico. Ele calculava que, com a oposição ao seu lado, poderia persuadir o Comitê Central a designá-lo secretário-geral, um homem aceitável para os dois lados, que poderia unificar o país e conduzir a Tchecoslováquia pelo caminho da reforma. Havel fingia concordar, sussurrou-me um auxiliar enquanto observávamos aquele ato final do drama que se desenrolava a poucos metros de distância. Na melhor das hipóteses, ele considerava Adamec um tapa-buraco, e não a pessoa adequada à ocasião. Ao dar-lhe sua chance, Haval calculava que ele poderia destruir a última esperança dos comunistas.

E tinha razão. Adamec estragou tudo, e de forma espetacular. A pedido de Havel, a multidão o recebeu bem. "Adamec! Adamec!" Mas então, ele abriu a boca. A primeira palavra que pronunciou, por incrível que pareça, foi "Camaradas!". Ele pediu disciplina, o fim das greves, mudanças econômicas, e não políticas. Ao fazer uma pausa para o que esperava que seriam aplausos, percebeu que estava acabado. "Não", a multidão gritou, em meio a um coro crescente de zombarias e vaias. Adamec lutou para continuar, envolvido por gritos irados: "Renuncie! Renuncie!" Era como observar um homem sendo afogado e esquartejado. Estranhamente, uma espada surgiu de algum lugar e foi passada adiante, sacudida no ar pelas mãos que a empunhavam.

E assim veio o fim, "suavemente, suavemente". Havel pediu um minuto de silêncio por aqueles "que caíram na luta pela liberdade". Começou a nevar, de leve, no início, mas depois mais forte. Uma carreta puxada por cavalos deixou o parque, adornada com estandartes e asas de anjos, e milhares de pessoas começaram a segui-la. Uma por uma, as pessoas presentes em Letna deram-se as mãos e em fila indiana iniciaram a caminhada para a praça Wenceslas, distante quase dois quilômetros e meio, quase em silêncio total, sob a neve que caía suavemente.

Para mim, aquele foi o momento. Até hoje, dificilmente consigo lembrá-lo sem lágrimas. A velha carreta frouxa com suas asas de anjo, os sinos nos cavalos. As pessoas seguindo, sempre de mãos dadas. Era tão suave e pacífico, tão forte e irresistível. É óbvio que também fui atrás. A procissão abriu caminho lentamente pelas trilhas e bosques do parque, agora coberto de branco. Serpenteou pelas ruas medievais atrás do castelo e depois pela praça em frente ao palácio presidencial às escuras. Não se ouviam cantos nem vivas, não havia insinuação de confronto. Apenas a fila contínua de pessoas passava em silêncio na escuridão branca, a linha fazia curvas para lá e para cá do lado de fora dos portões ameaçadores. A neve amortecia os passos. Não se ouvia um som, exceto o dos passos macios, rompido de vez em quando por um suave tilintar de chaves.

Durante horas a procissão passou. Metade de Praga participou da cadeia humana. Do castelo, ela desceu o morro íngreme até Mala Strana, passou pela grande catedral barroca, com suas flechas iluminadas na noite nevada, atravessou o Vlatava na ponte Charles, com suas estátuas de 400 anos de reis tchecos e mártires religiosos, entrou nas ruas estreitas da Cidade Velha e, por fim, na rua Narodni, onde velas acesas lembravam a selvageria de 17 de novembro.

Vi três policiais uniformizados entrarem na procissão, com seus bonés postos em ângulos garbosos e suas botas altas de couro preto. O que Havel havia dito em outubro? No momento da verdade, nossas máscaras cairiam, revelando talvez faces inteligentes e muito humanas. A procissão continuava, todos balançavam os braços, saltando, felizes, alegres. Os primeiros da fila já haviam chegado à praça Wenceslas, onde havia um pandemônio de buzinas, sinos de bondes e gritos da multidão, enquanto os últimos ainda esperavam pacientemente em Letna, no alto do morro nevado. De mãos dadas, eles dividiram a cidade. De mãos dadas, traçaram uma linha.

Aqui, de um lado, estava o povo, do outro, seus opressores. Aquele era o momento. Todos tinham de optar.

Do alto da cidade, olhei para Praga iluminada e brilhante na neve, com seu povo dançando. Ó noite silenciosa! Ó noite divina! Nunca em minha vida vi algo tão lindo. Duvido que verei de novo.

É uma pena que as revoluções subsequentes na Europa Oriental não tenham sido tão leves de espírito, nem tão indolores.

Algumas horas depois da queda do Muro de Berlim, o mesmo aconteceu com o líder comunista da Bulgária, Todor Jikov, que estava no poder havia 35 anos, famoso por muitas tramas geopolíticas nefandas, do assassinato com uma sombrinha envenenada de um dissidente búlgaro em Londres à tentativa de matar o papa João Paulo II. Não se tratou de uma revolução edificante de supostos democratas, mas de um golpe de Estado que manteve o velho regime.

Mais sombrio foi o ato final daquele ano épico. Na noite de 16 de dezembro, surgiram notícias de um levante na cidade romena de Timisoara, junto à fronteira com a Hungria. Forças de segurança atiraram nos manifestantes, segundo relatos que não conseguimos confirmar. No clima sobrecarregado de expectativa revolucionária, as ficções mais mirabolantes eram aceitas rapidamente como fatos consumados: dez mil mortos em Timisoara, 60 mil em outras cidades. As redes de TV mundiais apresentaram histórias sinistras em que a polícia secreta romena metralhava gente de helicópteros, executava soldados que se recusavam a matar civis, enterrava milhares de corpos em sepulturas coletivas ou queimava seus corpos para destruir as provas dos massacres.

O dia de Natal encontrou-me grudado na televisão, tentando imaginar o que estava acontecendo e como chegar à Romênia. Um colega da Associated Press levou um tiro no braço ao tentar atravessar de carro um posto de fronteira. Outro, do *New York Times*, chegou a Timisoara, mas levou um tiro nas costas quando seu carro passava devagar por uma rua escura. Ele teria morrido ali mesmo se não estivesse na frente do hospital da cidade. Naquela noite, um amigo do Ministério do Exterior alemão telefonou-me para dizer que um avião de auxílio militar partiria de Colônia no dia seguinte para a Romênia. Eu gostaria de ir?

A noite caía no aeroporto de Otopeni. Soldados do Exército estavam deitados na esplanada do aeroporto e davam tiros de rifles, através de vidros estilhaçados, em inimigos reais ou imaginários. Tanques estavam posicionados ao longo das pistas.

Cheguei com dois jornalistas alemães a bordo de um avião de transporte militar da Luftwaffe. Oficialmente, levava suprimentos para a Cruz Vermelha romena; não oficialmente, trazia armas e soldados para reforçar a embaixada da Alemanha Ocidental, que estava sob fogo no centro da cidade. Um homem da Cruz Vermelha local saudou-nos quando o avião parou fora do terminal. "Vocês são jornalistas? Catorze de vocês foram mortos hoje!" O adido militar alemão disse que 400 pessoas haviam sido massacradas no metrô menos de uma hora antes. Nenhum dos dois relatos se revelou verdadeiro, mas era uma recepção aterrorizante.

O centro de Bucareste estava em chamas. Tanques e carros blindados bloqueavam os bulevares próximos da universidade e do palácio presidencial. A Biblioteca Nacional era um casco fumegante. As portas da frente do hotel Intercontinental haviam sido arrancadas a tiros. Uma bala enterrara-se no teto de meu quarto. Na recepção, telefones tocavam sem resposta. Os funcionários estavam reunidos em torno de uma televisão no saguão escuro e sem aquecimento. Havia rumores de que Nicolae Ceausescu, o Grande Ditador, fora preso e executado na tarde do dia de Natal, com sua esposa Elena, a igualmente temível "Ditadora". Seria verdade? Ninguém ousava ter esperanças, pois isso significaria que três décadas de terror teriam acabado.

A tela da TV estremeceu e ganhou vida. O saguão cavernoso encheu-se de vaias: lá estava Ceausescu, com o sobretudo escuro amarrotado e o lenço que usava quando fugira quatro dias antes. Aqueles que ele tiranizava o viam agora sob uma luz diferente. Em vez de estar de pé, altaneiro, diante deles, cercado por bandeiras e auxiliares numa cerimônia pública, estava sentado à uma mesa nua, numa sala pequena e esquálida, diante de um painel de juízes que não apareciam na tela. "Você está diante do Tribunal do Povo, o novo órgão jurídico do país", disse uma voz invisível. A justiça do povo estava prestes a ser feita.

A farsa que se seguiu foi tão sombria quanto uma peça de David Mamet. Os inquisidores ocultos vociferavam perguntas, fustigavam Ceausescu com acusações insolentes que o ditador, igualmente desdenhoso, se recusava a responder.

"Você compreende as acusações contra você?", perguntou o promotor, de forma peremptória. "Sou o comandante-em-chefe, não respondo a você!", retrucou Ceausescu.

"Você matou de fome a Romênia!"

"Isso é um absurdo", retrucou o ditador com veemência. "Nunca na história da Romênia houve tanto progresso."

Elena cuspiu virulência contra os "vermes" que pretendiam desafiá-los, chamando as acusações de "mentiras" e "provocações". Ceausescu denunciou o "complô" contra eles como um "golpe" mal disfarçado, instigado "por traidores que estão aqui, nesta sala". De vez em quando, o velho casal dava tapinhas no braço um do outro, como para se tranquilizar mutuamente. Dentro de uma hora, o tribunal deu seu veredicto: culpados. A câmera mostrou o advogado de "defesa" do casal, sorrindo enquanto a sentença de morte era lida.

Houve então um corte no filme, que recomeçou, de forma chocante, num pátio coberto de cascalho. Dois fardos do que pareciam ser trapos jaziam sobre as pedras. A câmera aproximou-se: era Ceausescu, caído de costas, a cabeça inclinada e apoiada num muro atrás dele, olhos abertos e arregalados. Por quase um minuto, parecia, olhamos para ele, todos espantados. "O Anticristo está morto", sussurrou alguém, como se falasse da bruxa malvada de *O mágico de Oz*. Depois, a tela ficou preta, com as palavras: Televisão Romênia Livre.

Quando estava vivo, Ceausescu gostava de caçar ursos. Com seu séquito, retirava-se para uma cabana nas montanhas da Transilvânia, depois saía com armas carregadas e engatilhadas. Estava acostumado com a boa sorte, pois seus caçadores tomavam precauções: acorrentavam um pobre animal a uma árvore e o drogavam para ficar imóvel; depois se escondiam em torno da tocaia da qual o Grande Homem atiraria. Um dia, fizeram o serviço malfeito. Ceausescu fez a pontaria e depois caiu para trás assustado, pois o urso, inadequadamente sedado, ergueu-se nas patas traseiras, como se fosse atacar. Seu tiro foi pelos ares, enquanto três balas penetravam o coração do animal, disparadas pelos atiradores cuja função era garantir a perícia de caçador do tirano. Naquele dia, contou-me um guarda florestal que alega ter testemunhado o incidente, Ceausescu não agradeceu o aplauso de seus criados.

Essa poderia ser também a história da revolução romena. O urso é o povo. Ele se ergue da modorra. O imperador, alarmado, atira freneticamente e erra o alvo. Os atiradores de elite escondidos na floresta miram e atiram, só que desta vez o alvo não é o urso, mas o próprio Ceausescu.

A revolução na Romênia foi diferente. Nos outros lugares, era como se os regimes comunistas estivessem numa corrida para se desmantelar. Novos líderes surgiam da noite para o dia. Velhos regimes entravam em colapso e afundavam, mal deixando uma ondulação na água. Os povos dançavam e celebravam vitórias, em larga medida indolores. Não foi assim na Romênia. Lá, a luta foi escrita com sangue. Os governantes comunistas mandaram a polícia atirar em seus cidadãos. Ela obedeceu. Travou-se uma guerra civil, embora curta. A revolução transformou-se num criptogolpe.

Foi por acaso – graças a uma questão local de importância ínfima para Ceausescu – que a coisa começou em Timisoara, uma cidade industrial deprimente, de cerca de 300 mil habitantes, enfarruscada de fuligem e miséria humana. Laszlo Tokes, um pastor jovem, mas popular, recebeu de seu bispo a notícia de que seria transferido para outra paróquia. Seus sermões ousados que criticavam o regime e seu apoio ao grande contingente de húngaros que viviam na Romênia estavam causando problemas. Quando Tokes resistiu, os paroquianos fizeram vigília diante de sua porta. O grupo de poucas centenas cresceu para uma multidão de vários milhares, muitos deles estudantes secundários e universitários que não estavam totalmente felizes com a vida na Época das Luzes.

De início, procuraram apenas proteger Tokes, que era periodicamente espancado e ameaçado pela polícia. Mas a reunião logo se transformou num protesto mais geral. Havia gritos de liberdade, mais pão, fim do regime. Cantando o hino nacional proibido, "Desperta Romênia!", um grupo de mais de mil pessoas marchou até o centro da cidade, rasgou cartazes do líder e apedrejou a sede do Partido Comunista. A polícia reagiu com jatos de água e gás lacrimogêneo.

Isso aconteceu em 16 de dezembro. No dia seguinte, um domingo, a revolução romena começou para valer. Naquela madrugada, por volta das três da manhã, a Securitate e a polícia local invadiram a casa de Tokes, e depois de espancá-lo, forçaram-no a assinar um papel em branco renunciando a seu posto. Enquanto isso, chegavam reforços do Exército e da Securitate. De forma estúpida, fizeram um show disso, desfilando pela cidade com estandartes e som de clarins. Dez mil manifestantes irritados vieram do nada e os crivaram de pedras, garrafas e insultos.

Os comunistas de outros países podiam se ver paralisados diante da crise, mas Ceausescu não estava entre eles. Como podiam deixar que um simples protesto diante da igreja de um pastor pudesse se transformar num tumulto, perguntou ao seu ministro da Defesa, general Vasile Milea, de acordo com as minutas de uma reunião de emergência realizada naquela tarde. "Dei ordens para uma exibição de força, com tanques, e você organiza um desfile!" Onde estavam suas tropas na noite anterior? "Por que não atiraram? Você não derruba um inimigo com sermões. Você tem de queimá-lo!"

Depois, virou-se para o general Iulian Vlad, comandante da Securitate. "Você não sabe o que significa um estado de emergência?" Ceausescu queixou-se de ter ficado acordado a noite inteira, falando com os dois generais a cada dez minutos. "Por que minhas ordens não foram obedecidas?" A essa altura, a sanguinária Elena intrometeu-se. "Vocês deviam ter atirado neles. Teriam fugido como perdizes. E se tivessem caído, vocês deveriam tê-los levado e enterrado num porão. Não disseram isso para vocês? Nenhum deles deveria ter escapado!"

Irado, Ceausescu ameaçou demitir os dois generais e assumir pessoalmente o comando do Exército e das forças de segurança. Acusou-os de traição, sugerindo que deveriam ser fuzilados. De forma abjeta, eles juraram fidelidade e prometeram justificar a confiança do ditador. "Bom, devemos tentar outra vez, camaradas?", perguntou Ceausescu. Em algum momento depois das cinco da tarde, de volta a Timisoara, os generais Vlad e Milea executaram suas ordens. Soldados e agentes da Securitate atiraram na multidão de manifestantes, muitos deles mulheres e crianças. Cem pessoas foram mortas. Entre 300 e 400 ficaram feridas.

Se não tinha ilusões quanto à ameaça em Timisoara, Ceausescu tinha um ponto cego: ele mesmo. Ele tratava seu povo como escravo – "vermes", nas palavras de Elena. Mentia para eles, roubava deles, tirava-lhes a vida, a liberdade e a felicidade. Contudo, parece que realmente acreditava que era amado pelo povo. Em sua ilusão, tomou uma decisão fatal. Enfrentaria o desafio ao seu poder indo ao povo, ao vivo, na TV, em carne e osso. Evidentemente, haveria o costumeiro suporte. Uma multidão e partidários fiéis foi trazida das fábricas de Bucareste e da burocracia do Partido. Havia estandartes e cartazes com sua imagem. "Viva Ceausescu", seus súditos gritariam. Ele acenaria, faria um discurso inflamado e tudo ficaria bem no reino.

E assim, na manhã de 21 de dezembro, Nicolae Ceausescu postou-se à frente dos microfones e câmeras montados na sacada do Comitê Central, na praça do palácio. Vestido com seu sobretudo escuro e chapéu de pele, ele gritou para os 100 mil súditos reunidos lá embaixo. Contou-lhes que as notícias de revoltas e mortes em Timisoara eram falsas, que eram tentativas das potências estrangeiras para corromper e desinformar o povo. Ele contava com o aplauso e os vivas no momento certo, vindos da massa domesticada de funcionários submetidos a ele e a seu regime. Mas, em vez disso, dos limites da praça, alguns estudantes que não faziam parte da seleta assembleia começaram a gritar: "Ti-mi-so-ara! Ti-mi-so-ara!".

Ele jamais ouvira qualquer coisa parecida. Nunca fora contestado de forma tão impudente. Então escutaram-se outros gritos, fracos, mas altos o suficiente para serem captados pelas câmeras: "Assassino! Abaixo Ceausescu!" Ouviram-se estampidos. Armas? Mais tarde, soube-se que era o som das bombas de gás lacrimogêneo atiradas pela polícia, mas foi o suficiente para perturbar Ceausescu.

Aturdido, ele parou de falar. Seu rosto perdeu o ar de confiança, atingido por súbito espanto tímido; de repente, parecia velho e fraco. Acenou com as mãos para acalmar a multidão. No entanto, eram movimentos sem sentido de um homem perturbado, não diferente do momento em que Ceausescu vacilou no cais de Snagov, batendo os braços diante do perigo de cair nas profundezas. Esse momento de verdade durou apenas alguns segundos, mas foi o suficiente. Todos que estavam na praça e assistiam pela televisão viram sua fraqueza. O imperador estava nu.

O resto é história bem conhecida. Guardas de segurança apressaram-se a tirar Ceausescu da sacada. A multidão invadiu o prédio do Comitê Central. Ceausescu e sua mulher entraram num helicóptero branco e fugiram pelo teto. Irromperam conflitos em toda a cidade, entre o Exército, ao lado do povo, e a Securitate, fiel a Ceausescu. Atiravam do alto dos telhados ou misturavam-se a grupos de manifestantes, puxavam armas de dentro dos casacos e dizimavam quem estava em volta. Tanques atiraram em praças e bulevares, o centro da cidade ficou envolto em chamas e fumaça. Depois de uma caçada de três dias, no Natal, o ditador e sua mulher foram capturados, processados e sumariamente condenados por um Tribunal do povo ilegal e irregular.

É provável que as revoluções nunca sejam o que parecem. Elas são misturas de mito, idealismo, oportunismo, política, intriga, exploração. O bom e o ruim, o nobre e o ignóbil, o puro e o impuro ficam tão entrelaçados que são indistinguíveis. Em nenhum lugar isso foi mais verdadeiro que em Bucareste, pois, no momento do discurso de Ceausescu, a revolução na Romênia transformou-se em duas revoluções. Uma era pública, vista na televisão: o povo levantando-se para derrubar o odiado ditador. A outra era mais particular, uma luta subterrânea pelo poder entre as elites que equivalia a um golpe.

Eu compreenderia isso melhor bem mais tarde, depois de realizar minhas pesquisas. Mas, mesmo na ocasião, pressenti alguma coisa suspeita naquela revolução – acontecimentos que simplesmente não se encaixavam no quadro público.

Pouco depois de eu chegar, em 26 de dezembro, um homem atarracado de bigode abordou-me no saguão do Intercontinental: "Olá, lembra de mim?" Na verdade, não. Não acho que o tivesse visto antes. "Bom, então fiz meu trabalho direitinho", disse ele, apresentando-se como Andrei. Parece que havia sido um de meus "guardadores" invisíveis durante minha visita ao país em agosto. Para quem ele trabalhava, não estava muito claro, nem para mim, tampouco para ele. Se alguém estava no comando, era um conselho revolucionário que se autodenominava Frente de Salvação Nacional, com sede na emissora de televisão de Bucareste. Ele ofereceu-se para me levar lá.

Quando saí para a rua, encolhi-me instintivamente ao ouvir tiros súbitos. Andrei, no entanto, parecia não dar bola. Na emissora de TV, cercada por caminhões e soldados do Exército nervosos, a postos para se defenderem de um ataque, Andrei não teve problema em passar. Lá dentro, escrivaninhas e cadeiras estavam empilhadas em barricadas improvisadas, guardadas por outros soldados e voluntários armados. Ainda na noite anterior, um andar do prédio fora tomado pela Securitate, que atirava nos soldados que ocupavam os outros andares. Estranhamente, não havia sinal de sangue, nem buracos de balas, fora algumas janelas quebradas.

Alguns outros repórteres também haviam entrado na emissora, e tivemos uma entrevista coletiva de improviso com um homem identificado como o novo vice-presidente do país, Dimitru Mazilu, um ativista dos direitos humanos que acabava de ser libertado após anos de prisão domiciliar. "A situação é extremamente grave, extremamente fluida", disse ele, confirmando os relatos de que Ceausescu fora executado. E acrescentou que o Exército se aliara firmemente ao povo e ao novo governo. O tiroteio do lado de fora não vinha das fileiras principais da Securitate, que somava talvez 40 mil homens, mas de uma Quinta Diretoria especialmente treinada de guardas presidenciais, cuja missão era espalhar o terror e travar uma guerra contra aqueles que se revoltassem contra Ceausescu enquanto ele estivesse vivo. Ele calculou que esses "terroristas" não passavam de dois mil, se tanto, agindo em grupos de três ou quatro homens.

Andando por um corredor, topei com o funcionário do Ministério do Exterior que arranjara minha viagem em agosto. "Olá, senhor Meyer, quantas mentiras contei para o senhor!", disse animadamente. Ele nunca se embaraçava com as palavras. "Tudo bem, também não acreditei em nada do que você disse", respondi. Era uma camaradagem estranha, ainda mais pela pergunta que ele respondeu apenas com um sorriso: "O que você está fazendo aqui?" Ele me informou sobre a Frente de Salvação Nacional, uma mistura estranha de poetas, escritores, estudantes, dissidentes e ex-funcionários do governo supostamente descontentes que estava reunida numa sala de conferências próxima. Eu podia entender que Laszlo Tokes, o padre de Timisoara, estivesse ali, bem como escritores dissidentes, como Doina Cornea e Mircea Dinescu. Mas o general Stefan Guse, chefe do

Estado-Maior do Exército que comandara as tropas em Timisoara? Ion Iliescu, o autonomeado presidente novo? Não muitos anos antes, ele fora o principal propagandista de Ceausescu.

A presença mais incongruente talvez fosse a de um homem chamado Victor Stanculescu, o general designado para ministro da Defesa interino horas antes de Ceausescu fugir do teto da sede do Comitê Central. Ele fora um dos favoritos de Elena, o homem que, se pudesse escolher, ela teria mandado para debelar a agitação em Timisoara. Eu ficaria sabendo depois que foi Stanculescu quem organizou a fuga dos Ceausescu do prédio do Comitê Central, e foi para ele que Elena pediu, ao embarcar no helicóptero: "Victor, proteja as crianças!" Referia-se às centenas e centenas de órfãos recrutados para a guarda especial da Securitate, os mesmos que agora atiravam indiscriminadamente nas pessoas, em defesa de seus "pais" adotivos, Elena e Nicolae. Mais tarde revelou-se que foi ele, entre outros, quem também organizou o julgamento dos Ceausescu, de acordo com Richard Hall em, *Rewriting the Revolution*, e que escolheu pessoalmente os promotores, ajudou a selecionar o local da execução e organizou o pelotão de fuzilamento – antes mesmo do início dos procedimentos legais.

Uma noite, cruzei novamente com Andrei em meu hotel. Uma vez mais, ele se ofereceu para mostrar-me uma coisa interessante. Fomos de carro a um lugar cercado por muros, no bairro diplomático. Como antes, um portão de segurança fortemente guardado abriu-se para ele como por mágica. Havia um pouco de neve nos jardins e trilhas do palácio onde Elena e Nicolae Ceausescu viviam e dormiram pela última vez.

O lar do ditador e sua esposa era uma mansão neoitalianizada coberta de estuque cor-de-rosa, na parte noroeste de Bucareste. Numa das janelas em arco que ladeavam a entrada grandiosa estava rabiscada com tinta vermelha, ou talvez batom, a palavra "Vitória!". Havia garrafas de vinho no chão do vestíbulo decorado com filigranas de ouro, sob um candelabro de cristal cintilante, em meio a pontas de cigarro. Uma máscara de gás jazia incongruente sobre uma cadeira de brocado. Segundo Andrei, "o povo" invadiu o palácio no fim da tarde de 22 de dezembro, depois que Ceausescu fugiu. Mas algo não batia. Aqui e ali, vasos valiosos estavam caídos, inteiros, como se tivessem sido cuidadosamente colocados naquela posição. Pequenos objetos de arte, em sua maioria estatuetas baratas de porcelana, haviam sido pisoteados, com fotos de família dos Ceausescu e seus filhos. Mas não havia tapetes enlameados, pegadas na neve do lado de fora, nenhuma porta arrombada ou janela quebrada, nem marcas de mãos sujas nas paredes e sofás brancos. Na verdade, não havia qualquer prova de dano, muito menos do saque que se esperaria de uma turba raivosa e descontrolada. Em vez disso, parecia que um bando de adolescentes ficara em casa enquanto seus pais estavam fora e tinha achado a chave do armário das bebidas. Na minha opinião, o palácio havia sido garantido, e não liberado.

Mas, como Andrei prometera, era interessante. "Mike, você conheceu Ceausescu", disse-me enquanto eu estava sentado à mesa coberta de damasco da sala de jantar do ditador, fazendo minhas anotações. "Você já viu alguma coisa assim?" Para ele, como para a maioria dos romenos, o luxo era inconcebível. Os Ceausescu viviam como príncipes do império francês, ou pelo menos como os mais notórios dos magnatas de Hollywood. Ricas tapeçarias cobriam as paredes. Estátuas e candelabros de prata e bronze ficavam ao lado de ornamentados relógios em estilo Luís XVI, sobre mesas enfeitadas de modo extravagante. Tudo era banhado a ouro, espelhos e papel de parede com brocado – brilho sem estilo, coerência ou gosto. Não havia livros. As pinturas representavam nus reclinados e querubins, ordenhadoras brincando com ovelhas e criancinhas.

No andar de cima, caixas vazias de perfumes e cosméticos espalhavam-se pelo chão do *boudoir* de Elena: Arpège, Nina Ricci, Mystère de Rochas. Uma lata de Woolite caída num canto. Caixas de pomada Palmolive para hemorroidas esmagadas no chão. Apesar dos closets cheios de vestidos da alta costura, parece que Elena Ceausescu preferia costumes pesados de lã e sapatos metálicos sem ponta, com saltos quadrados discretos. Havia centenas de pares. Extremamente magra, parece que era obcecada pelo peso. Seu banheiro rosa e dourado tinha quatro balanças. Um homem de tênis branco e jaqueta de couro vasculhava as gavetas de seu criado-mudo. Ao encontrar uma foto dos Ceausescu com os filhos, amassou-a e jogou-a no bidê rosa. Outro homem apontou para a pilha de casacos de peles de vison e zibelina sobre a cama, enquanto a cinza de seu cigarro caía sobre a colcha.

Uma suíte contígua era a de Ceausescu. Talvez uma centena de ternos cinzentos idênticos pendia de seu closet, todos novos e envoltos em plástico higiênico. Sob cada um deles, havia um par de sapatos de couro, nenhum usado, feitos sob medida para um homem com pés levemente deformados. Examinei as gravatas de Ceausescu: uma mistura enorme de cores esquisitas em torvelinho, feitas especialmente pelos melhores camiseiros do mundo, todas com 18 centímetros de largura e jamais usadas. E isso, meu Deus, o que é? Cuecas suíças, que segurei junto à minha cintura. Eram compridas até para mim, que tenho mais de um metro e oitenta de altura. Como deveriam ficar naquele ditador tão baixinho? Será que puxava a cueca até os ombros? No chão, uma foto de Elena quando tinha quarenta e poucos anos, com uma capa de chuva amarela e pegando uma flor, jazia em meio a fragmentos de vidro. Foi a única coisa levemente pessoal que vi.

Um toque final bizarro nos aguardava no quarto do casal real. Havia papéis e documentos espalhados pela cama nupcial, presumivelmente as leituras de Ceausescu na última noite que passou ali. Entre eles, estava um estudo preparado para a "camarada Elena Ceausescu", datado de 26 de novembro e datilografado com os caracteres extragrandes que seu marido preferia para ler. Era uma análise dos eventos que levaram ao assassinato do presidente egípcio Anwar Sadat e do clima político popular da ocasião. Até hoje, não sei se era autêntico – sugerindo que os Ceausescu estavam muito mais conscientes do clima de seu país do que se supunha – ou se foi plantado ali para jornalistas como eu. Seu objetivo? Talvez uma pista falsa, para sugerir que a revolução romena era de fato espontânea, e não planejada, um complô armado por gente de dentro do governo. Afinal, o "povo" invadiu o palácio, não foi mesmo?

Os dias e semanas seguintes à morte de Ceausescu trouxeram mais intimidações e conspirações. De Timisoara vieram notícias de que, nos primeiros dias da agitação, uma gangue da Securitate andou quebrando deliberadamente vitrines de lojas, tentando provocar as pessoas para lutar. Descobriu-se depois que cadáveres de supostas vítimas dos massacres do regime, exibidos para fotógrafos, haviam sido desenterrados do cemitério dos pobres ou tomados emprestados do necrotério local. Ouviam-se números de vítimas inflados de forma extravagante. "Que genocídio?", retrucara Elena Ceausescu durante o julgamento, não sem razão. Os Ceausescu foram acusados de matar dezenas de milhares de pessoas. Mas a contagem oficial chegou perto de mil, e a maioria das mortes ocorreu em Bucareste e em outras cidades depois que o casal fugiu. As pessoas começaram a se perguntar por que os Ceausescu foram mortos com tanta pressa. E quanto ao novo governo, por que todas aquelas caras familiares?

Não surpreende que isso tenha levado a especulações subsequentes sobre a verdadeira natureza da revolução romena. Alguns sugeriram que foi uma conspiração do início ao fim, tramada por líderes do Exército e da Securitate para depor Ceausescu e substituí-lo por um deles. Mas a verdade é mais prosaica. A revolução começou em Timisoara, exatamente como as aparências indicavam, com uma explosão popular de raiva e frustração e o sentimento disseminado de cansaço, compartilhado pelo resto da Europa Oriental. Na confusão dos eventos, as pessoas fizeram escolhas de forma rápida e irrevogável, algumas por coragem, outras por covardia ou oportunismo. Laszlo Tokes não queria sair de sua casa. As pessoas levantaram-se e não recuaram. Percebendo que havia algo no ar, os conspiradores contra Ceausescu aproveitaram a chance.

Foi por pouco. Depois que fugiu no helicóptero, Ceausescu tentou ir para uma base amistosa do Exército, onde poderia mobilizar suas forças a fim de retomar o controle. Ele foi apanhado, em parte, graças ao setor de informações húngaro que ajudou seus captores a localizá-lo usando dispositivos eletrônicos. A execução apressada do ditador teve por objetivo acabar com a luta. Enquanto ele estivesse vivo, a revolução não estaria ganha, disse-me muito tempo depois o ex-presidente da Romênia, Emil Constantinescu. "Eles o assassinaram."

Escassos sete minutos aproximadamente se passaram entre o momento em que a sentença foi lida e a execução pelo pelotão de fuzilamento. O juiz, que também participava da conspiração e que depois seria vice-primeiro-ministro, mal teve tempo de juntar seus papéis, e os soldados já haviam amarrado as mãos de suas vítimas e as empurrado por um corredor até o pátio. Durante a correria, o fio da câmera de vídeo foi arrancado da tomada. Quando o cameraman chegou, os soldados já estavam atirando. Alguns nem esperaram pela ordem oficial para fazer fogo. Elena Ceausescu aparentemente desmaiou e foi alvejada no chão.

14. Desenlace

Numa tarde cinzenta de antevéspera do Ano-Novo, senti uma necessidade súbita e avassaladora de sair da Romênia, sair da Europa Oriental antes da virada do ano. A causa disso talvez tenha sido a visita ao principal cemitério de Bucareste. Uma neve tênue cobria os montes de terra de centenas de túmulos novos, abertos em longas fileiras retas. "Aqui estão os que tombaram", entoava um padre solene no campo dos mortos, enquanto quatro homens colocavam um caixão de madeira diante dele, sobre um cavalete cambaleante. Jacob Stetincu, morto por um atirador de tocaia quando atravessava a rua, jazia enrolado num lençol fino de algodão branco, com uma surrada boina azul na cabeça e flocos de neve presos ao bigode. Após uma oração apressada, os homens pregaram a tampa, carregaram-no para a cova mais próxima, enquanto a viúva se esforçava para acompanhá-los, e jogaram terra pesada sobre o caixão. A poucos metros de distância, outros cavavam o solo congelado. O padre, trabalhando em turnos com uma dezena de colegas seus, já jogava água benta na vítima seguinte do reinado de Ceausescu.

"Sobrecarga da revolução", definiu um amigo. Coisas demais, rápido demais, seleto demais. O desbotado Expresso do Oriente partiu tarde naquela noite. Na manhã seguinte, quando parou no pátio de manobras da estação central de Budapeste, saltei por uma janela, arrastei minhas coisas por quilômetro e meio de trilhos e peguei um táxi para Viena, distante várias horas de viagem. Um voo para Frankfurt. Outras duas horas de táxi até Bonn. Alguns minutos depois da meia-noite, 27 horas depois de deixar Bucareste, entrei em minha casa com um grupo de amigos e vizinhos cantando "Auld Lang Syne",* exatamente como faziam em Berlim, Praga, Varsóvia e Budapeste.

Para as pessoas que viviam nessas cidades recentemente libertadas, era tempo de alegria. Em Berlim, os chamados *mauer-peckers* (pica-muros) picotaram o Muro com martelos e talhadeiras. No Natal, Leonard Bernstein dirigiu a filarmônica no recém-aberto Portão de Brandenburgo, tocando a *Nona sinfonia* (*Ode à alegria*) de Beethoven, com a palavra "alegria" substituída por "liberdade". Menos de um ano depois, em 3 de outubro de 1990, a Alemanha se reunificou.

Quanto ao Muro, teve início um longo e gradual desaparecimento na imaginação histórica. Boa parte dele foi logo derrubada. Um trecho de 80 metros está de pé ainda hoje, como atração turística, perto da antiga sede da Gestapo, no centro de Berlim, a meio caminho entre a Potzdamerplatz e o posto de controle Charlie. Outro trecho ergue-se ao longo do rio Spree, perto da Oberbaumbrücke, apelidado de "Galeria do lado Leste", graças a sua superfície coberta de grafites (todos pintados depois da queda). Outros pedaços foram exportados para o resto do mundo, sobretudo para as capitais daqueles percebidos como vitoriosos da Guerra Fria: Londres, Nova York, Washington. Estão aqui e acolá, vagamente ancrônicos, oferecendo sombra para o almoço de bancários ou secretárias, esquecidos de seu presságio outrora sinistro.

Mikhail Gorbatchov merece um enorme mérito. Ele foi o demiurgo geopolítico, a causa primeira que pôs todo o resto em movimento. Sem ele, a história da Europa Oriental e o fim do comunismo teriam sido totalmente diferentes. Sua recompensa pelos serviços prestados à humanidade foi ser despedido sem cerimônia, depois de uma tentativa de golpe, quando a própria União Soviética entrou em colapso, em 1991. Mas concederam-lhe o prêmio Nobel da Paz em 1990.

Egon Krenz tentou reivindicar seu mérito. Numa entrevista concedida no verão posterior à queda do Muro, ele me disse que havia "instruído

* Canção de Ano-Novo do poeta escocês Robert Burns que ganhou versão brasileira de Alberto Ribeiro e João de Barro (Braguinha) com o título de "Valsa da despedida". (N.T.)

os funcionários da fronteira a abri-la" por volta das 9h15 da noite. Mas isso simplesmente não bate com os fatos. Ele foi retirado da última chefia de Estado comunista na RDA em 7 de dezembro, por um Partido desesperado por mudar sua imagem. Em 1997, foi condenado a seis anos e meio de prisão por crimes contra a humanidade, especificamente pelo assassínio de alemães que tentavam fugir por cima do Muro de Berlim.

Erich Honecker fugiu para Moscou depois do colapso da RDA, foi extraditado em 1992, julgado por traição e encarcerado na República Federal. Morreu exilado no Chile, em 24 de maio de 1994, de câncer, sem se arrepender.

Günter Schabowski seria um dos poucos entre os altos líderes a repudiar o comunismo. Encontrei-o no início de 1999, logo após ele completar 70 anos. Estava ajudando a traçar o design gráfico de um jornal local da pequena Rotenberg am Fulda. Photoshop! Quark! "Você é um tarado por computador?", perguntou-me de surpresa, quando cheguei para passar a metade do dia com ele. Falou sobre o Macintosh e lamentou sua falta de capacidade de processamento "Só 160 RAM!" Demorava tanto para baixar fotos digitais. E mesmo assim a resolução era fraca, disse ele, resmungando sobre número de pixels. No final de nossa entrevista, tirou uma foto de nós dois e a processou em seu PC: "Só para você lembrar que esteve com este velho sapo."

Em Varsóvia, Lech Walesa tornou-se presidente da Polônia, em dezembro de 1990, substituindo o general Wojciech Jaruzelski, que enfrentou mais tarde acusações de assassinato durante o período da lei marcial e foi defendido por ex-líderes do Solidariedade. Em 2005, ele pediu desculpas por seu papel na invasão da Tchecoslováquia pelo pacto de Varsóvia em 1968, dizendo que foi um grande "erro político e moral".

No domingo, 10 de dezembro, Dia Internacional dos Direitos Humanos, o presidente Gustav Husak prestou juramento no primeiro governo não comunista da Tchecoslováquia desde a Segunda Guerra Mundial. Depois renunciou. Quem o substituiria? Jan Urban, cansado mas exultante, usava a resposta na lapela: um pequeno broche de campanha que dizia "Havel para presidente". Havel prestou juramento em 29 de dezembro de 1989. As comemorações na praça Wenceslas duraram a noite inteira.

Tivemos uma última conversa. Na aparência, Havel era o mesmo de sempre, até com sua desbotada jaqueta militar verde. Mas parecia distraído, até evasivo. A revolução acabara, e nós dois tínhamos a estranha sensação de que tudo havia sido dito, ao menos por enquanto. Falamos um pouco sobre os caprichos da fortuna, da prisão à Presidência em seis meses. "Sim, muita coisa aconteceu desde que nos encontramos pela primeira vez", disse Havel. "Aprendi na prisão que tudo é possível, então não deveria estar espantado. Mas estou."

Depois, contou uma história que ouvi com frequência repetida. "Durante muito tempo, pensei que tudo isso podia ser um sonho pitoresco, que eu acordaria em minha cela e o contaria para meus colegas prisioneiros. Eles me diriam: 'Ah, Havel, você está ficando convencido com essa história de ser um dissidente importante.' Então, de vez em quando, durante esses dias – temos ainda de decidir como chamar esses eventos –, eu perguntava a meus amigos se estávamos sonhando. Eles diziam 'não', mas foi só ontem que realmente achei que não era sonho. Dei uma caminhada pelo parque Pruhonice, nos arredores de Praga. Foi a primeira vez em um mês que pude passar algum tempo ao ar livre e sentir o céu acima de mim, e pela primeira vez senti que, dali em diante, eu poderia viver de maneira diferente, menos dependente de mensagens de estímulo, digamos, do Dalai Lama!"

Havel, tal como seu país, começava uma nova vida, não apenas como presidente, mas como pessoa. Mas, em vez de perguntar mais sobre isso, continuando a conversa informal, escapuli para o enfoque jornalístico. O que ele achava de um escritor ser presidente? "Bom, pelo menos posso escrever meus próprios discursos." Ele riu, mas estava dividido. Queria voltar a ser dramaturgo e queria ser presidente. Se lhe pedissem, "aceitaria esse cargo com a condição de ficar nele somente até que outro presidente fosse eleito para um mandato de cinco anos". Depois disso, preferiria terminar a peça que estava escrevendo quando os acontecimentos o interromperam. Como ia se chamar? Ainda não sabia. Mas eu não achava que sua última obra tinha um título apropriado? *Remoção de favela*. Estava para estrear em Nova York e terminar a temporada em Praga, acrescentou.

De forma coerente com a tranquilidade com que começara, o ano terminou em Budapeste com apenas um leve eco das comemorações de outros lugares. Um novo Parlamento nacional adotou a querida Constituição de Kalman Kulcsar, que tinha por modelo a carta magna norte-americana e consagrava a liberdade de manifestação e a propriedade privada (para não mencionar a busca da felicidade) como direitos inalienáveis do homem.

Imre Pozsgay aboliu o Partido Comunista e esperava chegar à presidência, à frente de um renovado Partido Socialista. Mas os eleitores não elegeriam um ex-comunista para um alto cargo, por mais que tivesse sido um patriota heroico, e ele voltou a lecionar na Universidade de Debrecen, tal como fazia quando estava em desavença com o outrora regime reinante.

Em contraste com a Polônia, cujos comunistas ganharam um lugar protegido no Parlamento, a Hungria havia marcado eleições totalmente livres para março de 1990. Foi uma disputa democrática completamente aberta e que, no fim, acabaria por deixar de fora todos os principais responsáveis pela liberdade da Hungria. Ao contrário de Pozsgay, Miklós Németh previu que seu mandato de primeiro-ministro acabaria com aquela eleição histórica. "Previ isso com muita antecedência", contou-me. "Eu pertencia ao Partido. Um membro do regime anterior jamais poderia permanecer, por melhor que tivesse sido seu trabalho." Sua recompensa por ter mudado o mundo seria – quando o reencontrei dez anos depois – um emprego de médio para alto nível em Londres: vice-presidente do Banco Europeu para a Reconstrução e o Desenvolvimento, encarregado dos recursos humanos. Mais recentemente, em 2008, ele chefiaria uma auditoria independente das operações do Programa das Nações Unidas para o Desenvolvimento na Coreia do Norte – uma tarefa, brincou ele, que, em comparação, fazia "a derrubada do comunismo parecer fácil".

No entanto, Németh teve uma última vitória naqueles dias finais, uma vitória secreta de que poucos têm notícia. Perto do fim do ano, ele recebeu uma carta entregue em mãos pelo embaixador soviético em Budapeste, acompanhado por guardas armados. O embaixador desconhecia o conteúdo da carta, nem tinha permissão para permanecer enquanto Németh a lia.

Sozinho em seu gabinete, ele a abriu. O texto dizia que a União Soviética tinha o prazer de informar que todas as armas nucleares haviam sido removidas do solo húngaro – armas que, a propósito, Moscou sempre negara que existissem na Hungria ou nas outras nações do Pacto de Varsóvia.

Esse era o segredo sinistro que fora revelado a Németh em dezembro, depois de ser nomeado primeiro-ministro. Ele havia levantado a questão com Gorbatchov em março, insistindo que as armas fossem retiradas, embora estivesse no cargo havia somente quatro meses. "Entrarei em contato com você", havia dito o líder russo. Até hoje, Németh não sabe como os soviéticos retiraram as armas sem que ninguém de seu governo soubesse, assim como não sabe como elas entraram na Hungria. Ele foi inspecionar os bunkers, não longe da aldeia de sua mãe, perto do lago Balaton: estavam vazios, dentro de suas paredes de seis metros de espessura. Ele preferia pensar naquilo como um presente de independência.

Epílogo

"'É um tipo de memória fraca, que olha somente para trás', observou a rainha." Lewis Carroll, *Alice através do espelho*.

Algumas lembranças se apagam, outras permanecem vívidas embora os anos passem. Por quê? Talvez elas carreguem algum pedaço de experiência incompreendida, uma mensagem que não foi totalmente decodificada e que pode nos ajudar a decifrar o futuro.

Por algum motivo, jamais esqueci uma imagem de quase 20 anos atrás, anotada na caderneta de repórter no dia 2 de novembro de 1990. Era um belo dia de outono em Berlim. Aproximava-se o primeiro aniversário da queda do Muro. Algumas semanas antes, ocorrera a unificação das duas Alemanhas. Parecia que, quase da noite para o dia, a outrora cidade dividida se transformara no principal destino turístico do mundo. Os jornalistas diziam em tom de brincadeira que era um parque temático da Guerra Fria, uma espécie de Disney Leste. Todos queriam visitar a cidade para ver como era realmente o comunismo e saborear a vitória – antes que tudo desaparecesse.

Entre os dinossauros desse parque, além dos remanescentes do próprio Muro e do *Volk* vestido de modo estranho, à maneira do Leste, estava o Exército Vermelho soviético. Depois de poucos meses de negociações diplomáticas, Moscou concordara em retirar seus soldados – 380 mil em 21 divisões prontas para a batalha, distribuídas por uma faixa de quase dois mil quilômetros que ia do mar Báltico, no norte, ao mar Negro, no sul. Enquanto isso, lá estavam eles, bem no coração do que era agora a Europa democrática.

Isso provocava algumas experiências surrealistas. Ao dirigir pelo recém-liberado interior da Alemanha Oriental, ou ao caminhar por bosques densos, podia-se ouvir um ronco baixo e pesado. De repente, avistava-se uma longa fila de tanques e transportadores de tropas, adornados com a estrela vermelha: você estava no meio de um exercício militar do Pacto de Varsóvia. Não muito tempo atrás, levaria um tiro por menos que isso. Numa excursão desse tipo, fui para o sul até Wuensdorf, quartel-general do alto comando soviético. Eu ouvira rumores de que as forças russas vendiam armas no mercado negro e pensei em investigar o assunto. Por razões que pareciam fazer sentido na época, essa aventura culminou comigo em cima de um pinheiro para espiar por sobre o muro de concreto de uma base russa, no fundo de uma floresta, acessível somente por uma estradinha de terra. Caí, quebrei um braço e tive de ser transportado choramingando para um hospital em Berlim. O médico riu ao ouvir minha história e disse: "Você não precisa cair de árvores para ver os russos. Basta ir ao lixão da cidade."

Esse fato me leva àquela imagem do passado, a imagem mental de uma ida a Dallgow, um subúrbio de Berlim que abrigava um depósito de lixo municipal e uma guarnição soviética. Havia uma dezena de soldados russos uniformizados vasculhando uma montanha de detritos fedorentos. Não eram simples recrutas, notoriamente mal alimentados e raramente pagos. Eram oficiais: tenentes, capitães, coronéis – comandantes de campo do orgulhoso Exército Vermelho que havia vencido Hitler e mantido metade da Europa sob escravidão. Um deles carregava um saco de plástico no qual enfiava tesouros recuperados: uma torradeira quebrada, um brinquedo abandonado. Outro soldado estava no meio do lixo fumando despreocupadamente um cigarro, com um pedaço de carpete puído enrolado embaixo do braço e um travesseiro de tecido canelado todo sujo. Ele me olhou nos olhos e cuspiu.

Durante décadas os americanos viveram com medo desses homens. Preparados para a guerra, estacionamos centenas de milhares de soldados na Alemanha. Gastamos trilhões de dólares em armas, disputamos uma corrida nuclear, lutamos contra a ameaça comunista no Vietnã e na Coreia, e apoiamos guerras em dezenas de países, da Somália e da Nicarágua ao Afeganistão. Tudo isso para lutar contra... aqueles pobres catadores de lixo? Ali estava o verdadeiro Exército russo, a casquinha de uma força outrora poderosa, capaz de cuspir nos Estados Unidos vitoriosos, mas quase incapaz de se vestir e se equipar, muito menos de atacar pelo passo de Fulda, penetrar a Alemanha Ocidental e chegar a Frankfurt, o centro bancário da Europa continental, e ao canal da Mancha.

Escrevi um artigo pós-Guerra Fria sobre isso, carregado de mau humor. Ao relembrá-lo, 20 anos depois, sinto-me um pouco constrangido, sobretudo pelo tom triunfalista. Por mais degradada que parecesse, a União Soviética ainda era uma grande potência; o Exército Vermelho continuava formidável. Por uma questão de registro histórico, eu sabia que os russos eram os principais vitoriosos na Segunda Guerra Mundial. Foram eles que suportaram o impacto maior da agressão nazista; foram eles que reagiram nas portas de Moscou e avançaram pelo mapa da Europa até Berlim. Pagaram essa vitória com 23 milhões de vidas (as perdas americanas ficaram abaixo de meio milhão). E, no entanto, lá estava eu, no lixão de Dallgow, contando minha lorota que punha os americanos no centro de tudo, da derrota de Hitler ao enfrentamento da "ameaça vermelha", e, por fim, emergindo triunfantes da Guerra Fria.

Das várias interpretações que se poderia dar àquela cena, de forma mais ou menos precisa, escolhi aquela que queria ver. A metáfora de Lewis Carroll é apropriada. O mundo é sempre, em parte, um espelho de nós mesmos. Vemos todas as coisas, em especial os inimigos, através das lentes de nossas esperanças, temores e desejos, inevitavelmente distorcidos. A memória não funciona apenas para trás, mas também para a frente, moldando o presente e prefigurando o futuro. Vivemos tanto pelo que acreditamos que aconteceu conosco quanto pelo que realmente ocorreu.

Vi-me pensando sobre tudo isso, não muito tempo atrás, na Biblioteca Presidencial George Bush, em College Station, Texas. É um lugar estranho, em contraste total, digamos, com a biblioteca Jimmy Carter em Atlanta. O memorial de Carter é um refúgio tranquilo num parque arborizado, um centro sóbrio e respeitado de pesquisas e conversas substantivas sobre importantes questões globais: mudança climática, saúde infantil na África, a guerra contra a pobreza mundial. A biblioteca Bush, em comparação, parece uma miscelânea de camelô. A luva de beisebol do ex-presidente, dos tempos de escola, está amorosamente exposta, com tacos, bolas, uniformes e fotos do atleta famoso de Yale correndo, mergulhando, pegando a bola, fazendo nada – apenas alguns dos dois milhões de fotos, dez mil vídeos e inumeráveis suvenires e lembranças que documentam sua vida. O Studebaker 1947 em que ele viajou para a lua de mel está lá, para não mencionar o avião que pilotou durante a guerra e a lancha cigarette em que gostava de correr ao redor de Kennebunkport, no Maine. Então, em meio a esse bricabraque de garotão, topamos com uma coisa mais séria: uma laje do Muro de Berlim, numa caixa de plexiglas. Um vídeo ao lado explica o que a laje representa e como o Muro veio a cair. Os Estados Unidos e o governo Bush ocupavam lugar central na narrativa. Para que ninguém deixe passar, quando saímos do edifício somos confrontados com uma enorme escultura de bronze representando uma manada de cavalos selvagens, sem freios e livre. Embora o simbolismo esteja longe da sutileza, demora-se um instante para reconhecer o significado daquela estátua de escala ceausesquiana: sob os cascos rutilantes daqueles poderosos equinos estão fragmentos do Muro que outrora separava o Ocidente dos países oprimidos pelo comunismo.

Enquanto eu examinava aquele quadro épico e extravagante, não pude deixar de me perguntar o que ele tinha a ver com George H.W. Bush. Afinal, tratava-se de um homem que, em meio aos eventos mais dramáticos dos últimos 50 anos, trabalhou com habilidade para evitar que o drama das revoluções na Europa Oriental se transformasse numa crise Leste-Oeste mais ampla. Ele se absteve da retórica inflamada. Evitou esfregar a cara de Moscou na realidade do colapso de seu império e, na verdade, esforçou-se para envolver o antigo inimigo na gestão responsável do fim da Guerra Fria, principalmente nas negociações da reunificação da Alemanha e da retirada das tropas soviéticas da Europa Central. Em outras palavras, ele desprezava o triunfalismo crasso que hoje permeia sua biblioteca. O que aconteceu? Quem sequestrou o legado de George H.W. Bush? Poderíamos perguntar também quem sequestrou a política externa americana.

Há uma resposta fácil para essas perguntas, aceita por muita gente: George W. Bush e seu bando de fanfarrões neoconservadores que nos meteu na enrascada do Iraque. A verdade, evidentemente, é mais complicada. Bush filho chegou ao poder no alvorecer do novo milênio, 20 de janeiro de 2001. Saboreando essa simetria do calendário, ele procurou retratar a si mesmo e a seu governo como uma linhagem separada de seus predecessores do século anterior. Assumiu a Presidência falando de uma América "humilde", que se relacionava bem com os outros. No entanto, deixou claro que esperava sacudir o mofo dos governos passados, definidos, em sua visão, pela inércia e pela falta de disposição para tomar decisões difíceis.

Em especial, afastou-se do autocontrole e da cautela de seu pai. Prometeu que seu governo se definiria pela ousadia e por pensar grande. Como gostava de dizer, ele deixaria uma "grande marca".

É tentador ver nisso sinais precoces de *hybris*, de desmedida, o pressentimento grego clássico de declínio e queda. Mas, apesar de toda a sua retórica, seria um erro pensar que George W. Bush representava um rompimento radical com o passado. Ao contrário, ele significava a extremidade final de um *continuum*, a expressão culminante de um modo de ver o mundo mais profundo, mais geral e, em última análise, muito americano.

É sinistro e inquietante o grau em que filho e pai apontam para extremidades opostas da oscilação de um pêndulo. Na sequência de 1989 e do posterior colapso do império soviético, o governo de George H.W. Bush distinguiu-se pela frieza coletiva. Em parte graças a suas características pessoais, em parte porque sua visão de mundo fora moldada pela Guerra Fria, Bush pai reconhecia – e aceitava – os limites do poder americano. Os Estados Unidos podiam ter assumido a posição de potência econômica e militar preeminente do mundo, mas isso não significava que pudessem se soltar de suas amarras no mundo mais amplo. A nova ordem mundial tinha os Estados Unidos no centro, mas somente como o primeiro entre pares.

Esse senso de proporção – de "lugar" geopolítico – encontrou sua primeira expressão no tratamento hábil que seu governo deu à questão potencialmente explosiva da unificação alemã. A primeira-ministra britânica Margaret Thatcher se opôs visceralmente. O mesmo fez a França do presidente François Mitterand. Outros países europeus estavam igualmente desconfiados, para não falar da União Soviética. O governo de Washington foi o único defensor da futura Alemanha. Sem Bush, esse futuro não teria vindo da forma suave e harmoniosa como aconteceu.

Depois veio o horror da Iugoslávia. Se você estivesse em campo como eu estava no começo dos anos 1990, veria a guerra nos Bálcãs pelo que ela era de fato: um conflito manufaturado, orquestrado por políticos nacionalistas de Zagreb e Belgrado. Mas, de longe, em especial dos Estados Unidos, parecia bem diferente. Repórteres confusos com a complexidade étnica do país reduziram-no a uma analogia simplista. A maioria escrevia que a guerra civil na Iugoslávia era produto de "ódios étnicos antigos", desencadeados com o colapso do comunismo, tão inexplicáveis e sem solução quanto a lendária inimizade entre as famílias Capuleto e Montecchio.

Na verdade, o holocausto balcânico poderia ter sido evitado. Logo no início, aqueles que tramavam a guerra poderiam ter sido confrontados. Mas a Europa teria de fazê-lo agindo em conjunto com os Estados Unidos e a Otan, e isso ainda não estava previsto. Certo ou errado, o fato é que o governo Bush percebeu a situação e recuou. "Não temos um cão naquela briga", disse James Baker. De qualquer modo, a primeira guerra do Iraque mudou o foco mundial. Quando Saddam Hussein invadiu o Kuwait, em agosto de 1991, Bush declarou: "Isso não vai ficar assim." Mas ele não avançou até Bagdá, temendo envolver tropas americanas numa guerra civil no Oriente Médio da qual talvez não houvesse saída. Conservadores da linha-dura jamais o perdoaram. Bush, na opinião deles, era "pusilânime" e "fraco". Na época, a decisão de parar a guerra foi apelidada pelos editores da *Newsweek* de "O Fator Wimp".* Porém, com uma visão retrospectiva de duas décadas, a contenção de Bush poderia ter outro nome: juízo, talvez, ou sabedoria.

Esse senso de moderação, do lugar do país no mundo, não durou muito. Já em 1990, Charles Krauthammer publicava um ensaio sobre os Estados Unidos no mundo pós-Guerra Fria que seria um marco. Para ele, o fim do comunismo acabou com a velha ordem de pesos e contrapesos do poder entre aliados e inimigos. Nesse novo "mundo unipolar", como ele o chamou, os Estados Unidos poderiam agir sem freios. Krauthammer podia ser um comentarista neoconservador, mas suas ideias refletiam a disposição da época. Entusiasmados com a vitória na Guerra Fria, americanos de todas as cores políticas abraçaram essa nova visão robusta dos Estados Unidos e de seu papel no mundo. Se Bill Clinton chegou à Casa Branca com um programa mais doméstico que de política externa, ele logo mudou de caminho. A secretária de Estado Madeleine Albright falava dos Estados Unidos como a "nação indispensável", sem a qual nada de bom poderia acontecer. Éramos uma nação com uma missão, um destino manifesto que se estendia por séculos, com presidentes democratas ou republicanos, das denúncias de Woodrow Wilson e Franklin Roosevelt a respeito do colonialismo e do imperialismo às campanhas de Jimmy Carter pelos direitos humanos mundiais. "Somos altivos", disse Albright. "Vemos mais longe no futuro." Era nosso dever, como americanos, fazer avançar a liberdade e a democracia no mundo. A expressão "intervenção

---

* *Wimp* (Weakly Interacting Massive Particule), também chamado neutrino, é uma partícula subatômica hipotética, de grande massa, que interage fracamente com a matéria através da gravidade, e é postulada como constituinte da matéria escura do Universo; *wimp* é também poltrão, pusilânime. (N.T.)

humanitária" ganhou nova vigência como lei internacional e política americana no Haiti, na Bósnia, no Kosovo.

Durante aqueles anos, o resto do mundo começou a ver o poderio dos Estados Unidos com apreensão. Os europeus acusavam Washington de jogar pesado. O ministro do Exterior francês, Hubert Vedrine, chamou os Estados Unidos de "hiperpotência" que não levava em consideração as sensibilidades e os interesses dos outros. Samuel P. Huntington, autor do best-seller de 1996, *O choque das civilizações*, criticou as autoridades do governo Clinton que "alardeavam o poderio e as virtudes americanas e faziam preleções aos outros países sobre a validade universal dos princípios, práticas e instituições dos Estados Unidos". Intelectuais públicos, de Ronald Steel (*Temptations of a Superpower*) e Robert W. Tucker (*The Imperial Temptation*) advertiram contra os perigos do triunfalismo norte-americano. Escrevendo sobre tudo isso em *World Affairs*, Robert Kagan observou oportunamente que os epítetos "hegemônico" e "unilateral" foram atribuídos pela primeira vez aos Estados Unidos durante a era Clinton, e não no governo de George W. Bush.

Tudo isso se ampliou no segundo governo Bush, em particular depois do 11 de Setembro. Assim como o novo presidente assumiu o cargo tendo por modelo Ronald Reagan, o mesmo fizeram muitos altos assessores ao seu redor, alguns mais felizes do que aqueles que haviam sido marginalizados durante os últimos anos de Reagan, ou marginalizados novamente no primeiro governo Bush. Renascidos, eles exumaram a retórica agressiva do primeiro Reagan e a amplificaram. Transformaram seu mito – "Senhor Gorbatchov, derrube este Muro!" – numa máxima operacional. O tradicional idealismo americano – os Estados Unidos como uma luz para as nações, gozando de uma providência especial – transmutou-se numa tosca dialética maniqueísta: o bem contra o mal, nós contra eles. O confronto fantasiado de força pelo poder entrou na ordem do dia. "Compromisso diplomático" era para poltrões, uma forma de "conciliação" moderna. Impacientes com o que consideravam irresolução e meias medidas dos governos Bush e Clinton, eles queriam ação – soluções verdadeiras, não band-aids – e zombavam de quem pensava diferente.

Anos atrás, lembro de ter lido uma conversa entre Ron Suskin, jornalista da *New York Times Magazine*, e uma alta autoridade do governo Bush. Caras como vocês – referindo-se a repórteres como eu – vivem no mundo "baseado na realidade", disse-lhe o assessor, em tom de pura condescendência. Ao contrário, continuava ele, a equipe de Bush movia-se num mundo baseado na fé, uma esfera em que o poderio americano era transformador. "Somos um império agora", disse o sujeito. "Criamos nossa própria realidade." Nesse admirável mundo novo, os Estados Unidos estavam livres dos constrangimentos e limitações que tolhem as nações comuns. De novo Ronald Reagan era o exemplo. Ele enfrentou o Império do Mal, e o Muro de Berlim caiu. Ele promoveu uma corrida armamentista em que os soviéticos não tinham condições de competir, e o comunismo desmoronou. Ele enfrentou ditadores, e eles recuaram. Seus povos, estimulados, ergueram-se, e a democracia floresceu. Demoraria mais de uma década para que essa visão da história encontrasse sua expressão mais plena na política externa baseada na fé de George W. Bush, e ela poderia ser resumida de forma muito simples: se você é os Estados Unidos, basta querer alguma coisa para que ela se torne verdade. Erga-se e enfrente o inimigo, qualquer que seja, e ele recuará ou cairá, por definição oco em seu cerne. Essa era a nova era americana.

Havia muitos problemas com essa visão de mundo, nenhum mais grave do que o simples fato de que era uma fantasia que levava ao próprio fracasso. Como vimos, o mito que os americanos espalharam em 1989 – confronte, e eles cairão – tinha pouco a ver com o modo como a Guerra Fria acabou de fato. Os regimes da Europa Oriental estavam realmente podres em seu cerne. Mas o empurrão para derrubá-los veio mais de dentro que de fora. Depois que Mikhail Gorbatchov levantou a pressão de contenção do sistema soviético, eles essencialmente implodiram. Dizer isso não significa desconsiderar a contribuição de Ronald Reagan para o fim da Guerra Fria. Ao contrário, é importante reconhecer como ele fez isso: não com um confronto maniqueísta intransigente, como muita gente do governo Bush acreditava, mas com compromisso. Ele aceitou Gorbatchov como um reformador, um parceiro potencial na paz, e isso fez toda a diferença.

Interpretar mal causa e efeito foi o pior erro das lições de 1989, e isso teve custos trágicos, pois há uma linha reta direta que vai da fantasia sobre a vitória na Guerra Fria à invasão do Iraque. Convencido de que a liberdade podia ser conquistada neste país de modo tão fácil quanto o fora na Europa Oriental, e que bastava enfrentar o tirano, o governo Bush mal se preocupou em fazer planos para as sequelas da guerra. Não havia um programa para construir a democracia. Pouca reflexão prévia foi feita sobre como governar o país durante uma transição para um governo autônomo, nem sobre o duro trabalho de criar instituições da sociedade civil, um Estado de direito ou até mesmo sobre o funcionamento da economia. O resultado foi a perda de vidas e riquezas que pesará muito nas décadas futuras.

E o que é pior, cegou os americanos para a realidade de um mundo em mudança. Hoje, os Estados Unidos comportam-se mais como um gigante enfraquecido, assediado por inimigos, do que como uma superpotência incontestável. Desde 2001, o país aumentou suas despesas com defesa em 1/4 de trilhão de dólares – mais do que os orçamentos militares combinados de China, Índia, Grã-Bretanha e Rússia. E tem travado uma guerra mundial contra o terrorismo, apesar de não ter havido ataques posteriores ao 11 de Setembro nos Estados Unidos, e apesar da evidência de que uma ação policial internacional bem coordenada é mais eficaz no combate ao terrorismo do que porta-aviões ou bombas destruidoras de bunkers. Entrou em confronto com a Coreia do Norte e o Irã – os membros remanescentes do alardeado "Eixo do Mal" – como se esses atores geopolíticos secundários fossem ameaças existenciais à nação. Jogou fora bilhões e bilhões de dólares – a maior parte sem prestação de contas e sem gerenciamento responsável –, como se dinheiro desse em árvore, a exemplo da declaração do vice-presidente Dick Cheney: "Não importa o déficit."

Ao longo desse caminho, os Estados Unidos quase não perceberam a grande transformação que está em andamento, uma transformação possibilitada, na verdade, pelo fim da Guerra Fria. Em seu livro recente, *O mundo pós-americano*, meu colega da *Newsweek* Fareed Zakaria engenhosamente chamou esse fenômeno de "a ascensão do resto", a história de como o crescimento econômico global mudou o mundo. O Japão foi a primeira nação não ocidental a despertar, depois a China, a Índia e o resto do Sudeste Asiático, para não mencionar as economias emergentes das Américas. Hoje, esses recém-chegados exercem um poder substancial, e sua ascensão faz do mundo um lugar muito diferente do que era há meia década, para não falar de 1989. Desde a virada do milênio, a fatia americana do PIB mundial declinou de 36% para 28%; a de China, Índia, Rússia e Brasil mais que dobrou, passando a 16%. Enquanto isso, a base industrial e os serviços administrativos de custo baixo dos Estados Unidos se mudaram para fábricas em Guangzhou e centros de operações em Hyderabad. As reservas em moeda estrangeira da China aumentaram de 200 bilhões de dólares em 2001 para 1,8 trilhão em 2008; as da Índia foram de 50 bilhões para 300 bilhões de dólares. Graças à baixa poupança interna, o governo americano depende cada vez mais de empréstimos no exterior para financiar tudo, da Seguridade Social ao Medicaid e à guerra no Iraque. A Europa tornou-se um mercado maior que os Estados Unidos. O euro rivaliza com o dólar como moeda de reserva mundial. Os maiores bancos do mundo são cada vez mais árabes e chineses. Basta olhar para os edifícios mais altos do mundo para apreciar, simbolicamente, o quanto as coisas mudaram. Esqueçam Nova York e Chicago. Pensem em Xangai.

A crise de 2008 não mudou essa dinâmica fundamental. Nos próximos anos, à medida que os Estados Unidos e a Europa mergulharem na recessão, todo crescimento econômico global ficará virtualmente a cargo da Ásia. Embora colhido pela crise, o poderio econômico e financeiro de China, Índia e outras nações "emergentes" irá crescer muito em comparação ao americano. Tudo isso deve acelerar a tendência a nos afastarmos de um era centrada nos Estados Unidos – que começou com a queda do Muro de Berlim – e a enveredarmos por caminhos difíceis de prever. Mesmo nos piores dias da Guerra do Iraque, quando estava no auge o ódio do mundo em relação à política externa dos Estados Unidos, as pessoas em toda parte ainda mantinham a fé em algo tipicamente americano: sua economia. Nada podia rivalizar com ela em termos de máquina de crescimento, prosperidade e inovação. Seu mercado de capitais movia o mundo; sua ousadia empreendedora e tecnológica não tinha concorrente. Para as nações ricas e pobres, só havia um padrão de avanço econômico e social – o modelo americano.

No começo de 2009, esse modelo já era visto como impostura. À medida que os Estados Unidos abandonavam à sua sorte bancos e mercados, o contágio do colapso financeiro ameaçava se espalhar pelo mundo. Como as borboletas monarca, que invadem o norte do México, líderes políticos e econômicos desembarcaram na pequena cidade de Davos, na Suíça, para a reunião do Fórum Econômico Mundial. Anunciada como uma reunião dos homens e mulheres mais poderosos da Terra, o Fórum sempre serviu como uma celebração do capitalismo, fermentada por conversas sobre a responsabilidade corporativa e o bem global. Este ano, em contraste, o ar das montanhas alpinas se encheu de irados gritos e sussurros sobre os perigos da política econômica americana "baseada na fé" e seu destrutivo "cassino capitalista". Durante tanto tempo os americanos viveram sob a ilusão quase religiosa de que os mercados eram inerentemente autocorrigidos e autorregulados que julgavam o bom governo desnecessário, quando não uma completa inutilidade. De repente tudo isso pareceu ruir. Este também foi um legado de 1989. A proclamada vitória na Guerra Fria não apenas fez dos Estados Unidos a única superpotência mundial. Ela libertou psicologicamente o país para agir como tal em quase todos os domínios. Os Estados Unidos viam-se não apenas desobrigados a seguir as regras do velho mundo; estavam livre para deixar de seguir suas próprias regras. O fim da Guerra Fria acordou-os, abruptamente, para um novo mundo, não familiar, mas bem mais de acordo com o feitio americano.

Nesse contexto, a contínua obsessão americana com a supremacia militar – a posição automática de confronto da Guerra Fria, com sua eterna busca de novos adversários – parece perigosamente datada. A ascensão dos outros criou novos rivais, mas poucos inimigos. Seria melhor ver a maioria como parceiros, pois os desafios desse novo mundo são principalmente os da colaboração. Como reviver o grande *boom* global, nas próximas décadas? Como conduzir a política da prosperidade global? O crescimento das populações e o aumento da riqueza exercem pressões sem precedentes sobre os recursos da Terra. Vemos isso nos altos preços de petróleo, alimentos e commodities. Malthus voltou à moda. Tudo o que durante muito tempo demos por garantido parece subitamente faltar: energia, ar limpo e água potável, tudo o que nos nutre e sustenta nosso modo de vida moderno. A mudança climática e a degradação ambiental ameaçam o futuro do planeta. Com razão, o secretário-geral das Nações Unidas, Ban Ki-Moon, diz que essa é a questão definidora de nossa época. Claro, a al-Qaeda continua a ser um desafio. Mas não está nem perto em escala da verdadeira ameaça mundial, que são o aquecimento global e um colapso econômico do planeta.

Este mundo também requer a liderança americana. Mas, cada vez mais, o inverso é também verdade: neste mundo novo, os Estados Unidos não podem fazer muita coisa sem a parceria ou a cooperação dos demais. Os americanos pressentem isso. As pesquisas mostram que menos de 40% deles acreditam que a ONU, por exemplo, seja uma organização eficaz. Não obstante, 79% acreditam que a política externa dos Estados Unidos deveria ser conduzida em comum acordo com as Nações Unidas. Isso não é idealismo. É pragmatismo: alguns problemas são simplesmente grandes demais, complicados demais para serem tratados por um país só. Leslie Gelb resumiu isso em seu livro *Power Rules*: "A realidade é esta, vencer juntos ou cair sozinho."

Os Estados Unidos continuam a ser a nação indispensável, desde que vejam o mundo tal como ele é e ajam no reino da realidade, em vez de cair no autoengano. Um dos comentaristas mais inteligentes que conheço, o historiador Tony Judt, há não muito tempo escreveu um ensaio intitulado "O que aprendemos, se é que aprendemos alguma coisa?" Nele, o autor adverte sobre os perigos do "erro de memória", ou pior, da deliberada reescrita da memória (não diferente do que faziam os senhores do império soviético) para moldar o futuro. Diz ele: "No rastro de 1989, com confiança ilimitada e reflexão insuficiente, deixamos o século XX para trás e montamos atrevidamente em seu sucessor, armados com meias verdades que serviam a seus próprios interesses: o triunfo do Ocidente, o fim da história, o momento unipolar americano." Se existe um verdadeiro inimigo, conclui ele, trata-se menos da galeria de "maus elementos" procurados por Washington do que a ignorância dos Estados Unidos a respeito de si mesmo e do passado – uma receita, segundo Judt, para a autodestruição.

Os Estados Unidos vão superar seus problemas. O país sabe fazer isso melhor do que os outros. Mas esse processo tem início com um inventário – que deve vir lá de trás, quando as coisas começaram a dar errado, enfrentando as questões com honestidade. As nações, tal como os indivíduos, de vez em quando precisam de um teste de realidade. O meu teste veio, em parte, daquele encontro com um soldado russo que fumava cigarro sobre um monte de lixo em Berlim e cuspiu nos pés da minha arrogância. Para mim, foi o começo da compreensão. No 20º aniversário do fim da Guerra Fria, os americanos, como nação, deveriam olhar atentamente para 1989. Aquele foi, de fato, o momento essencial, o fim de alguma coisa muito significativa, mas também, e de forma mais importante, um começo: um ano que mudou o mundo, inclusive os Estados Unidos. É tempo de entender plenamente como e por que isso aconteceu – e seguir adiante.

Referências bibliográficas

Escrevi este livro para contar uma história em grande parte desconhecida, e fazê-lo de uma forma simples e direta, em linguagem clara, para pessoas comuns. Não tenho a pretensão de chamá-lo de versão definitiva; talvez seja melhor pensá-lo como o mero relato de uma testemunha ocular das revoluções na Europa Oriental e da queda do Muro de Berlim.

Numa circunstância incomum para correspondentes estrangeiros, eu estava presente na maioria dos eventos descritos, com poucas exceções. Minha área de cobertura para a *Newsweek* ia da Alemanha a todos os países do Leste, ao contrário de outras empresas noticiosas, que dividiam as missões entre alguns (e, em certos casos, muitos) correspondentes.

Isso é ao mesmo tempo um ponto forte e fraco. Se posso relatar com certa autoridade como as coisas aconteceram em campo, ou pelo menos como as vi acontecer, não posso dizer o mesmo sobre os eventos em outros lugares. Eu não estava em Washington, cobrindo a Casa Branca ou o Departamento de Estado. Nem tenho muita ideia, em primeira mão, de como os norte-americanos percebiam esses acontecimentos. Eu não assistia à televisão dos Estados Unidos. Só lia relatos noticiosos contemporâneos quando podia obtê-los – algo que não era fácil na Europa Oriental, desligada do Ocidente, antes do advento da internet. Desde então, fiz consideráveis pesquisas para preencher os hiatos. Mas a força deste livro, afinal, deriva de minha experiência como testemunha ocular.

1. Gênese (p.13-26)

Não é nenhuma novidade que George W. Bush tomou Ronald Reagan como modelo para sua Presidência. A melhor defesa disso talvez esteja na biografia *Reagan's Disciple*, publicada por Lou Cannon e Carl Cannon em 2008, em que os autores descrevem o legado de Reagan como o "padrão ouro" de Bush. Recomendo também *Lion at the Gate* (2005), de Steven Hayward, bem como o artigo de Bill Keller, "Reagan's son", publicado na *New York Times Magazine* (26 jan 2003), sete semanas antes da invasão do Iraque – momento em que, segundo os Cannon, Bush rompeu com o modelo Reagan.

As citações atribuídas ao presidente foram tiradas de transcrições de seus discursos e comentários. Entre outros: comentários anunciando o fim de grandes operações de combate no Iraque, a bordo do *USS Abraham Lincoln* (1º mai 2003); observações no 20º Aniversário da National Endowment for Democracy, Câmara de Comércio dos EUA (6 nov 2003); discurso no Culto Fúnebre Nacional para

Ronald Wilson Reagan na catedral Nacional, em Washington (11 jun 2004); discurso para a National Endowment for Democracy, Ronald Reagan Building and International Trade Center, em Washington (6 out 2005); discurso de Formatura na Academia Militar dos Estados Unidos em West Point (27 mai 2006); observações na inauguração do Memorial das Vítimas do Comunismo (12 jun 2007); comentários à CPAC/American Conservative Union no hotel Omni Shoreham em Washington (8 fev 2008).

Tirei informações adicionais de relatos noticiosos publicados pela mídia na época, entre eles "Raze Berlin wall, Reagan urges soviet", de Gerald Boyd, *New York Times* (13 jun 1987), bem como retrospectivas no 20º aniversário do discurso: *Bild*, "The great speech that changed the world"; Associated Press: "Reagan's 'Tear down this wall' speech turns 20"; *Time*: "20 years after 'Tear down this wall'"; *The American Conservative*, resenha de *Rise of the Vulcans*, de Georgie Anne Geyer (7 jun 2007).

Para a reação de Bush à queda do Muro, ver Michael R. Beschloss e Strobe Talbott, *At the Highest Levels: The Inside Story of the End of the Cold War* (1993). O livro fascinante de Peter Robinson, *How Ronald Reagan Changed My Life* (2003), foi uma fonte essencial para os antecedentes do discurso imortal de Reagan. Referências adicionais: *Hoover Digest*: "Tearing down that wall", de Peter M. Robinson, reimpresso de *Weekly Standard* (13 jun 1997). Também de Robinson: "Why Reagan matters", palestra no Commonwealth Club (7 jan 2004); Ronald Reagan: comentário no Portão de Brandenburgo, Berlim Ocidental (12 jun 1987); discurso aos estudantes da Universidade de Moscou (31 mai 1988).

Cito a magistral história da política externa do governo Bush e seus antecedentes ideológicos, escrita por James Mann, *Rise of the Vulcans: The History of Bush's War Cabinet* (2004), aprofundado em "Tear down that myth", artigo publicado no *New York Times* (10 jun 2007). Uma excelente análise da transição de Ronald Reagan de intransigente guerreiro da Guerra Fria a parceiro flexível na paz pode ser encontrada em *The Cold War*, (1999), de Bradley Lightbody.

Para a denúncia definitiva do comunismo, indico *Perestroika: New Thinking for Our Country and the World* (1987), de Mikhail Gorbatchov. "Chernobyl transformou-me numa pessoa diferente", escreve Gorbatchov em seu livro *Manifest for the Earth* (2006). Quanto mais alto subia na hierarquia do partido, maior clareza o futuro líder soviético tinha da gravidade da crise social e econômica de seu país: como a indústria pesada, voltada principalmente para a produção militar, não somente alimentava a corrida armamentista e empobrecia a população civil, mas também, e de forma bastante literal, envenenava a nação em termos de seus efeitos ambientais. Chernobyl, em sua opinião, era apenas a ponta do iceberg de um problema muito mais profundo, levando-o a pensar de modo diferente a respeito de tudo, das políticas oficiais sobre sigilo e informação à política externa soviética.

Quanto ao relato da noite de 9 de novembro de 1989 no posto de controle Charlie: eu estava lá, no lado oriental, observando o desenrolar dos acontecimentos. Para mais detalhes sobre a entrevista coletiva de Günter Schabowski, das 18h53 às 19h01, ver a transcrição arquivada como documento n.8 no Cold War

History Project. As conversas entre Egon Krenz e Günter Schabowski baseiam-se em entrevistas com os dois, Krenz em 1990 e em especial Schabowski, em março de 1999. O repórter que fez a pergunta fatal era um amigo meu, o jornalista e crítico literário inglês Daniel Johnson. A ele cabe também um pouco do mérito pela derrubada do Muro.

2. O Muro (p.27-40)

Minhas viagens ao longo do Muro e da Berlim Oriental, pelo menos naquilo que se relaciona a este capítulo, ocorreram no outono de 1988 e início de 1989, e culminaram, em fevereiro, com uma matéria de capa da *Newsweek International*. No decorrer da reportagem, falei com diplomatas, autoridades do governo de ambos os lados do Muro, analistas, especialistas em pesquisas, professores universitários e muitas pessoas comuns das duas Alemanhas. Para minha vergonha eterna, ao começar a escrever o artigo, estava convencido de que o Muro cairia dentro de um ou dois anos – ao terminá-lo, persuadido por minhas fontes, em larga medida alemãs ocidentais, adotei a opinião convencional de que demoraria décadas, senão séculos.

Os fatos básicos sobre o Muro foram tirados de muitas fontes, entre elas: *The Wall, Press and Information*, Office of Land Berlin (2000-01); *Bilanz der Todesopfer*, Museu do Posto de Controle Charlie (1999); *Die Berliner Mauer*, Fleming/Koch (1999); *Enciclopédia Britânica*, Berlin Wall; vários sites da web que dizem respeito ao Muro de Berlim. Entre outras referências úteis, temos a excelente história de Frederick Taylor, *The Berlin Wall: A World Divided, 1961-1989* (2007); O *tour de force* de Peter Wyden, *Wall: The Inside Story of Divided Berlin* (1989), que, entre outras coisas, é a fonte dos dados do Allensbach sobre as atitudes dos alemães ocidentais em relação ao Muro e à reunificação; William F. Buckley Jr., *The Fall of the Berlin Wall* (2004). Um dos melhores diários de viagem desse gênero é o de Anthony Bailey "The edge of the forest", publicado na revista *New Yorker* (27 jun 1983).

Para a "conta do açougue" da Guerra Fria, devemos muito à Brookings Institution e seu abrangente *Atomic Audit: The Costs and Consequences of U.S. Nuclear Weapons Since 1940* (1998), compilado por Stephen I. Schwartz e sua equipe de pesquisa. Ver também "The hidden costs of our nuclear arsenal", Schwartz (30 jun 1998), Brookings Publications; Robert Higgs, "U.S. military spending in the Cold War era", *Policy Analysis* (30 nov 1988); Richard Lebow e Janice Stein, *We All Lost the Cold War*, Princeton University Press (1993); "Four trillion dollars and counting", *Journal of Atomic Scientists* (1995); Martin Walker, *The Cold War* (1993); *The Black Book of Communism* (1997). Os dados estatísticos sobre baixas nos conflitos da Guerra Fria foram tirados de *Warfare and Armed Conflict*. O discurso do presidente Dwight D. Eisenhower "The chance for peace", proferido na American Society of Newspaper Editors (16 abr 1953), deveria ser leitura obrigatória para os formuladores de políticas contemporâneos.

Aqueles que viajaram pelo bloco oriental e em particular por Berlim Oriental devem estar familiarizados com o fenômeno do ar "pegajoso" e com a gestalt de um Estado policial comunista. Para aqueles que não tiveram essa experiência, recomendo *Stasiland* (2003), de Anna Funder. Uma série de filmes de sucesso, surgidos do que os alemães chamam hoje de "ostalgia", nostalgia pelo Velho Leste, capta um pouco de seu espírito, entre eles *A vida dos outros*. Sou grato à Wikipedia e seu maravilhoso link para piadas da RDA. O DDR Museum, na Karl-Liebknecht Strasse, em Berlim, oferece uma evocação luminosa da vida cotidiana na antiga Alemanha Oriental.

Como nota final, devo esclarecer o uso que faço das palavras "socialismo" e "comunismo". Os governantes da Europa Oriental empregavam-nas indiferentemente. Não é preciso dizer que seus Estados operários "socialistas", dirigidos autocraticamente por eles mesmos, tinham pouca semelhança com os partidos socialistas da Europa moderna.

3. Democracia no Danúbio (p.41-54)

Entrevistas com Németh, Kulscar, Pozsgay e outros, inclusive muitos dos líderes dos futuros partidos políticos da Hungria, realizadas em Budapeste, em novembro e dezembro, para uma matéria de capa da *Newsweek International* (12 dez 1988). A entrevista com Károly Grosz foi em Budapeste (jul 1988).

O melhor livro que encontrei sobre o rompimento da Hungria com o comunismo é o de Rudolph L. Tokes *Hungary's Negotiated Revolution: Economic Reform, Social Change and Political Succession* (1996). Para mais informações: Charles Gati, *The Bloc That Failed: Soviet-East European Relations in Transition* (1990); "Reforming communist systems: lessons from the communist experience", trabalho acadêmico de Charles Gati (jun 1988); Tabor Hajdu, "Setting the points", *Hungarian Quarterly* (inverno de 1999).

Ver também George Bush e Brent Scowcroft, *A World Transformed* (1998). Os notáveis comentários de Gorbatchov ao presidente eleito George H.W. Bush podem ser encontrados em Don Oberdorfer, *The Turn: From the Cold War to a New Era* (1991), bem como no admirável estudo de caso de Richard Rhodes sobre os perigos da cegueira geopolítica, *Arsenals of Folly* (2007). Entrevista da CNN com George Bush e James Baker (out 1997).

4. Uma conversão milagrosa (p.55-66)

Reportagens e entrevistas com autoridades do governo, militantes do Solidariedade e pessoas comuns realizadas durante frequentes viagens à Polônia para a *Newsweek* de setembro de 1988 a junho de 1989. Tenho uma dívida particular com Bronislaw Geremek e Janusz Onyszkiewicz, os militantes do Solidariedade que mais visitei em minhas idas a Varsóvia, bem como Andrzej Wiecko, diretor e tradutor do escritório da *Newsweek*.

Para outras informações, recomendo: discurso do gen. Wojciech Jaruzelski, 105ª Landen Lecture, Kent State University (11 mar 1996), em que o líder polonês se compara a um "Hamlet" geopolítico preso entre as dificuldades do patriotismo polonês e o que ele considerava a realidade da ocupação russa. Ver transcrição de conversa telefônica Bréjnev-Jaruzelski (19 out 1981), National Security Archives; texto da Mensagem Oral de Bréjnev a Jaruzelski (21 nov 1981), The Cold War International History Project. Para um retrato expressivo da vida na Polônia comunista, ver Janine Wedel, *The Private Poland* (1986), bem como Tina Rosenberg, *The Haunted Land: Facing Europe's Ghosts After Communism* (1996). A melhor reportagem sobre o rompimento do bloco oriental incluindo a Polônia talvez seja a de Timothy Garton Ash, *The Revolutions of '89* (1990).

Os críticos do general Jaruzelski acusaram-no muitas vezes de retratar erroneamente a ameaça soviética em 1981. Embora não estivessem "tremendo de desejo de intervir militarmente", como ele disse em sua palestra na Kent State, os russos certamente mandaram sinais inequívocos. Sob o pretexto de realizar manobras, estacionaram 20 divisões do Exército Vermelho na fronteira oriental da Polônia. O líder soviético Leonid Bréjnev telefonou para Jaruzelski em 19 de outubro e instou-o a "tomar as medidas decisivas que pretende usar para combater a contrarrevolução", de acordo com a transcrição oficial do telefonema. Em 21 de novembro, o embaixador soviético pediu uma reunião particular e leu uma mensagem oral de Bréjnev, em que sugeria que a Polônia estava "perdendo o controle da situação", a ponto de a própria existência do socialismo na Polônia (e em outros lugares) estar ameaçada. "Isso não lhe sugere que a falha em não tomar medidas duras vai lhe custar caro?", perguntou Bréjnev, instando os poloneses a aumentar sua "prontidão para o combate".

Essa carta, apesar de toda sua retórica ameaçadora, era uma obra-prima de ambiguidade. Bréjnev jamais ordena diretamente o uso da força, nem indica se os soviéticos estavam dispostos a intervir ou não. Contudo, Jaruzelski não tinha dúvidas. "A mensagem de Bréjnev era muito parecida, no tom, às famosas cartas enviadas a Alexander Dubcek em 1968", disse ele mais tarde. Não menos ameaçador, acrescentou, foi um ultimato anunciando um corte drástico a vigorar a partir de 1º de janeiro de 1982, no fornecimento de gás e energia – que era feito pela Rússia e cujo corte teria sido devastador, na difícil situação polonesa.

No início de dezembro, as pressões tornaram-se aparentemente grandes demais. Numa reunião com o Comando Geral das Forças Armadas da URSS, segundo documentos da CIA, Jaruzelski mandou seus generais endossarem um plano para admitir na Polônia, sob o pretexto de manobras, o Exército soviético, o Exército Nacional Popular da RDA e o Exército Popular da Tchecoslováquia. Documentos apresentados na reunião mostravam que os soviéticos estavam preparando três exércitos, compostos por 18 divisões, ao lado da fronteira polonesa. A data marcada foi 8 de dezembro. Conforme o plano soviético, o Exército polonês permaneceria em suas bases. Fonte: Wilson Center, Cold War History Project (documento de 1º dez 1980). Como Jaruzelski disse em sua palestra na Kent State, sua única escolha era o "mal menor": tomar medidas enérgicas contra o Solidariedade.

5. Universos paralelos (p.67-75)

A história da ida de Németh a Moscou em março de 1989 baseia-se em entrevistas com ele em março de 1995 e abril de 2008. Németh tinha absoluta razão em temer que Grosz procurasse enfraquecê-lo. Ver o "Memorandum of conversation between M.S. Gorbachev and Karoly Grosz, general secretary of the Hungarian Socialist Workers Party, Moscou" (23-24 mar 1989), National Security Archives. De acordo com as minutas secretas, o líder comunista húngaro informou Gorbatchov sobre os eventos em seu país e, ao mesmo tempo que elogiava a direção geral, sugeria que "seu ritmo é desconcertante". Idealmente, segundo Grosz, o Partido Comunista "manteria o poder por meios políticos, evitando o conflito armado". A resposta de Gorbatchov foi reveladora. "A democracia é necessária", concordou, mas acrescentou que era importante "traçar claramente as fronteiras". O "limite", sugeriu, deveria ser "a salvaguarda do socialismo e a garantia da estabilidade". Ele obviamente não reconhecia o grau em que esses dois objetivos gêmeos haviam se tornado incompatíveis.

É interessante observar que: 1) Németh encontrou-se pela primeira vez com Gorbatchov em 1985, quando o futuro líder soviético visitou a Hungria durante três semanas para estudar a agricultura húngara. Trecho de uma entrevista não levada ao ar pela CNN (out 1997): "Foi a primeira vez que o vi em ação, não como aquele tipo de representante da velha guarda estúpida do Politburo, mas alguém que fazia perguntas verdadeiras." Daí a surpresa posterior de Németh diante da intransigente defesa que Gorbatchov fez do socialismo; 2) vale a pena saber também que, no caminho para essa fase (final de 1987 e início de 1988), Gorbatchov pediu a grupos de trabalho chefiados por Alexander Yákovlev e outros para aprofundar a relação do leninismo com a perestroika, e investigar como e por que o socialismo clássico dera errado. Ele parecia pensar que se fosse possível pô-lo de volta aos trilhos certos, o comunismo poderia ser salvo e até se tornar um modelo de prosperidade igualitária.

As fontes para o material sobre a transição de Bush são: George Bush e Brent Scowcroft, *A World Transformed* (1998); Philip Zelikow e Condoleezza Rice, *Germany Unified and Europe Transformed* (1995); George Shultz, *Turmoil and Triumph: My Years as Secretary of State* (1993); James Baker, *The Politics of Diplomacy* (1995); Robert L. Hutchings, *American Diplomacy and the End of the Cold War* (1997); Adam Michnik, *Sleepwalking through History* (1999); Elizabeth Pond, *Beyond the Wall* (1993); Harvey Sicherman, "The rest of Reagan", *Orbis* 44 (2000). Para uma análise das estimativas do serviço de informações da CIA sobre a União Soviética e a Europa Oriental, no original, há poucas compilações melhores que "At Cold War's end," organizada por Benjamin B. Fischer, disponível na internet em www.cia.gov/csi.

A citação de Cheney relativa à possível expulsão de Gorbatchov vem de uma entrevista para a CNN (29 abr 1989), tal como citada por Hutchings. A espantosa confissão de Rice de que ela não deu "a menor atenção" à revogação da doutrina Bréjnev – um dos momentos decisivos do século – vem do *Bulletin of Atomic Scientists* (jul/ago 2004). O ex-embaixador americano em Moscou, Jack Matlock, descreve seus esforços infrutíferos para persuadir a equipe de transição de Bush e, depois, a Casa Branca, da boa-fé de Gorbatchov em suas memórias *Autopsy of an Empire* (1995).

O discurso de posse de George H.W. Bush foi empolado, como costumam ser essas coisas – bastante parecido com o autor, um homem decente, mas um pouco rígido. Ele falou sobre o fim da era totalitária, "suas ideias velhas varridas como folhas de uma árvore antiga e sem vida", e sobre um novo engajamento dos Estados Unidos no mundo, renovado por suas liberdades, mas circunspecto no uso do poder. "Alguns veem a liderança como um drama solene, com o som de trombetas chamando, e às vezes é assim", disse ele naquele que talvez seja o trecho memorável do discurso, sábio e pessoalmente revelador. "Mas vejo a história como um livro de muitas páginas, e a cada dia preenchemos uma página com atos de esperança e significação. A nova brisa sopra, uma página vira, a história se desenrola."

Por volta dessa época, um ex-colega de Condoleezza Rice, do período em que ela estava no conselho do Instituto de Estudos Estratégicos Leste-Oeste em Nova York, relembrou uma discussão sobre Gorbatchov e a capacidade militar soviética. Condoleezza Rice insistia em que a conversa sobre paz e sobre uma "Câmara Comum da Europa" que o líder soviético propunha era uma mera fachada para um perigoso crescimento militar do Pacto de Varsóvia. Em sua opinião, era uma artimanha para atrair a complacência do Ocidente. Ela falava vigorosamente sobre o dinheiro que Moscou estava gastando em armas novas e sobre a perspectiva de tanques soviéticos atravessando o passo de Fulda na direção de Frankfurt e do coração da Europa Ocidental.

"Condi, isso simplesmente não é um retrato verdadeiro", disse o colega, diplomata britânico e ex-oficial do serviço de informações chamado Ian Cuthbertson, diretor de estudos daquele *think tank*. Ele tratou de falar sobre sua especialidade em particular, a ordem de batalha soviética. Seu retrato do verdadeiro Exército Vermelho era muito diferente da força impressionante que se via no papel. Ele mostrou quantos batalhões de tanques haviam sido canibalizados para aproveitar peças, como as forças do Pacto de Varsóvia estavam mal treinadas, como eram escassos seus suprimentos, de munição a gasolina. (De uma típica divisão de 800 tanques, não mais de 100 seriam operacionais; uma pequena fração desse número poderia ser considerada apta para combate, e um número ainda menor tinha tripulações treinadas o suficiente para fazer mais do que dirigi-los em desfiles militares.) Em seu balanço, tal como disse a Condoleezza Rice: "O Exército soviético mal pode sair de seus quartéis, muito menos atravessar o passo de Fulda." Estudos posteriores confirmaram o que ele disse. No momento em que Condoleezza Rice pedia vigilância intransigente contra a ameaça soviética, o inimigo estava se decompondo.

6. A conexão húngara (p.76-88)

O material sobre as comemorações do Primeiro de Maio baseia-se numa viagem a Budapeste para uma reportagem da *Newsweek*. A reconstrução dos eventos fundamentais de 1-3 de maio e suas consequências são contadas por Miklós Németh e Günter Schabowski, membro do Politburo e chefe do Partido em Berlim, que havia sido editor-chefe do *Neues Deutschland*, jornal oficial da Alemanha Oriental. Ambos foram entrevistados em outro lugar sobre a conversa entre Kessler e Karpati, incluindo o documentário da BBC/Spiegel *The Fall of the Wall* (1994) e a série da CNN chamada *The Cold War Project* (1998). Todas as citações aparecem aqui pela primeira vez ou foram confirmadas com a fonte original.

Mais uma palavra sobre Schabowski: entre os homens mais poderosos do país, a certa altura ele foi considerado um possível sucessor de Erich Honecker. Encontrei-o no início de 1999, logo depois de ele ter completado 70 anos. Pessoa afável e cativante, era muito direto (e incrivelmente crítico) ao discutir seu papel central nos eventos de 1989. Muito tempo se passara, mas eles continuavam vívidos. Ninguém que tenha vivido diretamente esses acontecimentos pode esquecê-los. Ao contrário de Schabowski, alguns nunca saíram da Alemanha.

O material sobre as visitas secretas de Horst Teltschik a Budapeste e sua relação com os reformistas húngaros e Németh, em particular, foi tirado de uma conversa na primavera de 1999, em Munique, na sede da BMW, onde Teltschik era membro do conselho diretor da empresa. Németh confirmou detalhes desses encontros, dizendo que Kohl ofereceu enviar "trens cheios de carvão" para a Hungria, de modo a contrabalançar um corte de suprimento de energia soviética, caso ocorresse. Prometeu também intervir junto ao Fundo Monetário Internacional para aliviar o peso da dívida húngara. "O governo húngaro havia mentido ao FMI, enganado a instituição durante anos", contou-me Németh em abril de 2008. "Eu queria acertar as coisas – mas também nos proteger, ao fazê-lo." Ele enfatizou seu desejo de avançar na direção do que era então a Comunidade Europeia e afastar-se do equivalente soviético, o Comecon. Em tudo isso, segundo Németh, "tive o apoio muito, muito forte de Kohl".

A visita de Genscher a Washington está descrita em suas memórias, *Rebuilding a House Divided* (1998). Ver também Rice e Zelikow, *Germany Unified and Europe Transformed* (1997) para a reação de dentro à visita de Genscher e a subsequente agitação em relação aos mísseis Lance. O que tornou esse interlúdio diplomático tão surrealista foi sua quase completa irrelevância geopolítica. Em abril, quase todos os aspectos do poderio militar já estavam abertos à negociação, dos mísseis intercontinentais às armas químicas e armamentos convencionais. Dando andamento ao seu acordo com Ronald Reagan para reduzir as ogivas balísticas, iniciado no ano anterior. Em dezembro, Gorbatchov havia anunciado cortes unilaterais maciços nas forças soviéticas estacionadas na Europa Oriental – medida que o conselho editorial do *New York Times* comparou ao efeito mundial da declaração dos Catorze Pontos de Woodrow Wilson em 1918, ou à Carta Atlântica de Roosevelt e Churchill em 1941. Para piorar as coisas, muitos dos outros aliados europeus dos Estados Unidos começaram a se alinhar com a Alemanha. Com exceção de Margaret Thatcher, a quem Kohl, irritado, se referiu como "aquela mulher", poucos viam a lógica de empurrar novas armas para a Europa no exato momento em que a ameaça estava recuando.

Quão enorme era o abismo entre os decanos do governo Bush e alguém como Teltschik! Em contraste com a equipe de segurança nacional americana, ele via os eventos no Leste europeu como uma "oportunidade histórica", que tinha de ser aproveitada, como me disse na época. Seu papel individual foi básico para os acontecimentos na Hungria e, portanto, para a revolução no resto da Europa Oriental; não obstante, é quase desconhecido, mesmo na Alemanha. "Ninguém contou essa história", disse-me ele em nosso encontro em Munique. "Nem eu, em meu livro, ou Kohl, no dele."

7. Matar ou morrer (p.89-105)

Fiz uma série de viagens à Polônia durante a campanha eleitoral e depois, percorrendo e realizando entrevistas amplamente em todo o país. Fiquei muitas vezes impressionado com a comparativa inocência de ambos os lados. O Solidariedade não tinha ideia do sucesso que teria. Lech Walesa, em particular, lamentava ter de participar tão cedo de eleições, convencido que estava de que isso favoreceria os comunistas – os quais, supunha ele, erroneamente, usariam seu poder de organização superior para realizar uma campanha arrasadora.

O porta-voz do Solidariedade, Janusz Onyszkiewicz, riu quando lhe perguntei como seria a eleição. "Não temos organização. Não temos dinheiro. A Polônia é um deserto político completo. Ninguém tem ideia do que vai acontecer." O principal estrategista de campanha e pesquisador da opinião pública do Partido Comunista, coronel Stanislaw Kwiatkowski, avisou aos candidatos oficiais que a "personalidade" deles, e não sua filiação política, seria o que contaria para os eleitores. "Estamos confiantes", disse-me, mostrando suas projeções de que o Partido Comunista ganharia algo entre um quarto e a metade do Senado, bem como a maioria dos assentos em disputa na Câmara baixa. Porém, outros líderes do Partido não compartilhavam de seu otimismo. Jerzy Urban, o ministro da Informação que concorria como independente em Varsóvia, resmungou que o Solidariedade parecia imbatível. O que ele faria se perdesse? Disse brincando que abriria uma revista pornográfica. Ao menos achei que era brincadeira. Na verdade, foi exatamente o que fez – e acabou ganhando milhões.

Embora o Solidariedade tenha ganhado a eleição de forma indiscutível, é possível dizer que ambos os lados perderam, como o eminente historiador inglês Timothy Garten Ash observa com típica ironia em seu relato de 1989, *We the People*. Muitas vezes esquecido no estardalhaço da vitória do Solidariedade estava um fato significativo: somente 62% dos poloneses votaram na eleição mais importante da história do país – muito menos que os 79% das eleições parlamentares de 1975, quando somente os comunistas concorreram. A maioria da população estava cansada demais, desanimada e farta da política e dos políticos para se preocupar em votar. Aqueles que foram às urnas riscaram os nomes dos comunistas com o impulso e o vigor – *pfft, pfft, pfft* – nutrido em décadas de raiva, frustração e desapontamento. Mas poucos achavam que a Polônia mudaria muito com o Solidariedade no governo, ou que suas vidas melhorariam. Sim, a data de 4 de junho marcou a morte do comunismo na Polônia. Mas ele morreu com um estrondo e também com um gemido.

Fui para Budapeste logo após as eleições polonesas e encontrei Erich Honecker em Berlim, como uma espécie de desvio geopolítico. As informações de bastidores vêm de entrevistas com os atores principais, Pozsgay e Németh em particular, bem como Orban e os membros da Comissão de Justiça Histórica. A calúnia de Grosz contra Nagy na reunião decisiva do Comitê Central, nos dias que antecederam o funeral, foi citada de uma entrevista com Németh feita pelo Arquivo de Segurança Nacional (NSA), em Washington, apoiada por Tokes, que também fez a crônica da queda de Károly Grosz e das defecções em massa do Partido, que selariam seu destino. Baseei-me também na entrevista do NSA para o material sobre as ameaças de morte que Németh recebeu durante esse período, bem como numa entrevista da CNN feita como parte do seu Projeto de História da Guerra Fria em 1997.

A entrevista com Honecker foi feita em 7 de junho pelo *Washington Post* e a *Newsweek*. Sobre a visita de Honecker a Cuba, ver o brilhante livro de Charles S. Maier *Dissolution: The Crisis of Communism and the End of East Germany* (1998). O segmento sobre a cúpula do Pacto de Varsóvia em Bucareste e a gênese da conspiração contra Honecker baseia-se em entrevistas com Schabowski e Németh, bem como em transcrições dos discursos de Honecker e Ceausescu de 7 de julho de 1989. As ponderadas cartas de Honecker a Moscou, em 1980 e 1989, podem ser encontradas on-line no Arquivo da Guerra Fria do Woodrow Wilson Center. E, evidentemente, Oskar Fischer não deve ser confundido com Joschka Fischer, ministro do Exterior alemão de 1998 a 2005.

Entre as fontes úteis sobre o despertar americano, temos: George Bush e Brent Scowcroft, *A World Transformed* (1998); Rice e Zelikow, *Germany Unified and Europe Transformed* (1997); Robert L. Hutchings, *American Diplomacy and the End of the Cold War* (1997); James A. Baker, *The Politics of Diplomacy* (1995). O relato de Németh de sua conversa com o presidente Bush aparece numa entrevista do documentário da BBC/Spiegel Television, *The Fall of the Wall* (1994).

Vale a pena observar também que enquanto a Casa Branca demorava para apreciar a magnitude das mudanças em andamento no leste, o mesmo não se pode dizer da embaixada dos Estados Unidos em Varsóvia. Telegramas do período, tornados públicos, revelam que o embaixador John Davis e o adido político sênior Daniel Fried tiveram a percepção de prever a vitória decisiva do Solidariedade nas eleições e o curso geral dos eventos no país. Esse tráfego de telegramas está disponível na web via Arquivo da Segurança Nacional. As notícias enviadas pela embaixada da Hungria não eram menos incisivas, testemunhando uma vez mais que os formuladores de políticas em Washington (como em outros lugares) ouvem com frequência somente o que quererem ouvir.

8. *Dejeuner sur l'herbe*, ou o *Inferno* de Hieronymus Bosh (p.106-19)
9. A grande fuga (p.120-33)

A saga do Piquenique Pan-Europeu baseia-se sobretudo em entrevistas com Miklós Németh e nas lembranças de Lazlo Nagy, um dos principais organizadores do evento, no seu décimo aniversário. A história bizarra da professora primária da Alemanha Oriental Silvia Lux e de seus filhos foi contada à televisão alemã ocidental quando ela chegou à Áustria e foi reproduzida no documentário excepcional da BBC/Spiegel *The Fall of the Wall* (1994). (Transcrição 3/13 Liddell Hart Centre of Military Archives, King's College London.) Duas citações de Imre

Pozsgay ("Esse convite deu-me a chance..." e "operação angustiante") vêm da mesma fonte. (Transcrição 3/25 Liddell Hart Centre.)

Há alguma confusão a respeito do papel daqueles "funcionários alemães ocidentais". O embaixador de Bonn em Budapeste na ocasião, Alexander Arnot, contou-me que seus funcionários consulares não tiveram nenhum papel no Piquenique Pan-Europeu; contudo, relatos de testemunhas oculares fazem referências claras a pessoas que se identificaram como tal. Németh disse que cerca de uma dúzia de funcionários alemães esteve envolvida na trama, inclusive gente da chancelaria, membros da BND (serviço de informações da Alemanha Ocidental) e da sede da Cruz Vermelha alemã em Budapeste. Segundo Németh, Arnot não foi informado disso, pelo menos não diretamente. As reações de Genscher à visita de Németh a Bonn encontram-se em suas memórias, *Rebuilding a House Divided* (1998).

O capítulo sobre a "Grande Fuga" baseia-se nas mesmas entrevistas, inclusive uma com Michael Jansen, o diplomata alemão encarregado de organizar abrigo para os milhares de "turistas" alemães orientais retidos na Hungria sem planos de voltar para casa. Ele falou especificamente de ter viajado em segredo entre Viena e Budapeste para preparar a fuga. Depois, Jansen ajudou os alemães orientais que estavam em Praga a fugir para a República Federal durante os eventos de outubro.

Ver Rice e Zelikow para a acusação de traição feita por Fischer. Os dados estatísticos sobre o número de alemães orientais acampados em torno do lago Balaton e em outros lugares vêm de *Dissolution,* de Maier, enquanto o número daqueles que fugiram durante os primeiros dias e semanas do êxodo foi tirado de Rice e Zelikow. Günter Schabowski descreveu vividamente a reação do Politburo da RDA, bem como a história da desastrosa "grande ideia" de Honecker. As reações dos alemães comuns dos dois lados, bem como de autoridades do governo, baseiam-se numa série de viagens feitas a Berlim e outras cidades durante setembro e outubro para reportagem da *Newsweek.*

Para o relato da visita de George Bush à Polônia e Hungria em julho, ver *A World Transformed*, de Bush e Scowcroft. A citação de Németh ("ambos sabíamos...") vem também do documentário da BBC/Spiegel. Para os murmúrios sobre a unificação alemã, que começaram a sério em setembro, ver Rice e Zelikow, bem como *American Diplomacy and the End of the Cold War*, de Robert L. Hutchings, o anônimo auxiliar do Conselho de Segurança Nacional que estava entre aqueles "observadores emocionados, para não dizer espantados".

A entrevista com Ceausescu foi fruto de uma jogada com sua vaidade. Sabedor de sua sede de aparecer no palco mundial, escrevi-lhe, por intermédio de seu embaixador em Bonn, que Kenneth Auchincloss, meu patrão e editor da *Newsweek International*, sempre quisera conhecê-lo. "Relacionado com os Kennedy", deixei vazar, precipitando um convite com toda a pompa e circunstância normalmente concedida a um chefe de Estado visitante. Como parte do acordo, ganhei duas semanas para viajar livremente pelo país, antes da entrevista. Foi uma licença sem precedentes, para ir aonde quisesse, em larga medida sem a presença da polícia, conversar com camponeses no campo, gente das cidades, os poucos dissidentes que não estavam na cadeia. Se os agentes de Ceausescu esperavam que eu escrevesse um retrato lisonjeiro de sua tirania, estavam errados. O resultado final – uma matéria de capa publicada em julho – foi oficialmente classificado de segredo de Estado, segundo as autoridades do serviço de informações que encontrei em Bucareste após a morte de Ceausescu.

Uma anedota sobre a entrevista merece ser incluída. Na segunda hora do monólogo de Ceausescu, Ken Auchincloss decidiu que o tempo já era mais que suficiente, mesmo vindo do Danúbio do Pensamento. "Bem, muito obrigado, senhor presidente", disse ele, esperando encerrar o show. Ceausescu parou no meio de um gesto, com a torrente de palavras subitamente suspensa. Uma expressão engraçada, quase infantil, ao mesmo tempo desapontada e incrédula, passou por seu rosto. É provável que ele jamais tivesse sido interrompido daquela forma. Seu punho, momentaneamente congelado acima de sua cabeça, desceu devagar. Seus olhos perderam a intensidade maníaca, parecendo voltar da Megalomania Exterior ao mundo real. "Mas... mas... mas", disse o ditador, em tom queixoso. "Eu... eu ainda não terminei."

10. O vórtice das mudanças (p.134-51)

O período entre o início de setembro e meados de outubro foi um redemoinho de viagens de uma cidade para outra: Varsóvia, Cracóvia, Praga, Budapeste, Berlim Oriental, Bonn, Viena e de volta ao início. Restringi a narrativa a entrevistas com os atores principais do drama: Németh, Pozsgay, Schabowski, Walesa, Mazowiecki, Havel. Mas há muitos outros que desempenharam papéis importantes nos eventos. Entre eles, na Polônia: Bronislaw Geremek e Janusz Onyszkiewicz, um matemático e explorador do Himalaia que se tornou porta-voz do Solidariedade (e passou anos na prisão) e depois foi ministro da Defesa e vice-presidente do Parlamento europeu. Na Tchecoslováquia, além de Havel: Jan Urban, um dissidente signatário da Carta 77, e seu melhor amigo Ivan Gabal, ambos futuros fundadores do movimento Fórum Cívico de Havel, foram de grande ajuda, assim como Jiri Dienstbier, também signatário da Carta 77 e futuro ministro do Exterior, além de outros que estão nestas páginas e outros ainda que não figuram nelas. Ainda lembro de Milos Jakes com a maior aversão.

Em Budapeste, entrevistei o embaixador norte-americano Mark Palmer, vários líderes de partidos de oposição e funcionários do Ministério do Exterior. A cena com Imre Pozsgay foi um grande momento emblemático de 1989 – e altamente irônica. Ao dispersar o Partido Socialista dos Trabalhadores da Hungria naquele momento, privando de direito de representação centenas de milhares de integrantes, em seu ardor anticomunista, Pozsgay destruiu sua própria carreira. De acordo com Rudolph Tokes, se ele tivesse encontrado uma maneira de conquistar o apoio deles, talvez tivesse realizado sua ambição de ser o primeiro presidente da Hungria democrática.

11. O beijo da morte (p.152-65)

Estive na Alemanha Oriental durante a maior parte do período coberto por esses capítulos finais. O relato da visita de Gorbatchov em 7 de outubro vem de

Schabowski. O assessor de Gorbatchov era Anatoly Tcherniaiev, e as citações são de seu diário, que está no Arquivo da Fundação Gorbatchov. O líder russo havia acrescentado: "Não direi uma palavra de apoio a Honecker. Mas apoiarei a República e a Revolução". O próprio Tcherniaiev considerou aquele um momento crítico. Os protestos em Dresden naquele dia atraíram 20 mil pessoas. No dia seguinte, o Partido Socialista dos Trabalhadores da Hungria planejava dissolver-se. O Partido Comunista da Polônia, previa ele, não iria além do congresso seguinte, em fevereiro. "O desmantelamento do socialismo como fenômeno mundial está em andamento. Talvez seja inevitável e bom. E um amigo comum de Stavropol [Gorbatchov] pôs esse processo em movimento."

Obviamente, fui testemunha dos tumultos em Berlim Oriental na noite de 7 de outubro, mas baseei-me, para falar dos acontecimentos, no que ocorreu em outras cidades, como Leipzig, Plauen e Dresden, em reportagens da época, bem como em dois volumes de história indispensáveis: *Wir sind das Volk*, uma crônica esmerada e muito detalhada (7 out a 17 dez 1989), publicada em 1990 por Hannes Bahrman e Christoph Links; e *Dissolution: The Crisis of Communism and The End of East Germany* (1997), uma autópsia brilhante dos últimos anos da Alemanha Oriental feita por Charles S. Maier, professor de história na Universidade Harvard. A conversa entre Egon Krenz e Milos Jakes, bem como o comentário deste sobre o comportamento de Gorbatchov no jantar oficial, está contada no documentário da BBC/Spiegel *The Fall of the Wall*. Nesse mesmo documentário está o relato assustador de Jens Illing sobre os preparativos de segurança para a noite de 9 de outubro em Leipzig.

Ainda hoje, não está claro quem evitou exatamente aquele banho de sangue, nem como. Cheguei ao melhor julgamento que pude com base em entrevistas com Schabowski, Krenz e outras fontes. O telefonema de Krenz ao embaixador soviético Viatcheslav Kotchemásov é contado por Maier, bem como Rice e Zelikow, via a autobiografia do enviado russo *Meine Letzte Mission* (1994). Ver também Elizabeth Pond, *Beyond the Wall: Germany's Road to Unification* (1993). A terrível diretriz anunciando ação de combate às "contrarrevoluções... com armas na mão" pode ser encontrada em *Wir sind das Volk*. A conversa entre Helmut Hackenberg, o chefe regional do Partido, e Krenz vem do documentário da BBC/Spiegel. O relato de testemunha ocular da queda de Honecker em 17 de outubro é feito principalmente por Günter Schabowski. Oficialmente, sua renúncia seria por "motivos de saúde".

Em entrevista à *Newsweek* na primavera de 1990, Krenz relembrou seus esforços cada vez mais desesperados para manter o governo unido, comparando a experiência a "montar num redemoinho". *Wir sind das Volk* documenta a rapidez e a inexorabilidade da pressão popular em todo o país durante o período entre a saída de Honecker e a queda do Muro, em 9 de novembro. A conversa entre Bush e Kohl foi tirada de uma transcrição de documento da Casa Branca, tornado público (23 out 1989, 9h02-9h26). Quanto a Krenz, o chanceler observou: "Não tenho certeza de quão corajoso ele é."

12. A queda (p.166-76)
O relato do clímax da queda baseia-se totalmente em reportagem direta de Berlim Oriental na noite de 9 de novembro e depois. A reconstrução da entrevista coletiva, como indicado no Capítulo 1, baseia-se em entrevistas com Schabowski e Krenz, bem como na transcrição oficial do governo da RDA e vídeos originais do evento. O drama daquela reunião de cúpula encarniçada do Comitê Central, presidida por Krenz e dominada pelo retrato de arrepiar os cabelos, feito por Gerhard Schurer, da crise econômica do país está registrado com riqueza de detalhes em *Dissolution*, de Charles Maier. O dilema daqueles que acabaram por tomar a decisão fatal de abrir o Muro – os comandantes das travessias de fronteira do posto de controle Charlie e da rua Bornholmer – foi captado perfeitamente no documentário da BBC/Spiegel pelo chefe da repartição de vistos da Alemanha Oriental. Ele também tentou inutilmente telefonar para pedir instruções enquanto a multidão crescia próximo ao Muro. Segundo ele, no momento da "crise existencial do país, não consegui achar ninguém com quem falar".

O Muro desapareceu há muito tempo. Mas, para um lembrete de como tudo aconteceu e de quem, em última análise, merece o mérito, sugiro uma visita ao novo Reichstag, reformado e reaberto em Berlim em 19 de abril de 1999. Escondida num canto do prédio, estranhamente longe da vista do público, encontra-se uma placa de bronze discreta, que quase todos os visitantes não veem: "Do povo alemão ao povo húngaro, a quem devemos agradecer uma Alemanha unida, uma Hungria democrática e uma Europa livre."

Na Hungria, a revolução veio com poucos traços de levante popular. Seria fácil demais sugerir que o conhecimento da infelicidade do povo forçou os reformistas do país a agir. Não foi isso. Eles escolheram seu caminho sabendo que ele não lhes traria necessariamente bons augúrios. "Eles têm uma importância histórica", me diria Horst Teltschik, falando de Németh e de seu círculo. "Se você olhar para a história da humanidade, há muito poucos exemplos em que a liderança de uma ditadura se torna a força condutora para a democracia, sabendo que irá perder nas eleições."

Anos depois, numa conversa com Teltschik, o presidente húngaro Jozsef Antal referiu-se depreciativamente àqueles "velhos comunistas". "Sem aqueles sujeitos, você jamais chegaria ao poder", respondeu rispidamente Teltschik.

13. Repercurssões (p.177-202)
14. Desenlace (p.203-7)
A conversa entre Bush e Kohl vem de uma transcrição da Casa Branca (10 nov 1989, 15h29-15h47). Meus guias para a Revolução de Veludo foram Václav Havel, Jan Urban, Ivan Gabal e sua esposa, Zdenka Gabalova. Estarei sempre em dívida para com eles por terem aberto a porta para uma das experiências mais tocantes de minha vida.

Meus agradecimentos a Hans Schumacher, então assessor de Hans Dietrich Genscher no Ministério do Exterior alemão, por ter me colocado naquele avião de transporte militar para Bucareste. Vídeos da execução de Ceausescu podem ser encontrados na internet. *Videograms of a Revolution*, dirigido por Harun Farocki, capta a cena na praça do Palácio em 21 e 22 de dezembro de 1989. A transcrição do "julgamento" de Ceausescu é uma leitura muito mais convincente do que se pode reproduzir nesses breves trechos. A transcrição de sua repreensão aos generais em Timisoara, montando o cenário para a matança na cidade, é ainda mais reveladora do homem e seu caráter. Miklós Németh é a fonte da informação de que o serviço de informações húngaro ajudou os perseguidores de Ceausescu a capturar o ditador fugitivo.

Devo a Richard Andrew Hall a excelente pesquisa de reconstrução da revolução transformada em golpe, de sua tese de doutorado para a Universidade de Michigan, *Rewriting the Revolution: Authoritarian Regime-State Relations and the Triumph of Securitate Revisionism in Post-Ceausescu Romania* (1997). Um dos estudos mais exaustivos do período é *The Romanian Revolution of December 1989* (2005), de Peter Siani-Davies. Também foram úteis *Kiss the Hand You Cannot Bite* (1991), de Edward Behr, e *Modern Romania* (2005), de Tom Gallagher. Entre as melhores compilações de textos acadêmicos sobre a Romênia e os eventos na Europa Oriental está *The Revolutions of 1989: Rewriting Histories* (1999), organizado por Vladmir Tismaneau.

Epílogo (p.209-19)

O número das baixas vem de *World War II: Combatants and Casualties, 1937-1945*. A União Soviética perdeu 23 milhões de soldados e civis; os Estados Unidos perderam 418 mil, número muito considerável, certamente, mas que não se compara às perdas soviéticas.

O artigo de Charles Krauthammer, "The unipolar moment", foi publicado (inverno de 1990-91) de *Foreign Affairs*. Em 1993, Samuel P. Huntington publicou um ensaio em *Foreign Affairs* intitulado "The clash of civilizations?", posteriormente expandido, sem o ponto de interrogação, em seu livro de 1996, *The Clash of Civilizations and the Remaking of the World Order*. Ver também: Ronald Steel, *Temptations of a Superpower* (1996), e Robert W. Tucker, *The Imperial Temptation* (1992).

O admirável ensaio de Robert Kagan "Neocon nation" (primavera de 2008), *World Affairs*, traça a história bipartidária do idealismo americano de 1776 até hoje. De forma notável, ele conclui (com um cumprimento a David Halberstam) que a política externa dos Estados Unidos tende historicamente ao excesso – e à confusão – quando seus líderes "deixam de examinar os pressupostos da época". Quanto mais absolutistas os pressupostos, maior a confusão decorrente. Essa é, em geral, a história do interlúdio pós-Guerra Fria dos Estados Unidos, ainda mais à medida que o tempo passa.

Para um exemplo precoce e um tanto preocupante da visão maniqueísta da Casa Branca, consideremos o discurso do presidente Bush no Iowa Western Community College (21 jan 2000): "Quando eu era criança, o mundo era perigoso e você sabia exatamente quem 'eles' eram. Éramos nós contra eles, e estava claro quem eram 'eles'. Hoje, não temos tanta certeza de quem 'eles' são, mas sabemos que estão lá." A conversa sobre política externa baseada na fé foi registrada por Ron Suskind na *New York Times Magazine* (17 out 2004), e ampliada em seu livro de 2007, *One Percent Solution*. "Iraq: the war of imagination", de Mark Danner, *New York Review of Books* (21 dez 2006).

Enfatizei o aspecto militar do mito reaganiano do confronto da Guerra Fria principalmente em nome da brevidade, mas há também um forte componente econômico. O argumento pode ser resumido de forma bastante simples: ao aumentar extraordinariamente os gastos militares americanos na década de 1980, inclusive com os mísseis de defesa Star Wars, Reagan forçou Moscou a uma corrida armamentista com a qual os russos não tinham condições de arcar. As consequentes pressões econômicas contribuíram para o colapso do sistema soviético. Intuitivamente, o argumento tem certa lógica, pois a União Soviética caiu de fato numa crise econômica durante os anos Reagan. Mas embora possa haver poucas dúvidas de que os gastos militares estavam absorvendo uma fatia cada vez maior dos recursos soviéticos (sobretudo por causa da queda da receita do petróleo), não se pode dizer que isso tivesse muito a ver com os Estados Unidos. Se o governo Reagan aumentou substancialmente os gastos com defesa, a União Soviética não fez o mesmo. Na verdade, seu orçamento de defesa foi essencialmente o mesmo ao longo da década, como Peter Scoblic observa num livro resultante de profunda pesquisa, *Us vs. Them* (2008). Mikhail Gorbatchov, entre outros, muito antes de chegar ao poder, reconhecia que Moscou deveria *reduzir* seus gastos militares, enquanto Reagan disparava os gastos militares. A conclusão de Scoblic, semelhante à de outros analistas: "A União Soviética não sofreu estresse econômico em consequência da pressão militar de Reagan. Os conservadores (que defendem o argumento oposto) estão, portanto, dotando o governo Reagan – e a eles mesmos – com um grau de influência e otimismo que ele simplesmente não possuía."

Cegos pela luz da marcha triunfal dos anos do pós-Guerra Fria, os Estados Unidos deixaram de entender e aceitar plenamente as enormes mudanças que ocorrem no mundo ao seu redor. Fareed Zakaria esboça de forma brilhante os perigos – e as oportunidades – dessa nova paisagem global em *O mundo pós-americano* (2008). O suporte quantitativo para minha breve discussão desse tema veio parcialmente do artigo "A new world for America's next president", publicado no *Financial Times* (27 jun 2008), por Robert Hormats e Jim O'Neill. A advertência é a seguinte: o governo de George W. Bush não criou o mito do triunfalismo americano, mesmo que o tenha elevado ao status de culto. Os americanos têm uma responsabilidade coletiva, e não pode haver algo como um novo começo ou uma ficha limpa com um novo presidente sem esse reconhecimento. É o que diz Tony Judt no importante ensaio "What have we learned, if anything?", na *New York Review of Books* (1º mai 2008). Baseado no tema de seu livro *Reappraisals* (2008), ele sustenta que os Estados Unidos estão fechados numa "era de esquecimento" tal que não sabem mais de onde vieram, ou o que defendem, com resultados "calamitosos" e a perspectiva de que o pior ainda está por vir.

Índice remissivo

A audiência (Havel), 143
Abrams, John, 87-8
Acampamento do Destino Comum, 107
Adamec, Ladislav, 183-6, 189-91
Afeganistão, 51, 211
Agência Americana para o Desenvolvimento Internacional (Usaid), 33
Al Qaeda, 218
Albright, Madeleine, 214
Alemanha nazista, 210-1
Alemanha Oriental
  atitudes relativas à reunificação alemã, 35-40, 213
  e Muro de Berlim. *Ver* Muro de Berlim
  e queda do Muro de Berlim, 17-21, 77-87, 98-104
  Ver também Berlim
Alemanha Oriental. *Ver* República Democrática Alemã (RDA)
Aliados
  e invasão da Normandia na Segunda Guerra Mundial, 39-40, 80
  e papel na construção do Muro de Berlim, 29
Aliança dos Democratas Livres, 44
Allensbach, Instituto, 85
Altenburschla, 32
Alt-Herren Riege (turma dos velhos), 38
ameaça nuclear mútua, 17
ameaça/desarmamento nuclear, 17, 24-5, 33, 67-70, 72-5, 83, 84-8, 207
Andropov, Iúri, 24
Arafat, Yasir, 184
atividade política clandestina, 37
"auditoria nuclear" (Brookings Institution), 34-5
Ausländer (estrangeiros), 36
Áustria
  e Piquenique Pan-Europeu (1989), 107-13, 115, 123, 150
  e refugiados da RDA, 106, 12, 122-33
Austro-Húngaro, Império, 21-2
Bad Sooden, 31
Baez, Joan, 180
Baker, James A., III
  e armas nucleares, 84-5
  e proposta de unificação alemã , 132
  e relações entre EUA e URSS, 52, 72-3
Balcerowicz, Leszek, 137
Banco Europeu para a Reconstrução e o Desenvolvimento, 207
Banco Mundial, 33
bens de consumo, 174, 179, 199-200
Berecz, Janos, 50
Berlim Oriental
  aumento da oposição em, 162
  e jubileu de 1989, 122, 152-7
  e queda do Muro de Berlim, 17-22, 76-87, 168-76, 204
  e refugiados da RDA, 126-7, 164-5
  Primeiro de Maio (1989), 76-7, 80-1
  Ver também Berlim; República Democrática Alemã (RDA)
Berlim Oriental, e refugiados da RDA, 127-8
Berlim
  atitudes relativas à reunificação alemã, 36-40
  e refugiados da RDA, 121-2, 123
  Ver também Berlim Oriental; Alemanha Oriental; Muro de Berlim
Berliner Luft, 25
Bernstein, Leonard, 204
Biblioteca do Meio Ambiente (Umwelt Bibliotek), 157
Bismarck Strasse (Berlim), 27
Bloc That Failed, The (Gati), 51
BMW, 83, 165
Bogomolov, Oleg, 75
Bölling, Klaus, 127
Bond, James, 34
Brasil, 217
Bréjnev Doutrina, 51, 57, 82, 100
Bréjnev, Leonid, 51, 57, 82, 100
Breslau, Karen, 170

Bretton Woods Acordo de, 33
Brokaw, Tom, 21, 185
Brookings Institution, "auditoria nuclear", 34-5
Bucareste, 114-20
  casa de Ceaucescu, 199-201
  e queda do comunismo, 194-202
  palácio de Ceaucescu, 199-200
  reunião do Pacto de Varsóvia (1989), 100-5
  Ver também Romênia
Budapeste
  enterro oficial de Imre Nagy, 94-8
  queda do comunismo na Hungria, 39-40, 41-51, 53, 58, 73, 77-84, 135, 143-4, 145, 149-51
  Piquenique do Povo (1989), 77-8
  Ver também Hungria
Bulgária, queda do comunismo na, 192
Bush, George H.W.
  Biblioteca e Museu, 211-2
  e ameaça nuclear, 54-8
  e Hungria, 104
  e Polônia, 93, 103-5
  e queda do Muro de Berlim, 21, 177, 211-2
  e refugiados da RDA, 125
  e relações entre EUA e URSS, 72-5
  eleição para a presidência, 51-2, 72
  legado de, 211
  política externa, 213-5
  visitas à Europa Oriental, 103-5
Bush, George W, 212-9
  admiração por Reagan, 13-4, 215-6
  equipe de política externa, 25
  sobre comunismo, 14, 17
Business School de Harvard, 40, 44

Café Papillon (restaurante em Berlim Oriental), 37-8, 126
capitalismo
  e crise de 2008, 218
  na Hungria, 43, 45
  na Polônia, 49
  RDA e, 127-8
Carré, John le, 34
Carroll, Lewis, 209, 211
carta de direitos, EUA, 42
Carter, Jimmy, 16, 211, 214
Ceaucescu, Elena, 193-202
Ceaucescu, Nicolae, 114-9, 192-202
  antecedentes de, 114
  casa em Bucareste, 199-201
  descrição, 117-8, 192-4
  Estado totalitário de, 37
  na reunião do Pacto de Varsóvia (Bucareste; 1989), 102
  morte de, 118-9
  palácio em Bucareste, 115, 199-200
  revolta contra, 118, 173, 176, 193-202, 203
censura, 145-6
Chaplin, Charlie, 118
Cheney, Dick
  e fim da Guerra Fria, 105
  e relações entre EUA e URSS, 73-5, 85-6
  acidente de Chernobyl (1986), 24
China
  crescimento econômico, 217, 218
  manifestação da Praça da Paz Celestial (Tiananmen), 83, 99, 108, 129, 159, 161, 178, 184
  Revolução Cultural, 35-6
Churchill, Winston, 13, 17, 34
CIA, 74, 82
Círculo da Intelligentsia Independente (Tchecoslováquia), 180-1
Clancy, Tom, 33, 98
Clinton, Bill, 140, 214, 215
Comintern, 33
  Comissão de Justiça Histórica (Hungria), 95
  como ministro da Justiça da Hungria, 41, 42+3, 45, 48, 53, 67-8
complexo militar-industrial, 33
comunismo
  e anticomunistas, 41-4
  e Muro de Berlim. *Ver* Muro de Berlim
  e Reagan, 25
  G.W. Bush sobre, 14, 17
  opressão sob o, 47-8
  queda do, na Bulgária, 192
  queda do, na Europa Oriental, 53-4, 60, 65, 74, 175-6, 204
  queda do, na Hungria, 41-51, 53, 58, 73, 77-85, 132, 135, 143-4, 146, 149-51, 207
  queda do, na Polônia, 47, 55-66, 131, 135-40, 143, 146, 205
  queda do, na RDA, 167-76, 205
  queda do, na Romênia, 113-9, 194-202
  queda do, na Tchecoslováquia, 40, 121, 135, 141-50, 177-92, 205-6
  Ver também Politburo
conflito na Guatemala, impacto do, 35
Conselho de Segurança Nacional

Constantinescu, Emil, 202
Constituição dos Estados Unidos, 42, 206
contracultura, 33
Cooper, Gary, 89
Coreia do Norte, 217
Cornea, Doina, 198
Cortina de Ferro
  e Guerra Fria, 48
  e simbolismo do Muro de Berlim, 16-22
  Ver também Muro de Berlim
Cousteau, Jacques, 105
Cracóvia, 92
crise de 2008, 218
culto da personalidade, 118

Dalai Lama, 142, 206
De volta para o futuro (filme), 73
debate sobre a modernização, 85
democracia
  EUA, 41-2, 53
  na Europa Oriental, 108
  na Hungria, 41-5, 53, 65-70, 118
  na Polônia, 70-3, 89-94, 103-4, 118, 135-40
  na Tchecoslováquia, 186-7, 206
  Reagan e, 15
Departamento de Assuntos Intragermânicos relativos à *Deutsche Einheit*, **36**
Departamento de Estado dos EUA
détente, 17, 73
Deutsche Bank, 84
Diepgen, Eberhard, 25-6
Dietrich, Marlene, 16
Dinescu, Mircea, 198
direitos humanos, 120-1, 136, 142, 198, 205, 214
Dissolution (Maier), 167
documentos federalistas, 41
Doutrina Truman, 14
Dresden
  aumento da oposição em, 157, 162-3
  e refugiados da RDA, 124, 142, 157, 164
  e Trem da Liberdade, 130, 158-9
  manifestações em, 168
Dubcek, Alexander, 57, 179, 187-9
Duberstein, Kenneth, 29
Dukakis, Michael, 51
  e a queda do Muro de Berlim, 22, 25
  e relações entre EUA e URSS, 73-4
  e queda do Muro de Berlim, 22, 25
  e relações entre EUA e URSS, 72, 86-7
Eberlein, Werner, 153
Eisenhower, Dwight, 34
Eixo do Mal, 217
Elizabeth, Queen, 114
Engels, Friedrich, 46
Esquerda Unida, 156-7
Estados Unidos
  "auditoria nuclear" (Brookings Institution), 34-6
  "Crise europeia", 84-8
  democracia nos, 41, 42, 52
  discurso de Reagan no Muro de Berlim, em 1987, 14-8, 21-6, 28, 39, 215-6
  divisão do mundo, 217
  e Hungria, 50, 104
  e impacto da Guerra Fria, 32-6. *Ver também* Guerra Fria
  e queda do Muro de Berlim, 51-2
  e refugiados da RDA, 131-2
  e União Soviética, 34, 51-2, 72-5, 85-8
  G.H.W. Bush se torna presidente, 51-2, 72
  situação em 1988, 51-3
Europa Oriental
  colapso do comunismo na, 53-4, 60, 65-6, 74, 175-6, 204
  revoluções na, 26, 94, 216
  retirada soviética da, 24, 50-1, 100-1
  Ver também países específicos
Expresso do Oriente, 203

faixa da morte (Muro de Berlim), 28, 32
Faust's Metropolis (Richie), 37
Fidesz (Liga dos Jovens Democratas), 44
Filep, Maria, 107
Fischer, Oskar, 101
Fogueira das vaidades, A (Wolfe), 65
Forças Intermediárias Nucleares, acordo das (INF), 25
Fórum Cívico (Tchecoslováquia), 180-1, 185-7, 190
Fórum Democratico Húngaro,
Fórum Democrático, 106-8
Fórum Econômico Mundial, 218
Frente de Salvação Nacional (Romênia), 198
Friedman, Milton, 46, 186
Fulda, passo de, 30, 87, 211
Fundação Nacional para a Democracia, 14
Fundo Monetário Internacional (FMI), 33
Gabal, Ivan, 181

Gabalova, Zdenka, 178, 182
"Galeria do Lado Leste" (Berlim), 204
Galeria Nacional de Arte (Budapeste), 96
Gati, Charles, 51
Geiffert, Hans, 158
Geldbach, Anita, 31
genocídio no Cambodja, 35
Genscher, Hans-Dietrich
atitudes relativas à reunificação alemã, 35
e ameaça nuclear, 82-3, 84-7
e refugiados da RDA, 122, 130-1
Biblioteca e Museu George Bush (College Station, Texas), 211-2
Geórgia
movimentos pró-democracia na, 108
Ver também União Soviética, antiga,
geração sem memória, 34
Gerasimov, Gennady, 155
Geremek, Bronislaw, 59, 65, 71
Givens, Robin, 51
glasnost (abertura), 16, 24, 41-2, 48-9, 161-2
Gorbatchov, Mikhail
antecedentes de, 23
ascensão de, 23-6, 37
comparado a Pozsgay, 45-6
crescimento da oposição na RDA, 157-60, 163
e ameaça/desarmamento nuclear, 24-5, 67-70, 72-53, 85, 207
e glasnost (abertura), 16, 24, 41-3, 48-9, 161-2
e Guerra Fria, 34, 80-1
e Honecker, 39, 77
e Hungria, 65-70, 72-3, 81-2, 83, 147
e jubileu de 1989 na RDA, 152-7
e o discurso de Reagan no Muro de Berlim (1987), 14-8, 21-6, 215
e perestroika (reformas), 16, 24-5, 41-2, 489, 82, 161
e Polônia, 57, 91
e queda do Muro de Berlim, 81-6, 100-3, 204
e refugiados da RDA, 120-2
e relações entre EUA e URSS, 72-5
e Revolução de Veludo tcheca (1989), 185
e socialismo, 68
na reunião do Pacto de Varsóvia (Bucareste; 1989), 100-5
Prêmio Nobel da Paz, 204
viaja a outros países, 24-6, 39-40, 85-6
Gorbatchov, Raisa, 24
"gorbimania", 16
Göttingen, 31
grande ditador, O, 118
grande fuga, 120-33, 150, 163-5
Grande Hotel Europa (Praga), 182
Greene, Graham, 34
Gromyko, Andrei, 24
Grosz, Károly
como chefe do Partido Socialista da Hungria, 43, 45, 49-50,0 53, 67-9
e a queda do comunismo na Hungria, 77-8, 84
e enterro oficial de Imre Nagy, 95-8 e o Piquenique Pan-Europeu (1989), 110
rebaixamento de, 98, 103
Guarda dos Trabalhadores, 110-1
guardas de fronteira
e queda do Muro de Berlim, 17-23, 106-13, 170-3
no Muro de Berlim, 15, 17-23, 27-30, 39, 106-14
guardas de fronteira, 106-13, 163-5
guerra civil em Angola, impacto da, 35
guerra civil em El Salvador, impacto da, 35
Guerra da Coreia, impacto da, 35
Guerra do Vietnã, impacto da, 35
Guerra dos Bálcãs, 213-4
Guerra dos Trinta Anos, 34
Guerra Fria
dimensões e consequencias da, 32-5, 218, 219
e discurso de Reagan no Muro de Berlim (1987), 14-7, 21-6, 28, 39, 215, 216
e o simbolismo do Muro de Berlim, 13, 15, 17-21, 27-8, 98-9, 173
e queda do Muro de Berlim, 17-21, 65, 99
fim da, 16-7, 19, 21-6, 43, 48, 73, 77, 81, 85-8, 213
G.W.H. Bush e, 213, 214
impacto da, 32-5, 76
Portão de Brandenburgo como encarnação da, 15
repressão, 87-8, 93, 103-5
saldo da, 34-5
vitórias observadas da, 204
Guse, Stefan, 198-9

Habsburg, Otto von, 106-13, 123
Hackenberg, Helmut, 160
Hager, Kurt, 124, 127, 141
Hall, Richard, 199
Havel, Vaclav, 142-9
como dissidente dos dissidentes, 47-8, 142-5, 179-80

como presidente da Tchecoslováquia, 205-6
e Prêmio Nobel da Paz, 142
e a Revolução de Veludo (1989), 179, 180, 183-91
obras de, 142-3
Hegyeshalom, travessia de fronteira, 81
Helgerson, John, 74
Hitler, Adolf, 28, 40, 80, 99, 210
Honecker, Erich (Papi)
antecedentes de, 100
e "solução" do Trem da Liberdade, 130, 140, 152, 158, 159
e colapso da RDA, 140-2, 143-5, 167-8, 174, 204
e construção do Muro de Berlim, 27-9, 77, 79
e crescimento da oposição, 156-65
e jubileu de 1989, 77, 122, 142, 152-7
e Piquenique Pan-Europeu (1989), 110, 112, 113-4
e queda do Muro de Berlim, 76-8, 80-1, 97-104, 174
e refugiados da RDA, 118, 120-3, 124, 127-31
na reunião do Pacto de Varsóvia (Bucareste; 1989), 101-4
polícia política sob, 36-40
Horn, Gyula, 82, 109, 113-4, 120, 123
Horton, Willie, 51
Horváth, István, 50, 83, 108, 110, 121
Hotel Victoria (Varsóvia), 137
Hotel Victoria (Varsóvia), 71-2
How Ronald Reagan Changed My Life (Robinson), 22
Hrusinsky, Rudolf, 186
Hungary's Negotiated Revolution (Tokes), 50
Hungria
campos de refugiados na, 104-5, 107, 109-10, 120-3
democracia na, 41-5, 53, 67-70, 118
desfecho, 206-7
e a queda do Muro de Berlim, 20, 77-85, 99, 100, 101
e EUA, 50, 105
e Gorbatchov, 67-70, 72-3, 80-2, 84, 147-8
e Pacto de Varsóvia, 69, 80, 82-3, 100, 134
e Piquenique Pan-Europeu (1989), 106-13
e refugiados da RDA, 106-13, 120-33
e URSS, 50
enterro oficial de Imre Nagy, 94-8
ogivas nucleares na, 69, 207
queda do comunismo na, 39-40, 41-51, 52-4, 58, 73, 77-85, 135, 138, 143-4, 145-7, 149-51, 206-7
revolta de 1956, 46-7, 94-5
visitas de G.H.W. Bush, 105
Ver também Budapeste
Huntington, Samuel P., 214, 215
Husak, Gustav, 181-2
Hussein, Saddam, 214

Igreja católica, 79, 138
Iliescu, Ion, 198
Illing, Jens, 158
Imperial Temptation, The (Tucker), 215
"Império do Mal", colapso do, 14, 26, 215-6
Índia, crescimento econômico na, 217, 218
inflação na Polônia, 136-7
internet, 33
Irã, 93, 217
Iraque, 14, 212, 214, 216, 218
Israel, 114
Iugoslávia, 176, 213-4

Jakes, Milos, 147, 149, 153-5
e refugiados da RDA, 129-3
e Revolução de Veludo (1989), 181-2, 185, 188-9
na reunião do Pacto de Varsóvia (Bucareste; 1989), 102
Jansen, Michael, 122
Japão, 33, 217
Jaruzelski, Wojciech Witold
adesão ao Solidariedade, 57-8
como presidente da Polônia, 135, 138-9
eleições de 1989 do Solidariedade, 91-2
encontro com G.H.W. Bush, 104
lei marcial na Polônia (1981), 47-8, 55-71
Mesa-Redonda (1989), 47, 59, 61, 62-6, 70-5, 136, 147

Jefferson, Thomas, 41, 53
Jennings, Peter, 185
João Paulo II (papa), 192
Johnson, Ben, 51
jubileu de 1989 (RDA), 77, 122, 142, 152-7
Judt, Tony, 219
Júlio César, 138

Kádar, János, 95, 98
Kagan, Robert, 215
Karl-Marx-Stadt, crescimento da oposição, 162
Karpati, Ferenc, 69, 79-80
"Kat", 64, 71, 91
Katowice, 63-4
Kennan, George, 71
Kennedy, John F., 16, 23
Kessler, Heinz, 78-80, 124
KGB, polícia secreta 24, 37, 142-3, 146
Khomeini, aiatolá Ruholla, 93
Khrushchev, Nikita S., 29
Ki-Moon, Ban, 219
Kiszczak, Czeslaw
 e eleições do Solidariedade em 1989, 92-3, 94
 na Mesa-Redonda (1989), 60, 71, 72, 90, 93
Klaus, Václav, 186
Kohl, Helmut
 atitudes relativas à reunificação, 35-40
 e a ameaça nuclear, 84-7
 e a queda do Muro de Berlim, 21, 82-7, 177
 e Gorbatchov, 24
 e refugiados da RDA, 121-2
Kornblum, John, 23
Kosovo, 59
Kotchiemasov, Viatcheslav, 159
Kovács, Gyula, 108-9, 111
Krauthammer, Charles, 214
Krenz, Egon
 como líder da RDA, 166-5, 177
 crescimento da oposição na RDA, 158-61
 e colapso da RDA, 167, 168-70, 172, 173, 204
 e jubileu de 1989 na RDA, 153, 155
 e queda do Muro de Berlim, 19-22, 76
 e refugiados da RDA, 140-2
Kreuzberg, 36
Krol, Marel, 137
Kubek, Tony, 103
Kubisova, Marta, 184
Kulcsar, Kalman, 151
Kurfürstendamm (Berlim Oriental), 127
Kuron, Jacek, 65
Kuwait, 214

lago Balaton, 69, 79, 104, 107, 120, 207
Lanterna Mágica (teatro de Praga), 180, 185-7, 188
Largo Desolato (Havel), 143
Lei da Educação para a Defesa Nacional (1958), 33
Leipzig
 crescimento da oposição em, 156, 157, 159-60, 163
 e a queda do Muro de Berlim, 174
 e refugiados da RDA, 130-1, 141-2, 164
leis de viagem, 20-1, 107, 110-1, 120-1, 125, 128, 161, 162-5, 166-73
Libby, I. Lewis "Scooter", 73-4
liberdade de expressão, 114, 206
Liga dos Jovens Democratas (Fidesz), 44
Lincoln, USS, 14
Lomakin, Viktor, 185
Loren, Sophia, 115
Luther King, Martin, 79
Lux, Silvia, 111-2

Madison, James, 41, 53
Magdeburg, refugiados da RDA e, 153, 164
Maier, Charles, 167
Mann, James, 25
Marx, Karl, 46
marxismo-leninismo, 43
Masur, Kurt, 160
Matar ou morrer (filme), 89
Matlock, Jack, 75
Mazilu, Dimitru, 198
Mazowiecki, Tadeusz, 59, 136
Mecklenburg, 178-80, 182, 184-5, 188
Mejstrik, Martin, 178-80, 182, 184-5, 188
Mesa-Redonda (1989; Polônia), 47, 59, 61, 62-6, 70-5, 90, 92-4, 136, 147-8
Mézáros, Ferenc, 106-7
Michnik, Adam, 75, 135-6
Mielke, Erich
 como chefe da Stasi, 37, 76-7, 141, 161-2
 e crescimento da oposição na RDA, 155, 158-9, 160, 161
 e ordem n. 2, 37-9
 e queda da RDA, 166
Milea, Vasile, 195, 196
Milícia do Povo (RDA), 156, 182, 186-8
Milosevic, 176
Missouri (encouraçado), 22
Mitterand, François, 132, 213
Mock, Alois, 109
Modrow, Hans, 166
Mongólia, embaixada polonesa na, 91
Moscou. *Ver* União Soviética, antiga
Muro de Berlim, 37
 11 de setembro de 1989, fronteira aberta, 121-33

construção do, 28-31, 77, 79
descrição, 29-30
discurso de Reagan em 1987 no, 14-7, 21-6, 28, 39, 215-6
e refugiados da RDA, 20-1, 28-9, 36, 39, 77, 106-13, 121-32, 140-2, 148-, 163-5
faixa da morte, 28-31
fragmentos remanescentes, 28
guardas de barreira, 16, 17-22, 27-30, 39, 106-14
impacto sobre os cidadãos, 28-32, 36-8
Luftwaffe, 16
Portão de Brandenburgo, 15, 28, 173, 204
posto de controle Charlie, 18-9, 77-87, 98-104, 169-75, 204
queda do (1989), 17-22, 76-87, 99-103, 168-76, 203-5
simbolismo por trás do. *Ver também* Cortina de Ferro
Musial, Stan, 103

Nações Unidas (ONU), 33
e refugiados da RDA, 124, 130
Khrushchev nas, 29
Nagy, Imre
enterro oficial de, 95-8
Na revolta húngara de 1956, 46, 94-5
Nagy, Laszlo, 111-2
NBC (rede de TV), 21
Németh, Miklós, 151
antecedentes de, 40, 44
como primeiro-ministro húngaro,
e enterro oficial de Imre Nagy, 95-7
e Gorbatchov, 67-70, 72-3, 75, 84
e Piquenique Pan-Europeu (1989), 107-13
e queda do comunismo na Hungria, 40, 41-2, 53-4, 78, 80-4, 150-1, 206-7
e refugiados da RDA, 106-13, 114, 120-33
na reunião do Pacto de Varsóvia (Bucareste; 1989), 101-5
Neruda, Pablo, 186
New York Times, 16
Newsweek, 35, 43, 99, 117, 119, 123, 139, 146, 165, 170, 214, 217
Nicarágua, 210
Niedzielak, Stefan, 63
Niekro, Phil, 103
Nixon, Richard, 114
Normandia, invasão da, 40, 80
principais vitoriosos na, 211

Nova Hute, 63
Nova Ordem Mundial, 213
Novo Fórum (RDA), 174-6
Novo Fórum, 156-7

operários siderúrgicos, 186-7
Orban, Viktor, 97
ordem n. 2, 14, 37
Organização do Tratado do Atlântico Norte (Otan)
e ameaça nuclear, 72-3, 84-8
e Guerra dos Bálcãs, 213-4
e Guerra Fria, 33
e Hungria, 69
e Kosovo, 59
e Pacto de Varsóvia, 32
e passo de Fulda, 30, 87, 210
Ossies, 125
Ostpolitik, 35

Pacto de Varsóvia, 31-2, 33, 42, 210
e Hungria, 69, 80, 82-3, 100, 134
e invasão da Tchecoslováquia (1968), 114, 205
e jubileu da RDA (1989), 122, 152-7
e Polônia, 134-5
Palach, Jan, 146
palácio Lobkowitz (Praga), 129
Palmer, Mark, 75, 150
Papi (Erich Honecker). *Ver* Honecker, Erich (Papi)
parque Letna (Praga), 189-92
Partido da União Socialista, 38
Partido dos Operários Comunistas Unidos (Polônia), 64
Partido Socialista dos Trabalhadores da Hungria, 43
passaportes, 21, 169-70, 168
perestroika (Gorbatchov), 24-5
perestroika (reforma), 16, 24-6, 41-3, 48-9, 81-2, 161
Perle, Richard, 25, 73-4
Philipsthal, 30
Pilsudski, Marshal, 139
Piquenique do Povo (1989), 77-8
Piquenique Pan-Europeu (1989), 106-13, 114, 123, 130, 150
Plano Marshall, 16, 33
Plauen, crescimento da oposição, 16.2
Pol Pot, 35
polícia repressiva, 17, 73

polícia secreta, 23-4, 37, 65, 76-7, 112-3, 114-5, 140-3, 146, 155-7, 16, 192, 195-9, 201
Politburo
Alemanha Oriental, 19, 38, 103, 123, 127, 129-30, 140, 141-2, 147, 153-5, 159-61, 168-73
húngaro, 45, 46
soviético, 83-4
tcheco, 186, 188-91
Politika (jornal), 139
Polônia
adoção do capitalismo na, 40, 47, 55-66, 131, 135-40, 143, 145, 205
comando da economia da, 136
declaração comunista de lei marcial (1981), 47-8, 55-63
democracia na, 70-3, 89-94, 118, 135-40
desfecho, 49
durante a Segunda Guerra Mundial, 56-7
e G.H.W.Bush, 93, 104
lei marcial na, 47, 55-63
Mesa-Redonda (1989), 47, 59, 61, 62-6, 70-5, 92, 136, 147
Pacto de Varsóvia e, 134
primeiras eleições livres desde a Segunda Guerra Mundial, 70-3
prisioneiros políticos na, 61
queda do comunismo na, 205
revolta de 1980-81, 55-8, 60, 100-1
revolução de 1989, 59-66
Solidariedade na. *Ver* Solidariedade (Polônia)
URSS e, 56-7, 91
Ver também Varsóvia
Popieluszko, Jerzy, 63
Portão de Brandenburgo, Muro de Berlim, 15, 28, 173, 204
Post-American World, The (Zakaria), 217
posto de controle Charlie (Berlim), 18, 21, 22, 28, 36-7, 98, 107-3, 177, 204
Potsdamer Platz (Berlim), 27, 172, 204
Power Rules (Gelb), 219
Pozsgay, Imre
antecedentes de, 45-6
como "Gorbatchov da Hungria", 45-50
e enterro oficial de Imre Nagy, 95-8
e Piquenique Pan-Europeu (1989), 106-13
e queda do comunismo na Hungria, 151, 207
e revolta húngara de 1956, 46-7
praça Wenceslas (Praga), 145, 179-83, 185-8, 191, 205
Praga
e refugiados da RDA, 129-30, 141-2, 147-8, 153
Primavera de Praga (1968), 50-1, 57
queda do comunismo em, 39-40, 145-9, 150-1
Revolução de Veludo (1989), 173, 176, 177-92
rua Narodni, 178-9, 184-6, 191-2
Ver também Tchecoslováquia
Prêmio Nobel da Paz, 59, 142, 204
Presley, Elvis, 139, 142
Primeira Guerra Mundial
fim da, 21-2
Guerra Fria *versus*, 32
Primeiro de Maio (1989), 76-8, 80-1
Private Poland, The (Wedel), 62
problemas econômicos da, 121, 124, 131, 140-2, 143, 149, 161, 164-5, 167-8
queda da, 166-76, 203-6
reabertura de fronteira com a Tchecoslováquia, 162-4
refugiados da, 21, 29-30, 36, 39, 77, 106-14, 120-33, 140-2, 148-50, 163-5
propriedade privada, 206-7
protestantismo, 79

quartel-general da SS nazista (Berlim), 28-9

Radio Europa Livre, 45, 108
Rakowski, Mieczyslaw, 91, 138, 144
Rather, Dan, 185
RDA. *Ver* República Democrática Alemã (RDA)
Reagan, Anfiteatro, Fundação Nacional para a Democracia, 14
Reagan, Ronald
admiração de G.W. por, 13-5, 215-6
deixa a Presidência, 51-2
discurso no Muro de Berlim (1987), 14-7, 21-6, 28, 39, 25-6
e desarmamento nuclear, 24-5
e Gorbatchov, 24-5
na Conferência de Genebra (1985), 24
no palácio de Westminster, Londres (1982), 14
visita Moscou (1987), 26
realpolitik, na Hungria, 53

Rebuilding a House Divided (Genscher), 113
Red Storm Rising (Clancy), 98-9
Reich, Jens, 75-6
Reichstag (Berlim), 27
Reino Unido
democracia no, 41, 42
e Gorbatchov, 24-5, 73
República Democrática Alemã (RDA)
11 de setembro de 1989, abertura de fronteiras, 120-33
Alemanha. *Ver* República Democrática Alemã (RDA); Alemanha Oriental
atitudes relativas à reunificação alemã, 35-40
crescimento da oposição, 156-65
desfecho, 203
e jubileu de 1989, 77, 122, 141-2, 152-7
e Muro de Berlim. *Ver* Muro de Berlim
e Piquenique Pan-Europeu (1989), 106-13, 114, 123, 130, 150
e queda do Muro de Berlim, 17-23, 76-87, 98-104
fronteiras fechadas, 148
impacto do Muro de Berlim na, 28-32, 36-8
leis de viagem, 20-1, 107, 110-1, 120, 125, 128, 161, 162-4, 167-73
República Federativa da Alemanha. *Ver* Alemanha Ocidental
República Popular da China. *Ver* China
reunião de Bucareste (1989), 100-5
Revolução de Veludo (Praga; 1989), 173, 176, 177-92
Revolução Russa, revolução bolchevique (1917), 77-8, 95
Rice, Condoleezza, 52, 72, 75, 86
Richie, Alexandra, 37
Rise of the Vulcans (Mann), 25
Robinson, Peter, 23
rock 'n' roll, 34
Rohringshof, 31
Romênia, 192-202
como Estado totalitário, 26, 37, 101-2, 114-9
desfecho, 203-4
e reunião do Pacto de Varsóvia (1989), 100-1
morte de Ceaucescu, 118, 193-4
queda do comunismo na, 205-12
rebelião em Timisoara, 192, 194-5, 196, 198-9, 201-2
revolta contra a opressão, 118, 172, 175-6, 194-202
Ver também Bucareste
Roosevelt, Franklin D., 14, 214
Roosevelt, Theodore, 13-4
Rosler, Silvio, 159
Ruller, Thomas, 146
Rússia. *Ver* União Soviética, antiga

Sadat, Anwar, 201
Sákharov, Andrei, 48
samizdat, 48
São Nicolau, catedral de (Praga), 148
Schabowski, Günter
e colapso da RDA, 168-76, 204-5
e crescimento da oposição na RDA, 159-61, 162
e Politburo, 147, 153-5, 168-76
e queda do Muro de Berlim, 19-23, 76, 80-1, 100-1, 168-76
e refugiados da RDA, 123-4, 127, 30, 140-2
na reunião do Pacto de Varsóvia (Bucareste; 1989), 103
repúdio ao comunismo, 204-5
Schirndling, 164
Schmidt, Helmut, 126
Schultz, George, 73
Schultz, Kurt-Werner, 112
Schurer, Gerhard, 167
Schwerin, manifestações em, 168
Scowcroft, Brent, 52, 72, 73, 105
Securitate (polícia secreta na Romênia), 115, 192, 195-9, 201
Segunda Guerra Mundial
e Portão de Brandenburgo, 15
e simbolismo do Muro de Berlim, 13, 17-22, 27-8
fim da, 22
Guerra Fria *versus*, 32
na Polônia, 56-7
setembro, 11 de, 2001, 215
Sexta-Feira Negra (Tchecoslováquia). *Ver* Revolução de Veludo (Praga; 1989)
Shevardnadze, Eduard, 153
e proposta de reunificação alemã, 124-5
e queda do Muro de Berlim, 99-101
e refugiados da RDA, 132-3
substitui Gromyko, 24
Shultz, George, 85-6
Siegessäule (Berlim), 27
Sieland, Gisela, 32
Sindicatos
na Hungria, 44
na Polônia. *Ver* Solidariedade (Polônia)
greves de 1980-81, 55-8, 60, 100-1

Skoda, Jan, 186
Skoda, trabalhadores, 187
Smith, Stephen,135
Sociedade por uma Sociedade mais Alegre (Tchecoslováquia), 145
soft power ("poder suave"), 26
Solidariedade (Polônia)
  eleições na, em 1989, 89-94, 135-40
  Jaruzelski adere ao, 57-8, 62-6, 205
  na revolução de 1989, 59-66
  origens do, 59, 64, 103-4
  queda do comunismo e, 39-40, 44, 47-8
  revolta de 1980, 55-8
  surgimento do, 62-6, 70-3
Somália, 210
Sopron, Hungria, Piquenique Pan-Europeu (1989), 107-13
Sputnik, 33, 79
Stálin, Joseph, 35, 68, 118
Stanculescu, Victor, 199
Stasi (polícia secreta), 23-4, 37, 65, 76-7, 112-3, 121, 139, 156-7, 161-2
Steel, Ronald, 215
Stempel (selo de saída), 168, 171
Stetincu, Jacob, 203
Stoltenberg, Gerhard, 85
Stoph, Willi, 153, 160, 166
Suskind, Ron, 215
Svobodne Slovo, 186, 188
Swaggart, Jimmy, 51

Tchecoslováquia
  como Estado totalitário, 141-50
  desenlace, 206
  e queda do Muro de Berlim, 20
  e refugiados da RDA, 129-30, 141, 153, 157
  Pacto de Varsóvia, invasão do (1968), 114
  Primavera de Praga (1968), 50-1, 57
  queda do comunismo na, 39-40, 121, 135, 141-50, 177-92
  reabertura da fronteira com a RDA, 162-4
  Revolução de Veludo (Praga; 1989), 175, 177-92
  Ver também Praga
Teatro Nacional (Praga), 129-30
Teltschik, Horst, 82-5, 132
Tempo do Silêncio, 124, 127
Temptations of a Superpower (Steel), 215
Tentação (Havel), 143 (verificar)
Thatcher, Margaret, 24, 25, 73, 132, 213
Tiananmen, manifestações de (praça da Paz Celestial, China), 93, 108, 129-30, 159, 161, 178, 184
Timisoara, rebelião em (Romênia), 192, 195, 196, 199, 201-2
Tisch, Harry, 153
Tokes, Laszlo, 195, 198, 202
Tokes, Rudolf, 50
Torres Gêmeas, ataque às (2001), 14, 215
Trabant (carro), 20, 38, 164, 165
Tratado de Versalhes, 22
Trem da Liberdade, 130, 148-9, 157, 158
triunfalismo, 215
Tucker, Robert W., 215
túmulo de Lênin, 77
Turnley, Peter, 119
Tyson, Mike, 51

Ulbricht, Walter, 29, 77
União Conservadora Americana, 14
União Democrática Cristã, 132
União Europeia, Guerra Fria e, 33-4
União Soviética, antiga
  ascensão de Gorbatchov na, 23-6, 37
  colapso da, 17, 23, 57, 74, 82, 204
  como poder militar, 211
  divisão do mundo, 217
  e desarmamento nuclear, 67-70, 207
  e discurso de Reagan no Muro de Berlim (1987), 14-8, 21-6, 39
  e Doutirna Bréjnev, 51, 57, 75
  e EUA, 72-5, 85-6
  e Hungria, 50
  e impacto da Guerra Fria. *Ver* Guerra Fria
  e Polônia, 56-7, 91
  e queda do comunismo na Hungria, 39-40, 41-51, 53-4, 77-85
  e queda do comunismo na Polônia, 39-40
  e queda do comunismo na Tchecoslováquia, 39-40
  e queda do Muro de Berlim, 17-23, 199-101
  e Segunda Guerra Mundial, 111
  Reagan visita Moscou (1987), 26
  retirada da Europa Oriental, 25, 50-1, 100-1
  retirada do Afeganistão (1988), 51
  revolta húngara de 1956, 46
  Revolução de 1917, 77, 95
  ruptura do sistema soviético, 23-5

Universidade Charles (Praga), 180, 182
Universidade de Budapeste, 45
Universidade de Defesa Nacional, 86
Urban, Jan, 180-1, 186, 189, 205
Urbanek, Kárel, 189
USSR. *Ver* União soviética, antiga
Uzbequistão, movimentos pró-democracia no, 108

Vanek, Ferdinand, 143
Varsóvia, 55-63
  eleições do Solidariedade em 1989, 89-96
  Mesa-Redonda (1989), 47, 59, 61, 62-6, 70-5
  sob lei marcial, 47, 55-63
  Ver também Polônia
Védrine, Hubert, 214-5
  Ver também comunismo
Viena, 81
visto de entrada, 110-2
vistos de saída, 21, 125, 168, 170-1
Vlad, Iulian, 195-6
Volkskammer (Parlamento do Povo), 99
Volkspolizei (polícia política)
  e a queda do Muro de Berlim, 18-21
  no Muro de Berlim, 15, 18, 28, 39
voo da Pan Am, 112
Walesa, Lech, 142
  como presidente da Polônia, 205
  e o novo governo na Polônia, 135, 138-40
  e o Solidariedade, 44, 59-66, 104
  eleições do Solidariedade em 1989, 92-4
  elogios soviéticos a, 73
  Mesa-Redonda (1989), 59, 63
  Prêmio Nobel da Paz (1983), 59
Walker, Martin, 32
Wanfried, 31
Wartburg (carro), 112
Washington Post, 99
Wedel, Janine, 62
Weinberger, Cáspar, 25, 56
Wiedervereinigung (reunificação), atitudes relativas à, 35-40
Wilde, Oscar, 136
Wilhelm Strasse (Berlim), 28
Wilson, Woodrow, 214
Winter, Ulle, 31-2
Wolf, Christa, 167
Wolfe, Tom, 65
Wolfowitz, Paul, 73-4
World Trade Center, ataques terroristas ao (2001), 14, 215
World Transformed, A (G.H.W. Bush e Scowcroft), 73, 104
Wuensdorf, 210
Wyden, Peter, 39

Yákovlev, Alexander, 75
YouTube, 15

Zagrodzka, Danuta, 61
Zakaria, Fareed, 217